순전한
기독교

믿음이란
한 알의 밀알이 땅에 떨어져 죽음으로 많은 열매를 맺음과 같이
진리의 열매를 위하여 스스로 죽는 것을 뜻합니다.
눈으로 볼 수는 없으나 영원히 살아 있는 진리와
목숨을 맞바꾸는 자들을 우리는 믿는 이라고 부릅니다.
「믿음의 글들」은 평생, 혹은 가장 귀한 순간에
진리를 위하여 죽거나 죽기를 결단하는
참 믿는 이들의, 참 믿는 이들을 위한, 참 믿음의 글들입니다.

순전한 기독교

C. S. 루이스 지음
장경철·이종태 옮김

홍성사

차 례

머리말 7

1 옳고 그름, 우주의 의미를 푸는 실마리 23

● 인간 본성의 법칙 ● 몇 가지 반론 ● 이 법칙의 실재성 ● 이 법칙의 배후에 있는 것 ● 우리의 불안에는 이유가 있다

2 그리스도인은 무엇을 믿는가? 67

● '하나님'과 경쟁하는 개념들 ● 하나님의 침공 ● 충격적인 갈림길 ● 완전한 참회 ● 실제적인 결론

3 그리스도인의 행동 117

● 도덕의 세 요소 ● '기본 덕목' ● 사회도덕 ● 도덕과 정신분석 ● 성도덕 ● 그리스도인의 결혼 ● 용서 ● 가장 큰 죄 ● 사랑 ● 소망 ● 믿음 (1) ● 믿음 (2)

4 인격을 넘어서, 또는 삼위일체를 이해하는 첫걸음 237

● 만드는 것과 낳는 것 ● 삼위이신 하나님 ● 시간과 시간 너머 ● 좋은 전염 ● 고집센 장난감 병정들 ● 두 가지 부연 설명 ● 가장(假裝)합시다 ● 기독교는 쉬울까, 어려울까? ● 대가를 계산하기 ● 호감 주는 사람이냐, 새 사람이냐 ● 새 사람

옮긴이의 말 343

머리말

이 책에 실린 내용은 본래 방송에서 발표한 것으로서, 나중에 《방송 강연》(*Broadcast Talks*, 1942), 《그리스도인의 행동》(*Christian Behaviour*, 1943), 《인격을 넘어서》(*Beyond Personality*, 1944)라는 세 권의 책으로 출판되었습니다. 책으로 냈을 때에도 라디오 강연 원고에 약간의 내용만 덧붙였을 뿐, 나머지는 거의 대부분 그대로 두었습니다. 라디오 '강연'은 가능한 한 자연스러운 대화 같아야지, 수필을 읽는 식이 되면 안 된다는 것이 제 생각이었습니다. 그래서 강연을 할 때에도 보통 대화에서처럼 단축형과 구어체를 썼고, 원고를 출판할 때에도 'do not'이나 'we have' 대신 'don't'나 'we've'를 쓰는 식으로 말투를 그대로 살렸습니다. 또 강연을 할 때 억양을 높임으로써 강조했던 주요 단어들은 이탤릭체로 표시했습니다.

그러나 지금 생각해보면 그것은 실수—말하는 법과 글쓰는 법을 뒤섞어 바람직하지 못한 잡탕을 만들었다는 점에서—였던 것 같습니다. 강사는 당연히 억양을 다양하게 구사함으로써 내용을 강조해야 합니다. 그것이 그가 사용하는 전달 매체에 맞는 자연스러운 방식이기 때문이지요. 그러나 작가는 강조하고 싶은 내용이 있을 때 이탤릭체를 사용해서는 안 됩니다. 작가는 핵심 단어들을 두드러지게 만들 자기만의 독특한 방식을 찾아 써야 합니다. 그래서 저는 이 책에서 단축형을 원래대로 풀어썼고, 이탤릭체를 사용하는 대신 문장들을 고쳐 썼습니다. 그러나 제가 처음부터 의도했던 바 '대중적'이고 '친근한' 말투는 손상되지 않기를 바랐습니다. 더불어 10년 전에 비해 지금 더 분명히 이해하고 있다고 생각되는 부분이나 그동안 오해를 받았던 부분에 대해서는 새로 내용을 덧붙이기도 하고 빼 버리기도 했지요.

독자 여러분은 기독교 '교파' 중 어디를 택할까 고민하는 분들에게는 제가 아무 도움도 드릴 수 없다는 사실을 알아 두셨으면 합니다. 이 책에는 성공회, 감리교, 장로교, 로마 가톨릭 중 무엇을 택해야 할지에 대해 아무 언급도 되어 있지 않습니다. 저는 의도적으로 그 부분을 뺐습니다(방금 나열한 교파들 목록도 그저 알파벳 순서를 따른 것일 뿐입니다). 물론 제 입장에 대해서는 숨길 것이 전혀 없습니다. 저는 영국 성공회의 지극히 평범한 평신도로서, 특별히 '고교회파'[1]적이지도 않고 특별히 '저교회파'[2]적이

지도 않으며, 그 밖에도 별다를 데가 전혀 없는 사람입니다. 저는 이 책을 통해 독자들을 저와 같은 입장으로 바꾸어 놓을 생각이 조금도 없습니다.

그리스도인이 된 이래, 믿지 않는 이웃들을 위해 제가 할 수 있는 최상의 봉사, 그리고 아마도 유일한 봉사는 모든 시대에 거의 모든 그리스도인들이 공통적으로 믿어 온 바를 설명하고 수호하는 일이라고 생각해 왔습니다. 제가 이렇게 생각하는 데에는 몇 가지 이유가 있습니다.

첫째로, 지금 그리스도인들을 분리시켜 놓은 문제들은 고도로 신학적인 논점이나 교회사적인 논점들과 관련된 경우가 적지 않아서, 진짜 전문가 외에는 다룰 생각을 하지 말아야 하기 때문입니다. 그것은 제 역량 밖의 문제들로서, 저 역시 도움을 주기보다는 받아야 할 처지입니다.

둘째로, 이러한 논쟁거리들을 놓고 토론하는 일은 불신자를 그리스도인의 울타리 안으로 이끌어오는 데 전혀 도움이 안 된다는 점을 인정해야 한다고 봅니다. 우리가 이런 문제들에 대해 말하고 쓰는 한, 불신자가 그리스도인 공동체 안으로 들어오기는커녕 그 어떤 공동체에도 발디딜 엄두조차 못 내게 되기가 쉽습니다.

---

1) 영국 성공회 3대 교파(고교회파, 저교회파, 광교회파) 가운데 하나로서, 가톨릭의 전승을 강조하고 교회의 권위와 예배의식을 중시하는 교파. 이하 '지은이 주'로 표기되지 않은 주는 모두 옮긴이 주.
2) 성공회 안에서 개신교의 영향을 받은 교파.

교파 분열에 대한 토론은, 오직 한 분 하나님이 계시다는 것을 믿으며 예수 그리스도가 그분의 독생자이심을 이미 믿고 있는 사람들 앞에서만 해야 합니다.

마지막으로, 제가 느끼기에는 이미 이러한 논쟁적 문제에 뛰어든 작가들이 백스터(Richard Baxter)가 말한 바 '순전한' 기독교('mere' Christianity)를 옹호하는 작가들보다 훨씬 많았고, 재능도 저보다 훨씬 뛰어났습니다. 그렇지 않아도 제가 가장 잘 봉사할 수 있다고 생각한 영역이었는데 다루는 사람조차 가장 적어 보였지요. 그래서 자연스럽게 이 영역에 뛰어들게 된 것입니다.

제가 아는 한 이것이 이 책을 쓰게 된 동기의 전부이므로, 특정한 논쟁거리들에 대해 침묵한다고 해서 제멋대로 추측하지는 말아 주셨으면 합니다.

예를 들어 제가 침묵을 지킨다는 것이 곧 그런 문제들에 대해 중립적인 입장을 가지고 있다는 뜻은 아닙니다. 물론 가끔은 중립적인 태도를 취하는 문제들도 있지요. 그리스도인들 사이에 논쟁을 일으키는 문제들 중 그 답이 아직까지 나오지 않았다고 생각하는 경우에 그렇습니다. 개중에는 제가 영원히 그 답을 모를 문제들도 있습니다. 그런 문제들에 대해서는 지금보다 더 나은 세상에 가서 묻더라도 (추측컨대) 저보다 훨씬 위대한 이가 들었던 답과 똑같은 답을 듣게 될 것 같습니다. "그것이 네게 무슨 상관이냐? 너는 나를 따르라."[3]

그러나 이와는 달리 제 입장이 분명함에도 불구하고 침묵을 지킨 문제들도 있습니다. 저는 이른바 '나의 종교'를 설명하기 위해서가 아니라 '순전한' 기독교, 즉 제가 태어나기 오래 전부터 저의 호오(好惡)와 상관 없이 이미 그러했으며 지금도 그러한 기독교를 설명하기 위해 이 책을 쓰고 있기 때문입니다.

제가 그리스도의 탄생에 대해 말할 때를 제외하고는 성모 마리아에 대해 언급하지 않았다는 데에서 근거 없는 결론을 이끌어 내는 사람들이 있습니다. 그러나 이 문제에 대해 언급하지 않은 이유는 너무나 명확해 보이지 않습니까? 그 이상의 언급은 즉시 저를 뜨거운 논쟁의 한복판으로 끌고 갔을 것입니다.

그리스도인들이 서로 논쟁을 벌이는 주제들 중 이만큼 예민한 것도 없습니다. 이 주제에 대한 로마 가톨릭 교회의 신념은 모든 진지한 종교적 신념에 따르게 마련인 일반적인 열성을 넘어, 자기 어머니나 연인의 명예가 걸려 있을 때 느끼는 특별한 감정, 말하자면 기사도적 감성과 연결되어 있습니다(이것은 지극히 당연한 일입니다). 따라서 그들의 의견에 동조하지 않으면서도 단순한 반역자를 넘어 악한으로까지 보이지 않기란 몹시 어려운 일이지요. 반면에 이와 상반되는 개신교의 신조는, 유일신 사상의 뿌리 그 자체에 닿아 있는 감정들을 불러일으킵니다. 철저한 개신교도

---

3) 요한복음 21장 21-22절.

들이 보기에 로마 가톨릭 교회의 신념은 창조자와 피조물 사이에 존재하는 엄연한 구분(피조물이 아무리 거룩하다고 해도 뛰어넘을 수 없는 구분)을 위협합니다. 즉 이것은 다신론을 다시 부활시키는 것과 같습니다. 따라서 개신교도들의 의견에 동조하지 않으면서도 반역자보다 더 나쁜 사람, 즉 이교도로 보이지 않기란 힘든 일입니다. 이처럼 동정녀에 관한 주제야말로 '순전한' 기독교를 다루는 이 책을 영락없이 망칠 만한 주제—동정녀가 낳은 아들을 하나님으로 믿지 못하는 사람들이 이 책을 손에 잡을 수 없게 만드는 주제—입니다.

이상하게 들릴 수도 있겠지만, 여러 논쟁거리들에 대해 침묵하는 것은 제가 그것을 중요하게 여기느냐 아니냐 여부와도 아무 상관이 없습니다. 왜냐하면 그 문제가 중요하냐 중요하지 않으냐 하는 것 자체가 또 하나의 논쟁거리이기 때문입니다. 그리스도인들은 각자 의견을 달리하는 주제의 중요성에 대해서도 의견을 달리합니다. 교파가 다른 두 그리스도인이 논쟁을 벌이다 보면 오래지 않아 한쪽에서 "이것이 정말 그렇게나 중요한 문제냐?"는 질문이 나오게 되고, 상대방은 이렇게 대답하게 마련입니다. "중요하냐고? 물론이지. 이건 완전히 본질적인 문제라구."

이런 말을 하는 것은 제가 어떤 종류의 책을 쓰고자 했는지 밝히기 위해서일 뿐, 결코 제 신념에 대한 책임을 회피하거나 감추기 위해서가 아닙니다. 앞서 말했듯이, 저는 이 점에 대해 숨길 것이 하나도 없습니다. 엉클 토비(Uncle Toby)의 말을 빌리자면 "그것은 모두 공동기도서[4]에 쓰여" 있습니다.

영국 성공회에만 해당되는, 또는 저 자신에게만 해당되는(이건 더 나쁜 경우인데) 신념을 마치 공통적인 기독교인 양 제시할 수 있는 위험은 분명히 있었습니다. 그래서 이를 방지하기 위해 이 책 제2부의 초고를 네 명의 성직자(영국 성공회, 감리교, 장로교, 로마 가톨릭에 속한 성직자)에게 보내 자문을 구했습니다. 감리교 성직자는 제가 믿음에 대해 충분히 다루지 않았다고 생각했고, 가톨릭 성직자는 대속(Atonement)을 설명할 때 이론이 비교적 중요치 않다는 점을 지나치게 강조했다고 생각했습니다. 그 밖의 내용에 대해서는 우리 다섯 명 모두의 생각이 일치했지요. 이 책의 나머지 부분들에 대해서는 그와 같은 '검토'를 청하지 않았습니다. 그 내용이 그리스도인들 사이에 의견 차이를 불러올 수는 있겠지만, 그것은 교파의 차이가 아니라 개인이나 학파간의 차이일 것이기 때문입니다.

그 간의 서평들과 제가 받은 수많은 편지들을 통해 판단해 볼 때, 이 책이 다른 점에서는 흠이 있다 해도 최소한 이미 동의된, 또는 공통적인, 또는 중심적인, 또는 '순전한' 기독교를 제시하는 일에서는 성공을 거두었다고 봅니다. 이 성공으로 '기독교에서

---

[4] 영국 성공회의 공식 기도서.

이러저러한 논쟁점들을 다 빼 버리고 나면 그저 막연하고 생기 없는 최대공약수만 남을 것'이라는 견해를 잠재우는 데 일조할 수 있게 되었습니다. 이제 이 최대공약수는 명확할 뿐 아니라 예리한 것임이 드러났습니다. 기독교 세계 내부에 아무리 극심한 분열이 있다 해도, 이 최대공약수와 비기독교적인 신념들 사이에 있는 간극에 비하면 아무것도 아니라는 점이 드러난 것입니다.

제가 교회 일치에 직접적인 도움까지는 못 주었다 해도, 교회가 일치해야 할 이유만큼은 분명히 보여 주었다고 생각합니다. 확신을 가지고 각 교파를 따르는 사람들이 단지 소속이 다르다는 이유로 '신학자들의 증오심'(odium theologicum)을 보이는 경우는 거의 없었습니다. 영국 성공회 사람이든 다른 교파 사람이든 그 경계선상에 있는 사람들, 어떤 교파도 분명하게 따르지 않는 사람들이 오히려 증오심을 보이는 경우가 많았지요. 저는 이 사실에서 묘한 위안을 느낍니다. 각 교파들이 교리적인 면에서는 아니더라도 영적인 면에서 실제로 가장 가까워지는 지점은 각 교파의 중심부, 즉 그 교파의 가장 진실한 구성원들이 있는 곳임을 확인했기 때문입니다. 이것은 온갖 신조의 차이와 기질의 차이, 또 서로간의 박해에 대한 기억에도 불구하고, 같은 목소리로 말하는 무언가 또는 누군가가 각 교파의 중심부에 있다는 사실을 보여 줍니다.

교리 문제에 대한 언급을 생략한 데 대한 설명은 이것으로 충분하겠지요. 기독교 도덕을 다룬 제3부에서도 몇몇 문제들에 대해 침묵했지만, 그 이유는 앞서의 이유와 다릅니다. 저는 제1차 세계대전 때 보병으로 복무한 이래, 자신은 편하고 안전한 곳에 있으면서 최전선에 있는 사람들한테 이러니저러니 훈계하는 사람들을 대단히 싫어하게 되었습니다. 그러다 보니 저 자신이 직접 당하고 있지 않은 유혹들에 대해 여러 말 하기를 꺼리게 되었지요.

제 생각에 모든 죄의 유혹을 다 받는 사람은 없습니다. 예컨대 저는 기질상 도박의 충동을 느끼지 않습니다. 도박의 충동 같은 것으로 지나치게 나아가 버리거나 왜곡되게 표출될 수 있는 선한 충동 자체가 결여되어 있는 것입니다. 그렇기 때문에 저는 도박의 허용 여부에 대해 충고할 자격이 없다고 생각합니다. 설사 허용되는 도박이 있다 해도 그것이 무엇인지 알고 싶은 생각조차 제게는 없으니까요. 저는 산아 제한에 대해서도 언급하지 않았습니다. 저는 여자도 아니고, 결혼한 남자도 아니며, 목회자도 아닙니다. 저는 제가 면제받은 고통이나 위험이나 희생에 대해 단호한 입장을 취할 자리에 있지 않다고 생각합니다. 또 그런 입장을 취할 의무가 있는 목회자의 직무를 맡고 있지도 않지요.

이보다 더 심한 반대가 예상되는—실제로도 반대가 있었던—부분은, 제가 '그리스도인'(Christian)이라는 단어를 '기독교의 공통되는 교리를 받아들인 사람'이라는 뜻으로 사용했다는 점입니다.

사람들은 묻습니다. "대체 당신이 뭐라고, 누구는 그리스도인이고 누구는 아니라고 함부로 말하는 것인가?" "이런 교리들을 믿지 못하는 사람들 중에도 교리들을 믿는 사람들보다 훨씬 더 참된 그리스도인, 그리스도의 정신에 훨씬 더 가깝게 사는 그리스도인들이 많지 않은가?"

이것은 어떤 의미에서 지극히 옳고 지극히 관대하며 지극히 정신적이고 지극히 민감한 의견입니다. 갖출 수 있는 좋은 특징은 다 갖추고 있지요. 단 하나, 유용성만 빼고 말입니다. 이 반대자들이 원하는 대로 언어를 사용하다가는 심각한 곤경에 빠지지 않을 길이 없습니다. 이보다 훨씬 덜 중요한 다른 단어의 역사를 살펴봄으로써 이 점을 분명히 해 봅시다.

'신사'(gentleman)는 본래 객관적으로 식별할 수 있는 어떤 존재, 즉 문장(紋章)을 수놓은 외투를 입고 다니며 상당한 땅을 소유한 사람을 일컫는 말이었습니다. 따라서 누군가를 '신사'라고 부르는 것은 그를 칭찬하는 말이 아니라 단지 그에 관련된 사실을 진술하는 말에 불과했지요. 또 누군가를 두고 '신사'가 아니라고 하는 것도 그를 욕하는 말이 아니라 단지 그에 관해 사실적 정보를 주는 말에 불과했습니다. 그러니까 지금 '제임스는 아둔한 군인이다'라는 말에 모순이 없듯이, '존은 거짓말쟁이 신사다'라는 말에도 하등 모순이 없었습니다.

그런데 그 후에 지극히 옳고 관대하며 정신적이고 민감하지만 유용성은 전혀 없게도, "신사에게 가장 중요한 것은 문장이나 땅이 아니라 행실이 아니겠는가? 신사답게 행동하는 사람이야말로 참된 신사가 아니겠는가? 이런 의미에서 볼 때 존보다는 에드워드가 훨씬 더 진짜 신사에 가깝지 않은가?"라고 말하는 사람들이 생겼습니다. 그들의 의도는 좋습니다. 명예롭고 정중하며 용감하게 행동하는 것이 문장을 수놓은 옷을 입고 다니는 것보다 훨씬 좋은 일이라는 점에는 의심의 여지가 없습니다. 그러나 명예롭고 정중하며 용감하게 행동한다는 것은 '신사'와 일치될 수 있는 사항이 아닙니다. 모든 사람의 평가가 통일될 수 있는 사항은 더욱 아니지요.

정교한 새 의미에서 어떤 사람을 '신사'라고 부르는 것은 사실상 그에 대한 정보를 주는 방식이 아니라, 그를 칭찬하는 방식이 되고 맙니다. 또 어떤 사람을 두고 '신사'가 아니라고 하는 것은 그를 욕하는 방식이 되고 말지요. 어떤 단어가 묘사의 역할을 잃고 단순한 칭찬의 말이 되어 버릴 경우, 그 단어는 더 이상 화자(話者)가 가리키는 대상에 대한 사실들을 전달하지 못하고, 그저 화자의 태도만을 알려 주는 데 그치게 됩니다(예를 들어 '근사한 식사'란 '화자가 좋아하는 식사'라는 뜻에 불과하지요).

'신사'라는 말도 예전의 객관적이고 거친 의미를 잃고 정신적이고 정교한 의미를 갖게 되면서, '화자가 좋아하는 사람' 이상을 뜻하지 못하게 되었습니다. 그 결과 이제 '신사'는 무용한 단어가 되어 버렸습니다. 이 말 말고도 다른 사람을 인정해 주는 말들이 이미 있으니, 이런 용도를 위해 굳이 이 말을 쓸 필요는 없습니다. 또 혹시 이 말을 예전의 의미대로 쓰고자 하는 사람이 있다 해도(이를테면 역사물을 쓸 때처럼) 따로 설명을 덧붙이지 않고서는 사용할 수 없게 되었으니, 그 목적에도 맞지 않는 단어로 의미가 손상되어 버린 셈입니다.

'그리스도인'이라는 단어 역시 이렇게 정신적이며 정교한 의미로, 또는 그들의 표현대로 '심화된' 의미로 사용하도록 내버려둔다면 급속도로 무용한 단어가 되고 말 것입니다. 우선 그리스도인들 자신부터 누군가를 가리키는 말로서 이 단어를 쓸 수 없게 되겠지요. 과연 어떤 사람이 가장 심오한 의미에서 그리스도의 영에 가까운가는 우리가 말할 수 있는 문제가 아니니까요. 우리는 사람의 마음 속을 들여다볼 수 없습니다. 우리는 다른 사람을 판단할 수 없으며, 또 판단해서도 안 됩니다. 우리가 이렇게 정교한 의미에서 어떤 사람에 대해 그리스도인이니 아니니 말하는 것은 당치 않은 교만이 될 것입니다.

이처럼 실생활에서 전혀 사용할 수 없는 단어는 그다지 유용한 단어라고 할 수 없습니다. 물론 불신자들은 기꺼이 이 단어를 정교한 의미로 사용할 것입니다. 그들에게 이 단어는 칭찬하는 말에 불과합니다. 즉 그들이 누군가를 '그리스도인'이라고 부르는 것은 자신이 그를 좋은 사람으로 생각하고 있다는 뜻이 될 것입니다. 그러나 우리에게는 '좋다'라는 말이 이미 있기 때문에 이 단어를 그런 식으로 사용하는 것은 언어를 풍부하게 사용하는 길이 못 됩니다. 또한 '그리스도인'이라는 단어는 실제로 어떤 유용한 용도에도 사용할 수 없을 만큼 그 의미가 손상되고 말 것입니다.

따라서 우리는 이 단어가 원래 가지고 있는 명백한 의미를 고수해야 합니다. '그리스도인'이라는 호칭은 '제자들', 즉 사도들의 가르침을 받아들인 사람들을 가리키는 말로서 안디옥에서 처음 사용되었습니다(사도행전 11장 26절). 이 말이 그 가르침의 유익을 얻을 만큼 얻은 사람들에게만 제한적으로 쓰였을 가능성은 없습니다. 또 정교하고 정신적이며 내면적인 의미에서 그다지 만족스럽지 못한 제자들보다 '훨씬 더 그리스도의 영에 가까운 사람들'에게까지 확장되어 쓰였을 가능성도 없습니다. 이것은 신학적인 문제도, 도덕적인 문제도 아닙니다. 단지 보편적인 이해가 가능한 방식으로 단어를 사용하는 문제일 뿐입니다. 기독교 교리를 받아들였으면서도 그에 합당치 않게 사는 사람이 있을 때, '그는 그리스도인이 아니다'라고 하기보다는 '그는 나쁜 그리스도인이다'라고 하는 것이 더 분명한 표현입니다.

이 책에서 제시하는 '순전한' 기독교로 기존 교파들의 신조를 대체할 수 있는 것처럼—마치 조합교회나 그리스정교회나 그 밖의 교파 대신 이것을 선택해도 되는 것처럼—생각하는 독자가 아무도 없기를 바랍니다. 제가 말하는 '순전한' 기독교는 여러 방으로 통하는 문들이 있는 현관 마루에 더 가깝습니다. 누군가를 이 마루로 인도할 수 있다면, 제 할 일은 다 한 것입니다. 그러나 불과 의자와 음식이 마련되어 있는 곳은 방안이지 현관 마루가 아닙니다. 현관 마루는 기다리는 장소이자 여러 문을 열어 볼 수 있는 장소일 뿐, 계속 머물며 살 곳이 못 됩니다. 머물며 살려면 아무리 최악의 여건이더라도—그 정도가 아무리 심하더라도—방이 현관 마루보다 낫다는 것이 제 생각입니다.

상당히 오랜 시간 현관 마루에서 기다려야 한다고 생각하는 사람이 있는가 하면, 어떤 문을 두드려야 할지 거의 즉시 알아채는 사람들도 있는 것이 사실입니다. 왜 이런 차이가 생기는지는 모르겠지만, 하나님께서 그 기다림이 유익하다고 생각지 않으시는 한 오래 기다리게 하실 리가 없다고 믿습니다. 자신의 방에 들어가고 나서 돌이켜보면, 그렇게 오래 기다렸기 때문에 그만큼 기다리지 않았더라면 얻지 못했을 유익을 얻었다는 사실을 깨닫게 될 것입니다.

그러나 여러분은 현관 마루에서 기다릴 생각을 해야지, 아예 천막을 치고 야영할 생각을 해서는 안 됩니다. 여러분은 빛을 비추어 달라고 계속 기도해야 합니다. 그리고 현관 마루에 있을 때부터 그 집 전체에 공통적으로 해당되는 규칙들을 지키기 위해 노력해야 합니다. 무엇보다 여러분이 해야 할 일은 어떤 문이 참된 문인지 묻는 것입니다. 페인트칠이나 판자가 가장 마음에 드는 문을 찾아서는 안 됩니다. 쉽게 말해서 여러분이 물어야 할 것은 "이곳의 예배 스타일을 내가 좋아하는가?"가 아니라 "이 교리들은 참된가? 여기에 거룩이 있는가? 나의 양심이 이쪽으로 나를 움직이고 있는가? 이 문을 두드리길 꺼리는 것은 나의 교만이나 단순한 취향 때문이거나 특정 문지기를 개인적으로 싫어하기 때문은 아닌가?"입니다.

그리하여 마침내 자신의 방을 찾게 되었다면, 다른 방을 택한 사람들과 여전히 현관 마루에 머물러 있는 사람들을 친절하게 대해 주십시오. 만약 그들이 잘못하고 있는 것이라면 여러분의 기도가 더더욱 필요합니다. 또 만약 그들이 여러분의 원수라면, 여러분에게는 그들을 위해 기도해야 할 의무가 있습니다. 이것이 그 집 전체에 공통적으로 해당되는 규칙들 가운데 하나입니다.

1

옳고 그름, 우주의 의미를 푸는 실마리

1
인간 본성의 법칙

우리는 사람들이 다투는 소리를 흔히 듣습니다. 개중에는 재미있는 다툼도 있고 불쾌감만 주는 다툼도 있지요. 어떤 다툼이건 간에 그들이 주고받는 말들을 가만히 들어 보면 아주 중요한 무언가를 배울 수 있다고 생각합니다. 가령 그들은 이런 식으로 말합니다.

"누가 너한테 이런 짓 하면 좋겠어?"

"거긴 내 자리예요. 내가 먼저 맡았다구요."

"걔 좀 내버려 둬. 너한테 나쁜 짓 한 거 없잖아."

"왜 먼저 밀고 들어오는 거야?"

"내 오렌지도 좀 줬으니까 네 것도 좀 줘야지."

"이봐요, 당신이 약속했잖아요."

못 배운 사람뿐 아니라 배운 사람도, 다 큰 어른들뿐 아니라

어린아이들도 매일 이런 종류의 말들을 합니다.

여기에서 제가 흥미롭게 생각하는 점은, 이런 말을 하는 사람들은 한결같이 상대방의 행동이 어쩌다 보니 자기 마음에 들지 않더라는 식으로 말하지 않는다는 것입니다. 그는 상대방도 당연히 알고 있으리라고 기대되는 행동 기준에 호소합니다. 이런 말을 들은 사람이 "그런 기준 따위는 집어치우시지"라고 대꾸하는 경우는 거의 없습니다. 오히려 실은 자신의 행동이 그 기준에 위배되는 것이 아니라거나, 기준에 위배되긴 하지만 그럴 만한 사정이 있었다는 사실을 입증하려고 애쓰는 경우가 거의 대부분이지요. 즉 이 특별한 상황에서는 설사 자리를 먼저 맡았더라도 그 자리를 고집할 수 없는 특별한 이유가 있다든지, 자기가 오렌지를 받았을 때와 지금의 상황은 사뭇 다른 것이라든지, 약속을 지킬 수 없는 사정이 생겼다는 식의 구실을 댄다는 것입니다.

사실 이것은 공정한 처신(fair play)이라 해도 좋고 바른 행동이라 해도 좋고 도덕이라 해도 좋은, 아니면 그 밖에 다른 이름으로 부를 수도 있는 어떤 '법칙'이나 '규칙'을 양쪽 모두 염두에 두고 있으며, 실제로 거기에 동의하고 있다는 사실을 보여 줍니다. 그들에게는 법칙이나 규칙이 있습니다. 만약 이런 것이 없다면 짐승처럼 으르렁거리며 싸울 수는 있겠지만, 인간적인 의미에서 다툴 수는 없을 것입니다. 다툼(quarrelling)이란 상대방의 그름을 밝히려는 행동이니까요. 두 사람 사이에 무엇이 '옳고 그른

가'에 대해 일종의 합의가 이루어져 있지 않다면 다툼은 무의미한 일이 되고 맙니다. 풋볼 경기의 규칙에 대해 서로 합의가 이루어져 있지 않을 때, 선수에게 파울을 선언하는 일이 무의미한 것처럼 말입니다.

사람들은 이러한 '옳고 그름에 대한 법칙 혹은 규칙'을 '자연법'(Law of Nature)이라고 불렀습니다. 오늘날 우리가 '자연 법칙'(laws of nature)이라고 부르는 것은 보통 중력 법칙이나 유전 법칙, 화학 법칙 등을 가리킵니다. 그러나 우리 전 시대의 사상가들이 '옳고 그름에 대한 법칙'을 '자연법'이라고 부른 것은, 그것이 사실상 '인간 본성의 법칙'(Law of Human Nature)이라는 뜻에서였습니다. 모든 물체가 중력 법칙의 지배를 받으며 모든 유기체가 생물학적 법칙의 지배를 받듯이 인간이라고 불리는 생물에게도 그들을 지배하는 법칙이 있다는 것, 그러나 신체는 중력 법칙에 따를 것인지 말 것인지 선택할 수 없어도 인간은 '인간 본성의 법칙'에 따를 것인지 말 것인지 선택할 수 있다는 점에서 큰 차이가 있다는 것이 그 사상가들의 생각이었지요.

이것을 다른 식으로 표현해 봅시다. 인간은 매순간 여러 법칙의 지배를 받지만, 그 중에서 한 가지 법칙만큼은 거부할 수 있는 자유가 있습니다. 인간은 몸을 가진 존재로서 중력의 지배를 받고 있으며 그것을 거부할 수 없습니다. 인간을 아무 지탱 장치 없이 공중에 던지면, 돌이 땅에 떨어지듯이 떨어지는 것 외에는 다른 선택의 여지가 없습니다. 또한 인간은 하나의 유기체로서 다른 동물들처럼 다양한 생물학적 법칙의 지배를 받고 있으며 그것을 거부할 수 없습니다. 즉 인간은 다른 존재들과 공유하는 법칙을 거부할 수 없습니다. 그러나 인간의 본성만이 가지고 있는 고유한 법칙, 동물이나 식물이나 무기체들과 공유하지 않는 법칙만큼은 거부할 수 있습니다.

사람들이 이 법칙을 '자연법'이라고 부른 것은, 굳이 따로 배우지 않아도 인간이라면 누구나 자연스럽게 안다고 생각했기 때문입니다. 물론 이것을 모르는 이상한 사람을 전혀 만날 수 없다는 뜻은 아닙니다. 색맹이나 음치가 가끔 있을 수 있듯이 이 법칙을 모르는 사람도 있을 수 있습니다. 그러나 인류 전체를 놓고 볼 때, 인간이라면 누구나 바른 행동에 대한 인식을 분명히 가지고 있게 마련이라고 그들은 생각했습니다.

저는 그 생각이 옳다고 믿습니다. 만약 그 생각이 옳지 않다면 우리가 이 전쟁[5]에 대해 언급해 온 말들은 전부 헛소리가 되고 말 것입니다. 나치도 우리처럼 내심으로는 무엇이 옳은지 알고 있으며 마땅히 그렇게 살아야 한다고 생각지 않는다면, 아무리 그들에게 "너희는 그르다"고 말해 봐야 무슨 의미가 있겠습니까? 우리가 옳다고 말하는 개념이 그들에게는 아예 존재하지 않는다

---

5) 제2차 세계대전(1939-1945).

면, 그들과 싸울 수는 있어도 그들을 비난할 수는 없습니다. 머리카락 색깔을 두고 비난할 수는 없듯이 말입니다.

문명이나 시대에 따라 도덕도 크게 다르다는 이유로, 인간 누구나 알고 있는 '자연법'이라는 것은 그리 견고한 개념이 못 된다고 말하는 이들이 있다는 것을 저도 알고 있습니다.

그러나 그렇지 않습니다. 각 문명과 시대의 도덕간에 차이가 있기는 하지만 그것은 전적인 차이라고 할 만한 것이 못 됩니다. 예컨대 고대 이집트인, 바빌로니아인, 인도인, 중국인, 그리스인, 로마인들의 도덕들을 비교하면, 그것들이 서로 아주 비슷할 뿐 아니라 우리 시대의 도덕과도 비슷하다는 사실을 발견하고 놀랄 것입니다. 저는 《인간 폐지》(The Abolition of Man)라는 책의 부록에 그 증거들을 모아 놓았습니다. 그러나 여기에서는 각각의 도덕이 전적으로 다를 경우 어떤 일이 일어날까 생각해 보는 것만으로도 충분합니다. 예를 들어 전투 중에 줄행랑치는 행동을 높이 평가하거나 자기에게 가장 친절했던 사람을 배신해 놓고 으쓱거리는 곳이 있을 수 있는지 생각해 보십시오. 그보다는 차라리 2 더하기 2가 5가 되는 곳을 상상하는 편이 나을 것입니다.

어떤 사람들을 이기적이지 않은 태도로 대해야 하는지—가족들한테만 그렇게 해야 하는지, 같은 나라 동포들이나 모든 인간들한테도 그렇게 해야 하는지—에 대해서는 사람들마다 생각을 달리해 왔습니다. 그러나 어쨌든 자기 자신을 먼저 내세워서는 안 된다는 데에는 모든 사람이 늘 동의해 왔습니다. 이기주의가 높이 평가된 적은 단 한 번도 없었습니다. 한 명의 아내하고만 살아야 하는지, 네 명의 아내와도 살 수 있는지에 대해서는 사람들마다 생각을 달리해 왔습니다. 그러나 자기 마음에 든다고 해서 모든 여자를 다 차지하려 해서는 안 된다는 데에는 모든 사람이 늘 동의해 왔습니다.

그런데 이런 것들보다 더 주목할 만한 사실이 하나 있습니다. 그것은 '옳고 그름'이라는 것이 진짜 존재한다고 믿지 않는다는 사람조차 금세 자기 입장에 반대되는 행동을 한다는 사실입니다. 그는 자기가 남에게 한 약속은 마음대로 어기면서도, 남이 자기한테 한 약속을 어기려고 하면 당장에 "이건 공정치 못해" 하면서 불평을 터뜨립니다. 조약이란 하등 중요한 것이 아니라고 주장하던 국가가 바로 다음 순간에 "이 조약은 불공정 조약이므로 파기한다"고 말하는 이율배반을 저지르기도 합니다. 만약 조약이라는 것이 정말 중요한 것이 아니라면, '옳고 그름'이라는 것이 정말 존재하지 않는다면—즉 '자연법'이 존재하지 않는다면—, 공정한 조약이든 불공정한 조약이든 무슨 차이가 있습니까? 이것은 겉으로 무슨 말을 하든 간에 사실은 그들 역시 다른 사람들처럼 '자연법'을 알고 있음을 무심결에 드러내는 것이 아닙니까?

이제 우리는 '옳고 그름'의 존재를 믿지 않을 도리가 없는 것 같습니다. 숫자 계산이 가끔 틀릴 수 있듯이 '옳고 그름'에 대한 판단도 가끔 틀릴 수 있습니다. 그러나 구구단이 취향이나 견해의 문제가 아닌 것처럼, '옳고 그름'도 단순한 취향이나 견해의 문제가 아닙니다. 여러분이 여기에 동의한다면 다음 요점으로 넘어가겠습니다. 그 요점이란 이 자연법을 그대로 지키는 사람은 아무도 없다는 것입니다. 혹시 여러분들 가운데 예외가 있다면 양해해 주십시오. 이 책에서는 그런 분들에 관한 이야기는 하지 않을 것이므로, 그런 분들은 다른 책을 읽으시기 바랍니다. 자, 그러면 그런 분들을 제외한 평범한 사람들끼리 이야기해 봅시다.

이제부터 제가 하는 말을 오해하지 마시기 바랍니다. 저는 설교를 하려는 것도 아니고, 남보다 잘난 척하려는 것도 결코 아닙니다. 저는 다만 한 가지 사실에 주의를 모으고 싶을 뿐입니다. 그것은 우리가 이 해, 이 달, 아니 바로 오늘, 다른 사람들에게 기대하는 행동을 스스로 실천하는 데 실패했다는 사실입니다. 우리는 이 실패에 대해 온갖 변명을 둘러댑니다.

"내가 아이들을 부당하게 대한 것은 그때 너무 피곤했기 때문이야."

"금전 거래에서 좀 부정직한 짓을 한 건—지금은 그런 짓을 했다는 사실조차 잊어버렸지만—그때 형편이 너무 어려웠기 때문이지."

"아무개 노인을 위해 무언가를 해 주겠노라고 약속한 적이 있긴 하지만, 이렇게 바빠질 줄 알았다면 그런 약속 같은 건 하지 않았을 텐데."

"내 행동이 아내(또는 남편)나 누이(또는 형제)를 그렇게 화나게 만들 줄 알았다면 왜 그런 짓을 할 생각을 했겠어."

"어쨌든 나란 인간은 도대체 왜 이 모양일까?"

저도 여러분과 다를 바가 없습니다. 저 또한 자연법을 지키지 못하고 있으며, 누군가 그 사실을 지적하는 순간 엄청나게 많은 변명거리들을 줄줄이 늘어놓습니다. 그 변명거리들이 그럴듯하냐 아니냐는 문제가 되지 않습니다. 중요한 점은 그 변명거리들이야 말로, 싫든 좋든 우리가 자연법을 얼마나 깊이 믿고 있는지 보여주는 또 하나의 증거가 된다는 것입니다. 만약 바른 행동이 존재한다는 사실을 믿지 않는다면, 우리가 바르게 행동하지 못했다고 해서 그렇게나 변명거리를 찾느라 노심초사할 이유가 뭐가 있겠습니까? 사실은 우리가 '바르다'는 가치를 아주 깊이 믿고 있기 때문에—자연법의 압력을 강하게 느끼고 있기 때문에—자신이 그 법칙을 어기고 있다는 사실을 받아들이지 못한 나머지, 어떻게든지 책임을 전가하려고 애를 쓰는 것입니다. 여러분도 알아챘겠지만 우리는 자신이 저지른 나쁜 행동에 대해서만 이렇게 온갖 변명을 늘어놓습니다. 또 자신의 나쁜 습성에 대해서만 피곤이나 근심이나 허기 탓을 할 뿐, 좋은 습성은 늘 자기 공으로 돌리지요.

제가 말하고 싶은 요지는 두 가지입니다. 첫째, 지구 위에 사는 인간은 누구나 일정한 방식으로 행동해야 한다는 기묘한 생각을 갖고 있으며, 그 생각을 떨쳐 버리지 못한다는 점입니다. 둘째, 그럼에도 불구하고 사실 사람들은 그런 방식으로 행동하지 않는다는 점입니다. 그들은 자연법을 알고 있습니다. 그러나 그것을 어기고 있습니다. 이 두 가지 사실이야말로 우리 자신과 우리가 살고 있는 이 우주에 대해 명확하게 생각할 수 있게 해 주는 토대입니다.

2
몇 가지 반론

이 두 가지 사실이 정말 토대라면, 논의를 더 진전시키기 전에 확실히 다져 놓고 넘어가는 편이 좋겠습니다. 제가 받은 몇몇 편지들로 미루어볼 때, 상당히 많은 사람들이 이 '인간 본성의 법칙'이나 '도덕률', 또는 '바른 행동 규범'을 제대로 이해하지 못하고 있는 것 같습니다.

예를 들어 "당신이 말하는 도덕률이란 사실상 인간의 집단 본능에 불과한 것으로서, 다른 본능들처럼 발전해 온 것이 아닙니까?"라는 편지를 보내 온 사람이 있었습니다. 저는 우리에게 집단 본능이 있다는 것을 부정하지 않습니다. 그러나 그 본능은 제가 말하는 도덕률이 아닙니다. 우리는 모성애나 성적 본능이나 식욕 등을 통해 본능의 자극을 받는다는 것이 어떤 것인지 잘 알고 있습니다. 그것은 일정한 방식으로 행동하고자 하는 강렬한 바람이나 욕구를 느낀다는 뜻입니다. 물론 가끔은 다른 사람을 돕고 싶은 마음이 그런 욕구로 나타날 때도 있지요. 그런 욕구는 확실히 집단 본능에서 나오는 것입니다. 그러나 남을 돕고 싶은 욕구를 느끼는 것과 자기가 원하든 원하지 않든 도와야 한다고 느끼는 것은 아주 다른 일입니다.

위험한 지경에 처한 어떤 사람이 도움을 요청하는 소리가 들려온다고 합시다. 아마 여러분은 두 가지 욕구를 동시에 느낄 것입니다. 하나는 당장 달려가 도우려는 욕구요(이것은 집단 본능에서 나온 것입니다), 다른 하나는 위험을 피하려는 욕구입니다(이것은 자기 보존 본능에서 나온 것이지요). 그러나 여러분은 이 두 가지 충동 외에 "도망치려는 충동을 누르고 도우려는 충동을 북돋우라"고 말하는 제3의 무언가를 내면에서 발견하게 됩니다. 이처럼 그 두 본능 사이에서 판단을 내리며 그 가운데 어느 본능을 따라야 할지 결정하는 이것이 곧 그 두 본능 가운데 하나일 수는 없습니다. 언제 어떤 키를 눌러야 하는지 지시하는 악보가 곧 피아노 건반 키 가운데 하나일 수 없는 것과 마찬가지지요. 도덕률이 우리가 연주해야 할 곡(曲)이라면, 본능은 단지 건반 키들에 불과합니다.

도덕률이 단순히 본능 중 하나가 아님을 알 수 있는 길이 또 하나 있습니다. 만약 사람의 마음 속에 두 가지 본능만 있다면, 그 두 가지가 충돌할 때에는 강한 쪽이 이겨야 마땅합니다. 그런데 우리가 도덕률을 가장 선명하게 의식하는 순간에는 대개 둘 중에 더 약한 본능 편을 들어야 할 것 같은 느낌을 받습니다. 여러분은 아마 물에 빠진 사람을 돕는 편보다는 자신의 안전을 도모하는 편을 더 **바랄** 것입니다. 그런데 도덕률은 그래도 그를 도와야 한다고 말합니다.

또한 도덕률이 옳은 충동을 원래보다 더 강화시키기 위해 애쓰라고 할 때가 종종 있지 않습니까? 즉 옳은 일을 할 수 있는 동력을 얻기 위해 상상력을 일깨우고 동정심 등을 불러일으킴으로써 집단 본능을 자극해야 한다는 의무감이 느껴질 때가 종종 있습니다. 이처럼 한 본능을 다른 본능보다 강화시키려 드는 것은 분명히 본능에서 나오는 행동이라고 할 수 없습니다. 집단 본능 자체가 "너의 집단 본능은 지금 잠들어 있으니 깨우라"고 말할 수는 없습니다. 피아노 건반 키 자체가 자신을 다른 키보다 더 크게 치라고 지시할 수는 없습니다.

도덕률이 단순히 본능 중 하나가 아님을 알 수 있는 세번째 길은 이것입니다. 만약 도덕률이 본능 중 하나라면, 언제나 선하며 언제나 옳은 행동 규범에 일치하는 충동 하나를 우리의 내면에서 짚어 낼 수 있어야 합니다. 그러나 그런 충동은 없습니다. 우리는 어떤 본능에 대해서든지 때로는 억누르며 때로는 북돋우라는 명령을 도덕률로부터 받습니다. 우리의 충동 가운데 어떤 것—이를테면 모성애나 애국심—은 선하지만, 성 충동이나 싸우려는 충동 등은 나쁘다고 말하는 것은 잘못입니다. 단지 싸우려는 충동이나 성 충동을 억제해야 하는 경우가 모성애나 애국심을 억제해야 하는 경우보다 더 많은 것뿐입니다. 그러나 결혼한 남자나 군인처럼 의무적으로 성적 충동을 북돋우거나 싸우려는 충동을 북돋워야 하는 상황도 있습니다. 또 자녀를 향한 모성애나 조국을 향한 사랑을 억누르지 않으면 다른 이들의 자녀나 나라에 부당한 결과를 초래하는 상황도 있을 수 있습니다. 엄밀히 말하자면 충동에는 원래 좋거나 나쁜 것이 없는 것입니다. 피아노의 경우를 다시 생각해 보십시오. 피아노 건반에 '옳은' 키와 '그른' 키가 있는 것은 아닙니다. 모든 키는 옳게 눌리는 순간도 있고 그르게 눌리는 순간도 있습니다. 도덕률은 본능 중 하나도 아니고 본능을 모아 놓은 것도 아닙니다. 도덕률은 본능들을 지휘하여 일종의 곡조(우리가 '선'이나 '옳은 행동'이라고 부르는 곡조)를 만들어 내는 어떤 것입니다.

그런데 이 점은 실제적인 면에서 아주 중요합니다. 우리가 저지를 수 있는 가장 위험한 짓은 자신의 본성에 있는 본능 중 하나를 골라, 무슨 대가를 치르더라도 꼭 따라야 할 사항으로 절대시하는 것입니다. 절대적 지침이 된 후에도 우리를 마귀로 만들지 않을 본능은 없습니다. 보편적인 인간애(人間愛)야말로 안전한 본능이라고 생각할지 모르겠지만 그렇지 않습니다. 인간애를 핑계로 정의를 무시할 경우 여러분은 이른바 '인간을 위하여' 계약을 깨뜨리며 재판의 증거를 위조할 것이고, 결국 잔인한 배신자가 되고 말 것입니다.

제게 편지를 보내 온 사람 중에는 "당신이 말하는 도덕률이란 교육을 통해 우리에게 주입된 사회적 관습에 불과한 것이 아닙니까?"라고 묻는 이도 있었습니다. 저는 이 점에서도 오해가 있다고 생각합니다. 이런 질문을 하는 이들은 대개 부모와 스승에게서 배운 것이 있다 해도 그것은 단지 인간들이 만들어 낸 것에 불과하다는 생각을 당연시하는 사람들입니다. 물론 이것은 사실이 아닙니다. 우리는 모두 학교에서 구구단을 배웠습니다. 그러나 사막에서 혼자 자란 아이는 구구단을 모를 것입니다. 그렇다고 해서 구구단이 단지 인간의 관습, 즉 인간이 스스로 구성해 낸 것으로서 인간이 원했다면 얼마든지 달리 만들 수도 있었다고 말할 수는 없지 않습니까?

다른 모든 것도 그렇지만 '바른 행동의 규칙'도 부모와 스승과 친구들과 책들로부터 배운다는 사실에 저는 전적으로 동의합니다. 그 중에 어떤 것은 얼마든지 달라졌을 수도 있는 단순한 관습이지만—우리가 배운 것은 좌측 통행이지만, 우측 통행이 규칙이 되었을 수도 있지요—또 어떤 것들은 수학처럼 실제적인 진리들입니다. 문제는 '인간 본성의 법칙'이 그 중 어디에 속하느냐 하는 점입니다.

제가 '인간 본성의 법칙'을 수학과 같은 부류에 포함시키는 데에는 두 가지 이유가 있습니다. 첫째, 1장에서 말했듯이 한 시대나 한 나라의 도덕관은 다른 시대나 다른 나라의 도덕관과 다를 수 있지만 사실 그 차이는 그렇게 크지 않으며—대부분의 사람들이 상상하는 것만큼 크지 않습니다—그 모든 도덕관들을 관통하는 동일한 법칙이라는 것이 있기 때문입니다. 반면에 사람들이 어느 쪽 길로 다니며 어떤 옷을 입느냐 하는 등의 단순한 관습들은 얼마든지 큰 차이를 보일 수 있지요.

또 하나의 이유는 이것입니다. 여러분은 민족마다 다른 도덕들에 대해 생각할 때, 어느 한쪽의 도덕이 다른 쪽의 도덕보다 더 낫거나 못하다는 판단을 내리지 않습니까? 또 어떤 도덕은 이전보다 낫게 변화되었다고 생각할 때가 있지 않습니까? 그런 경우들이 없다면 도덕적 진보란 무의미한 말이 되고 말 것입니다. 진보란 단순한 변화를 의미하는 것이 아니라 더 나은 방향을 향한 변화를 의미하는 것이니까요. 한 도덕관이 다른 도덕관보다 더 진실하거나 더 나은 경우가 있을 수 없다면, 야만인의 도덕보다 문명인의 도덕을 선호하거나 나치의 도덕보다 기독교의 도덕을 선호하는 것은 다 무의미한 일이 됩니다. 물론 실제로는 우리 모두 도덕간에 우열이 있다고 믿고 있습니다. 또 자신이 살았던 시대의 도덕관을 변화시키고자 노력했던 이들이야말로 '개혁가'나 '개척자'—주변 사람들보다 도덕을 더 잘 이해한 사람—라고 부를 만한 가치가 있는 사람들이라고 믿지요.

그렇다면 좋습니다. 어떤 도덕이 다른 도덕보다 더 좋다고 말하는 순간, 여러분은 사실상 어떤 기준에 견주어 그 두 도덕을 판단한 것입니다. 즉 그 중에 어느 것이 그 기준에 더 가까운가를 견준 것이지요. 그때 두 도덕을 견준 기준은 그 두 도덕과 다른 제3의 것일 수밖에 없습니다. 실제로 여러분은 그 두 도덕을 '참 도덕'이라 할 만한 것과 비교함으로써, 사람의 생각에 좌우되지 않는 진정한 '옳음'이라는 것이 존재하며, 어떤 도덕관은 다른 것보다 그 진정한 '옳음'에 가깝다는 사실을 인정한 셈입니다.

이 점을 달리 표현해 봅시다. 만일 여러분의 도덕이 더 참되며 나치의 도덕이 덜 참되다면, 거기에는 반드시 그렇게 판단할 수 있게 만드는 그 무엇—'참 도덕'이라 할 만한 것—이 존재합니다. 뉴욕에 대한 여러분의 생각이 저의 생각보다 더 참되거나 덜 참될 수 있는 이유는, 뉴욕이라는 도시가 우리의 생각과 상관 없이 실제로 존재하는 장소이기 때문입니다. 만일 여러분이나 제가 말하는 뉴욕이 단순히 '내 머리 속에서 내가 그려 낸 도시'라면 어떻게 한쪽이 다른 쪽보다 더 참되다고 말할 수 있겠습니까? 그럴 경우에는 참과 거짓 자체가 아예 문제가 될 수 없습니다. 마찬가지로 '바른 행동 규범'이 단순히 '각 나라가 어쩌다가 승인하게 된 사항들'에 불과하다면, 한 나라의 승인이 다른 나라의 승인보다 더 올바르다는 말은 의미가 없어지며 세상이 도덕적으로 더 나아졌느니 나빠졌느니 하는 말 또한 의미가 없어집니다.

따라서 저의 결론은, '바른 행동'에 대한 사람들의 생각 차이 때문에 종종 자연적인 '행동 법칙'이란 없다는 의심을 하게 되긴 하지만, 사실은 이런 차이에 대해 생각하게 만드는 이 상황이야말로 오히려 그런 '행동 법칙'이 존재한다는 정반대의 사실을 입증한다는 것입니다.

마지막으로 덧붙일 말이 있습니다. 제가 만난 사람들 중에는 도덕간의 차이와 사실에 대한 신념간의 차이를 구분하지 못한 탓에 도덕간의 차이를 지나치게 과장하는 이들이 있었습니다. 예컨대 한 사람은 "300년 전 영국에서는 사람들을 마녀로 몰아서 잡아 죽이는 일이 벌어졌소. 그것이 당신이 말하는 바 '인간 본성의 법칙'이나 '바른 행동의 법칙'이란 말이오?"라고 묻더군요. 분명한 것은, 우리가 지금 마녀를 잡아 처형시키는 일을 하지 않는 이유가 이제 더 이상 마녀의 존재를 믿지 않게 되었기 때문이라는 사실입니다. 만일 우리가 지금도 여전히 마녀의 존재를 믿는다면—자신의 영혼을 악마에게 판 대가로 초자연적 능력을 받아, 그 힘으로 이웃을 죽이거나 미치게 만들고 날씨를 궂게 만드는 사람들이 주위에 있다고 정말로 믿는다면—우리 역시 이 불쾌한 이적 행위자들을 사형시켜 마땅하다는 데 모두 동의했을 것입니다. 즉 도덕적인 원칙에는 차이가 없습니다. 사실에 대한 생각에 차이가 있을 뿐입니다. 마녀의 존재를 믿지 않게 된 것은 지식의 큰 진보라고 할 수 있습니다. 그러나 마녀가 없다고 생각해서 마녀 사냥을 하지 않는 것은 도덕적인 진보가 아닙니다. 집에 쥐가 없다고 생각해서 쥐덫 놓기를 그만 둔 이를 인도적인 사람이라고 부를 수 없듯이 말입니다.

3
이 법칙의 실재성

이제 1장 끝부분에서 다루었던 문제, 즉 인간에게는 두 가지 기이한 일이 일어나고 있다는 사실로 돌아가 봅시다. 첫째, 인간은 자신들이 마땅히 해야 할 행동, 즉 공정한 처신이나 예의나 도덕이나 자연법이라고 부를 수 있는 종류의 행동이 있다는 생각을 늘 하고 있습니다. 둘째, 그러나 실제로는 그렇게 살지 못합니다.

제가 왜 이것을 기이하다고 말하는지 의아해하는 분들도 있을 것입니다. 여러분에게는 이것이 지극히 자연스러운 일로 보일 수도 있지요. 특히나 제가 인간에 대해 지나치게 냉혹한 것이 아닌가 생각할 수 있습니다. 그래서 여기에서 굳이 '옳고 그름의 법칙 내지는 자연법을 어겼다'고 표현하는 그것은, 단지 인간이 완벽하지 못하다는 뜻에 지나지 않는다고 말할 수도 있습니다. '도대체 이 사람은 왜 인간에게 완벽함을 기대하는 것일까' 라는 생각이 듭니까?

제가 이 책을 통해 하려는 일이, 남에게 기대하는 행동을 스스로 못했을 때 얼마나 비난받아야 하느냐를 따지자는 것이라면, 이것은 좋은 반응입니다. 그러나 그것은 제가 하려는 일이 아닙니다. 저는 비난에는 관심이 없습니다. 다만 진리를 찾으려고 애쓰고 있을 뿐입니다. 이런 관점에서 볼 때, 어떤 것이 불완전하다는 생각, 마땅히 지니고 있어야 할 모습을 지니고 있지 못하다는 이 생각이야말로 중요한 개념이 아닐 수 없습니다.

돌이나 나무 같은 것은 그야말로 돌이나 나무일 뿐, 그것 아닌 다른 것이 되었어야 한다고 말할 수 없습니다. 물론 어떤 돌이 자기 집 바위 정원에 걸맞지 않을 경우 '모양이 틀렸다'고 한다거나, 어떤 나무가 원하는 만큼의 그늘을 제공해 주지 못할 때 '나쁜' 나무라고 말할 수는 있습니다. 그러나 그것은 어쩌다 보니 자신의 목적에 쓰기 편한 돌이나 나무를 만나지 못했다는 뜻일 뿐입니다. 농담이 아니라면 그것을 이유 삼아 그 돌이나 나무를 비난할 사람은 아무도 없습니다. 여러분은 그 나무가 자신에게 주어진 날씨와 토양에서는 그렇게 자랄 수밖에 없었다는 사실을 잘 알고 있습니다. 우리의 관점에서 '나쁜' 나무라고 말하는 것도 '좋은' 나무와 마찬가지로 자신에게 해당되는 자연 법칙들을 따랐을 뿐입니다.

그렇다면 이제 무슨 말이 나올지 알 것 같지 않습니까? 이제 나올 말은, 우리가 보통 자연 법칙이라고 부르는 것—예컨대 날씨가 나무에 작용하는 방식—은 엄밀한 의미에서 진짜 **법칙**이 아니라 단지 하나의 표현법에 불과하다는 것입니다. "떨어지는 돌은 언제나 중력 법칙을 따른다"고 말할 때의 '법칙'은 '돌이 늘 하는 일'이라는 뜻에 불과합니다. 공중에 던져진 돌이 땅에 떨어지라는 명령을 갑자기 떠올려서 떨어진다고 생각하는 사람은 아무도 없습니다. 단지 돌을 던지면 떨어지게 마련이라는 뜻에서 "돌은 중력 법칙을 따른다"고 말하는 것일 뿐이지요. 달리 말하자면, 여러분은 사실들 너머에 무엇이 존재하는지, 즉 실제로 일어나고 있는 일과는 별도로 마땅히 일어나야 하는 일에 관한 법칙이 따로 존재하는지 여부를 분명히 알 수 없습니다. 돌이나 나무에 적용되는 자연 법칙이란 단지 '자연이 실제로 늘 하는 일'을 의미할 뿐입니다.

그러나 '인간 본성의 법칙'이나 '바른 행동의 법칙'에 이르면 사정이 달라집니다. 이때의 법칙은 확실히 '인간이 실제로 늘 하는 일'을 의미하지 않습니다. 이미 말했듯이 많은 인간들이 이 법칙을 전혀 따르고 있지 않으며, 단 한 명의 인간도 완전하게 따르지 못하고 있기 때문입니다. 중력 법칙이 말하는 바는 어떤 돌이든지 위로 던지면 아래로 떨어진다는 것입니다. 그러나 '인간 본성의 법칙'이 말하는 바는 어떤 인간이든지 마땅히 해야 할 일이 있지만 하지 않는다는 것입니다. 다시 말해서 인간의 문제를 다룰 때에는 현실의 사실들 너머에 있는 무언가가 끼여듭니다. 사실(인간은 실제로 어떻게 행동하는가) 외에 무언가 다른 것(인간은 어떻게 행동해야 하는가)이 더 있는 것입니다. 인간을 제외한 우주에서는 사실 외에 더 필요한 것이 없습니다. 전기와 분자의 경우에는 일정한 방식으로 움직이고 일정한 결과를 일으킨다는 것이 이야기의 전부일 수 있습니다.[6] 그러나 인간의 경우에는 그들이 일정한 방식으로 움직인다는 것이 이야기의 전부가 될 수 없습니다. 여러분은 인간들이 그와는 다르게 행동해야 한다는 것을 이미 알고 있기 때문입니다.

사실 이것은 너무 독특한 특징이므로 어떻게든지 잘 해명해서 빠져나가고 싶은 유혹을 받습니다. 예컨대 우리는 "그는 지금처럼 행동해서는 안 된다"는 말을 "이 돌은 모양이 틀렸다"는 말과 같은 뜻으로 썼다고 주장할 수 있습니다. 즉 어쩌다 보니 그 사람의 행동이 당신에게 불편하게 느껴진 것에 불과하다는 것이지요. 그러나 이것은 사실이 아닙니다. 기차를 먼저 탔기 때문에 창가 자리를 차지한 사람이나 내가 잠시 등을 돌린 사이 내 가방을 치우고 그 자리에 앉은 사람은 똑같이 나를 불편하게 만듭니다. 그러나 나는 나중 사람은 비난해도 먼저 사람은 비난하지 않

---

[6] 두고 보면 알겠지만, 저는 이것이 정말 이야기의 전부라고는 생각하지 않습니다. 다만 지금까지 진전되어 온 논의에 한정해서 볼 때 그럴 수 있다는 뜻이지요.—지은이 주

습니다. 실수로 나를 넘어뜨린 사람에게는 순간적으로 발끈할 수는 있어도 화를 내지는 않습니다. 그러나 누군가 일부러 발을 걸었을 때는 설사 넘어지지 않았다 해도 화를 냅니다. 먼저 사람은 내게 상처를 입혔고 나중 사람은 그렇지 않았다 해도 그렇습니다.

때로는 내가 나쁘다고 말하는 행동이 내게 불편을 끼치기는커녕, 정반대로 이익을 주는 경우도 있습니다. 전쟁중에 상대편에 배신자가 생기는 것은 아주 이로운 일입니다. 그래서 겉으로는 그를 활용하고 보상도 하지만, 속으로는 인간 버러지로 여기지요. 이처럼 다른 사람이 어쩌다가 우리에게 유용한 행동을 했다고 해서 바른 행동이라고 말하지는 않습니다. 우리 자신만 보아도 자기에게 유익을 주는 행동이 곧 바른 행동은 아니라는 점을 분명히 알 수 있습니다. 3파운드를 받을 수 있는데도 3실링에 만족하거나 쉽게 부정행위를 할 수 있는데도 정직하게 공부하는 경우, 성적 관계를 맺을 수 있는데도 하지 않거나 안전한 곳으로 도망갈 수 있는데도 위험한 장소에 남아 있는 경우, 약속을 지키고 싶지 않은데도 지키는 것이나 바보처럼 보일지라도 진실을 말하는 경우처럼 말입니다.

어떤 이들은 바른 행동을 한다고 해서 특정 개인이 특정 순간에 유익을 얻는 것은 아니더라도, 인류 전체로 볼 때에는 유익이 된다고 말합니다. 그러니까 별로 신기해할 필요가 없다는 것이지요. '어쨌든 인간에게는 어느 정도의 분별력이 있으므로 모든 사람이 정정당당하게 처신하는 사회에서만 진정한 안전이나 행복을 누릴 수 있다는 사실을 알고 있으며, 바로 그렇기 때문에 바르게 행동하려고 애쓴다'는 것이 그들의 견해입니다. 물론 개인과 계층과 국가가 서로를 정직하고 공정하며 친절하게 대할 때에만 안전과 행복을 누릴 수 있다는 것은 틀림없이 맞는 말입니다. 사실 세상에서 가장 중요한 진실 중 하나이기도 하지요.

그러나 이 말은 우리가 어떤 것을 '옳게' 느끼거나 '그르게' 느끼는 이유를 제대로 설명해 주지는 못합니다. "왜 나는 이기적이 되면 안 되는가?"라는 질문에 "사회에 유익을 주려고"라고 대답할 경우, "왜 개인적으로 나에게 유익이 되지 않을 때에도 사회의 유익에 신경을 써야 한단 말인가?"라는 질문에 "사람은 이기적이 되면 안 되니까"라고 대답할 수밖에 없을 테니까요. 이것은 문제를 원점으로 되돌리는 대답입니다. 옳은 말이기는 하지만 논의를 진전시키지는 못하지요. 마치 "풋볼을 왜 하는가?"라는 질문에 "점수를 따려고"라고 대답해 봐야 별 의미가 없는 것과 같습니다. 점수를 따려고 노력하는 것은 경기 그 자체일 뿐, 경기를 하는 이유가 못 되기 때문입니다. 그런 대답은 사실 "풋볼은 풋볼"이라고 말하는 것에 불과합니다. 옳은 말이긴 하지만, 도움이 되지는 않습니다.

마찬가지로 "왜 바르게 행동해야 하는가?"라는 질문에 "사회에 유익을 주려고"라고 말하는 것은 좋은 대답이 못 됩니다. 사회에 유익을 주려고 노력하는 것, 다시 말해서 이기적인 사람이 되지 않으려고 노력하는 것('사회'란 결국 '다른 사람들'이라는 뜻이므로) 자체가 바른 행동의 일부이기 때문입니다. 그러니까 이런 대답은 그저 "바른 행동은 바른 행동"이라고 말한 것에 불과합니다. 그러므로 여러분은 "인간은 이기적이 되면 안 된다"는 말에서 한 걸음도 나아가지 못한 것입니다.

저도 여기까지만 말해야겠습니다. 인간은 이기적이 되어서는 안 되며 공정해야 합니다. 이것은 인간이 실제로도 이기적인 사람들이 아니며 기꺼이 이기적인 사람이 되지 않으려 한다는 뜻이 아니라, 말 그대로 이기적이 되어서는 안 된다는 뜻입니다. 중력 법칙은 단순히 무거운 물체가 움직이는 방식에 대한 사실에 불과하지만, '도덕률' 곧 '인간 본성의 법칙'은 단순히 인간이 행동하는 방식에 대한 사실이 아닙니다. 그렇다고 해서 단순한 공상도 아닙니다. 인간은 이 생각을 도저히 없앨 수가 없으며, 혹시라도 없앨 경우 우리가 인간에 대해 언급하고 생각하는 대부분의 것들은 모두 헛소리가 되고 말 테니까요.

또한 이것은 단순히 사람들이 우리에게 편한 행동을 해 주길 바란다는 뜻의 말도 아닙니다. 우리에게 불편한 행동이라고 해서 반드시 나쁘고 불공정한 행동이라고 부르는 것은 아니며, 오히려 우리에게 편한 행동인데도 나쁘고 불공정하다고 말하는 경우도 있기 때문입니다. 따라서 '옳고 그름의 법칙' 혹은 '인간 본성의 법칙'은 여하튼 실재하는 것—인간들이 만들어 낸 것이 아니라 실제로 현실에 존재하는 것—임이 틀림없습니다. 그러나 이것은 우리가 실제로 한 행동을 사실이라고 부를 때 사용하는 일상적 의미의 사실이 아닙니다.

이제 우리가 한 종류 이상의 실재가 존재한다는 사실을 인정해야 할 때가 된 것 같군요. 즉 이 특별한 사례를 볼 때, 인간의 행위라는 일상적 사실들 너머에는 아주 명백하게 실재하는 무언가—우리가 만들지 않았음에도 불구하고 우리를 압박하는 실재적 법칙—가 존재한다는 사실을 이제는 인정해야겠습니다.

4
이 법칙의 배후에 있는 것

    지금까지 이야기한 것을 정리해 봅시다. 돌이나 나무에 해당하는 이른바 '자연 법칙'은 단순히 하나의 표현법에 불과하다고 할 수 있습니다. '자연이 일정한 법칙들의 지배를 받는다'는 것은 사실상 자연이 일정한 방식으로 움직인다는 뜻에서 하는 말에 불과합니다. 그러니까 이때의 법칙들은 실재하는 것—우리 눈에 보이는 현실의 사실들 너머에 존재하는 어떤 것—은 아니라고 할 수 있습니다. 그러나 인간의 경우에는 그렇지 않다는 것을 우리는 살펴보았습니다. '인간 본성의 법칙' 내지는 '옳고 그름의 법칙'은 인간 행위라는 현실의 사실들 너머에 있는 어떤 것임이 틀림없습니다. 즉 인간의 경우에는 현실의 사실들 외에 어떤 것, 즉 우리가 창안해 낸 것이 아님에도 불구하고 우리가 마땅히 따라야 한다고 생각하는 실재적 법칙이 존재하는 것입니다.

이제 저는 이 법칙이 우리가 살고 있는 우주에 대해 무엇을 말해 주는지에 관해 생각해 보고자 합니다. 사고의 능력을 갖게 된 이래 인간은 끊임없이 이 우주가 대체 무엇이며 어떻게 생겨났는지 궁금해했습니다. 여기에 대해서는 크게 나누어 두 가지 관점이 있습니다.

첫째는 이른바 유물론적 관점입니다. 이 관점을 가진 이들은 '물질과 공간은 우연히 생긴 것으로서 늘 존재해 왔지만, 그 존재 이유는 알 수 없다'고 생각합니다. 그들의 견해에 따르면 우리처럼 사고할 수 있는 생물은 고정된 방식으로 움직이던 물질이 일종의 요행으로 만들어 낸 것에 불과합니다. 천분의 일의 우연으로 무언가가 태양과 부딪쳐서 행성들을 만들어 냈습니다. 그리고 또 천분의 일의 우연으로 그 행성 중 하나인 지구에 생명에 필요한 화학물질과 적절한 온도가 마련됨으로써 지구에 있던 몇몇 물질이 살아났습니다. 그리고 그 후에도 아주 많은 일련의 우연을 통해 살아 있는 생명체들이 우리 같은 인간으로 발전하게 되었다는 것입니다.

또 하나의 관점은 종교적 관점입니다.[7] 이 관점에 따르면 우주의 배후에는 그 어떤 것보다 '정신'(mind)과 비슷한 무언가가 있습니다. 그 무언가는 지각과 목적을 가지고 있으며 어떤 것을 다른 것보다 더 선호하는 존재입니다. 그 무언가는 부분적으로는 우리가 모르는 목적을 위해, 또 부분적으로는 어쨌든 자신과 닮은 존재—정신을 가졌다는 정도에서만 닮았다는 뜻입니다—를 만들려는 목적을 위해 이 우주를 만들어 냈습니다.

종교적 관점이 먼저 있었고, 유물론적 관점이 점차 그 자리를 차지하게 되었다고는 생각지 마시기 바랍니다. 사고하는 인간이 존재하는 곳에는 어디에나 이 두 관점이 있었습니다.

한 가지 더 주의할 것이 있습니다. 그것은 일상적 의미의 과학

---

7) 저는 방송을 위해 원고를 되도록 간략하게 만들 생각으로 '유물론적 관점'과 '종교적 관점'만을 언급했습니다. 그러나 좀더 완전한 논의를 위해 그 두 관점 사이에 있는 이른바 '생명력의 철학' 내지는 '창조적 진화', 또는 '돌연변이적 진화'에 대해 말해야겠습니다. 이 관점에 대한 가장 재치 있는 표현은 버나드 쇼(George Bernard Shaw)의 글에 나오지만, 가장 깊이 있는 표현은 베르그송(Henri Bergson)의 글에 나옵니다. 이런 관점을 가진 이들은, 지구 위의 생명체를 가장 하등한 형태에서 인간으로 '진화시킨' 작은 변화들은 우연에서 나온 것이 아니라 '생명력'의 '분투'나 '목적성'에서 나왔다고 봅니다.

이때 우리가 물어야 할 것은, 그들이 말하는 '생명력'이 정신을 가진 존재인가 하는 점입니다. 만약 '그렇다'면, '생명을 존재케 하고 그 생명이 완전해지도록 이끄는 정신'은 바로 하나님이며 따라서 그들의 관점은 종교적 관점과 똑같습니다. 반대로 '그렇지 않다'면, 정신을 가지지 않은 그 무엇이 '분투'하거나 '목적을 가진다'는 것이 말이 됩니까? 제가 볼 때 이것은 이 관점의 치명적 오류입니다.

많은 이들이 '창조적 진화' 이론에 매력을 느끼는 한 가지 이유는, 이 이론이 하나님을 믿는 데 따르는 감정적 위안은 듬뿍 제공하면서, 믿음에 따라오는 덜 유쾌한 결과물들은 면제해 주기 때문입니다. 내 건강 상태가 좋고 태양은 찬란히 빛나서 전 우주가 원자들의 기계적 춤에 불과하다는 사실을 믿고 싶지 않을 때, 수세기에 걸쳐 운행해 온 이 위대하고 신비로운 힘이 나를 최고의 자리에 올려 놓았다고 생각하는 것은 기분 좋은 일이지요. 반대로 무언가 추잡한 일을 하고 싶을 때, 도덕의식도 정신도 없는 맹목적 힘에 불과한 이 '생명력'은 어렸을 때 배운 골치 아픈 하나님처럼 나한테 간섭해 오는 법이 없습니다. '생명력'은 일종의 길들여진 하나님입니다. 필요할 때는 얼마든지 스위치를 눌러 불러낼 수 있지만, 나를 귀찮게 하지는 않지요. 즉 이 관점은 종교의 감동은 전부 누리면서 그 대가는 하나도 치르지 않겠다는 것입니다. 이 '생명력' 사상이야말로 지금까지 세상에 등장한 몽상 중에 가장 큰 성과물이 아닐까요?
—지은이 주

으로는 둘 중에 어느 관점이 옳은지 알아 낼 수 없다는 점입니다. 과학은 실험으로 이루어집니다. 과학은 사물이 어떻게 움직이는가를 관찰하지요. 아무리 복잡해 보이는 과학적 진술이라도 그 실제 의미는 "1월 15일 오전 2시 20분에 망원경으로 하늘의 한 부분을 보았더니 이러이러한 것이 보였다"라든지, "이 성분을 용기에 담고 이러이러한 온도로 가열했더니 저러저러한 물질이 되었다" 같은 것입니다.

제가 과학에 반대한다고 생각지 마십시오. 저는 다만 과학이 하는 일에 대해 말하고 있을 뿐입니다. 과학적인 사람일수록 이런 제 말에 동의할 것입니다(제가 믿기에는 그렇습니다). 물론 과학은 유용하고도 필요한 것입니다. 그러나 어떤 사물이 왜 존재하느냐, 과학이 관찰하는 사물들의 배후에 무언가―그 사물들과 다른 종류의 무언가―가 존재하느냐 존재하지 않느냐는 과학이 던질 질문이 아닙니다. 만일 '배후의 무언가'가 존재한다면 그것은 인간들에게 전연 알려지지 않거나, 알려지더라도 과학과는 다른 방식으로 알려지거나 둘 중에 하나일 것입니다. 그러한 것이 존재한다거나 존재하지 않는다는 진술은 과학이 할 수 있는 진술이 아닙니다. 진정한 과학자는 대개 그런 말을 하지 않습니다. 이런 저런 책에서 자기 견해에 맞는 어설픈 과학 잡동사니를 주워모아 글을 쓰는 기자들이나 대중 작가들이 그런 말을 하지요.

결국 이것은 상식의 문제입니다. 언젠가 과학이 완벽해져서 전 우주에 있는 것들을 낱낱이 알게 되었다고 가정해 봅시다. 설사 그렇게 되었다 해도 "우주는 왜 존재하는가?", "우주가 지금처럼 지속되고 있는 목적은 무엇인가?", "우주에는 어떤 의미가 있는가?"와 같은 질문들은 지금과 똑같이 남아 있을 것이 분명해 보이지 않습니까?

이처럼 난감한 상황에서 우리를 건져 줄 길이 하나 있습니다. 외부의 관찰로는 알 수 없는 내용들까지 속속들이 알 수 있는 대상이 전 우주에 딱 하나 있기 때문입니다. 그것은 바로 인간입니다. 우리는 인간을 단순히 관찰만 하는 것이 아닙니다. **우리 자신이** 바로 인간입니다. 이를테면 이 경우에 한해서는 내부 정보를 가지고 있는 셈이지요. 우리는 인간의 내부 사정을 잘 알고 있습니다. 그렇기 때문에 우리는 인간이 도덕률 아래 있으며, 그 도덕률이란 인간이 만들어 내지 않은 것으로서 아무리 노력해도 잊어버릴 수 없는 것이고, 마땅히 따라야 한다고 생각하는 것임을 알 수 있습니다.

다음과 같은 점에 한번 주목해 보십시오. 만일 전기나 양배추를 연구할 때처럼 인간을 외부에서만 연구하는 이가 있다면, 즉 우리 언어를 몰라서 우리의 내면에 대한 지식을 전혀 얻지 못한 채 단지 행동만을 관찰하는 이가 있다면, 그는 우리에게 도덕률이 있다는 증거를 전혀 찾아 내지 못할 것입니다. 그는 우리가 하고 있는 행동을 관찰할 수 있을 뿐인데 도덕률은 우리가 해야 하는 행동을 다루는 것이니, 어떻게 그 증거를 얻을 수 있겠습니까? 돌이나 날씨의 경우에 설사 관찰 가능한 사실들 너머에 무언가가 존재한다 해도, 외부의 연구만 가지고서는 그 무언가를 발견할 희망이 없는 것과 같습니다.

그러니까 이 문제는 다음과 같이 정리됩니다. 우리는 우주가 아무 이유 없이 그저 우연히 이런 모습으로 존재하게 된 것인지, 아니면 이런 모습으로 존재하게 만든 힘이 배후에 있는지 여부를 알고 싶습니다. 만일 그런 힘이 정말 존재한다면, 그 힘은 관찰 가능한 사실들 중 하나가 아니라 그 사실들을 만들어 낸 실재이므로 단순한 사실 관찰을 통해서는 찾아 낼 수 없습니다. 그런데 그 사실 너머의 존재가 있는지 여부를 알 수 있는 단 한 가지 사례가 있는데, 그것은 바로 우리 자신입니다. 우리는 이 사례를 통해 그런 배후의 존재가 있다는 사실을 발견합니다.

달리 표현해 봅시다. 만약 우주 밖에서 우주를 통제하는 힘이 있다면, 그 힘은 우주 안에 있는 사실들 중 하나로 나타날 수가 없습니다. 집을 지은 건축가가 곧 그 집의 벽이나 계단이나 벽난로일 수 없듯이 말입니다. 그 힘은 오직 우리를 일정한 방식으로 행동하게 만드는 내면의 영향력이나 지배력으로서만 자기 존재를 드러낼 수 있습니다. 그런데 우리는 바로 우리 내면에서 그런 힘을 감지하는 것입니다. 이제 실마리가 확실히 잡히지 않습니까? 답을 얻을 수 있는 유일한 사례에서 '그렇다'는 답이 나왔으니 말입니다. 우리는 인간 외에 다른 사례에서는 왜 답을 얻을 수 없는지 알고 있습니다.

푸른 색 제복을 입은 사람이 집집마다 작은 봉투를 놓고 가는 것을 볼 때마다 그 안에 편지가 들어 있다고 생각하는 이유가 뭐냐고 누군가 묻는다면, 저는 "저 사람이 비슷한 봉투를 놓고 갈 때마다 그 안에 편지가 들어 있었거든요"라고 대답할 것입니다. 그런데 그 누군가가 다시 "하지만 다른 사람들이 받은 봉투에도 전부 이런 편지가 들었는지 확인한 적은 없지 않소?"라고 반박한다면, "물론 없습니다. 저한테 배달되지 않은 봉투를 함부로 열어 보면 안 되지요. 저는 다만 제가 열 수 있는 봉투들을 열어 본 경험을 통해 열 수 없는 봉투들에 대해 설명하고 있는 거랍니다"라고 대답할 것입니다.

이 문제도 마찬가지입니다. 인간으로서 우리가 열 수 있는 유일한 봉투는 인간 자신입니다. 그 봉투를 열어 보았을 때, 특히 '나'라는 인간을 열어 보았을 때 제가 발견한 것은 '나는 독립적인 존재가 아니며 어떤 법칙 아래 있는 존재'라는 사실, 즉 '내가 일정한 방식으로 행동하기를 원하는 누군가 또는 무언가가 있다'는 사실입니다. 물론 이웃집 사람들이 전부 저와 똑같은 편지를 받으리라고 생각지 않는 것처럼, 제가 혹시 돌이나 나무의 내부에 들어갈 수 있다 해도 거기에서 인간의 경우와 똑같은 것을 발견하게 되리라고는 생각지 않습니다. 예를 들어 저는 돌이 중력 법칙에 따라야 한다는 사실—편지를 보낸 이가 저에게는 제 인간 본성의 법칙에 따르라는 말만 하는 반면, 돌에게는 그 본성의 법칙을 무조건 따르도록 강제한다는 사실—을 발견할 것입니다. 그러나 적어도 편지를 보낸 이가 있다는 점, 말하자면 사실들 배후에 존재하는 '힘' 내지는 '지휘자', 또는 '안내자'가 있다는 점만큼은 두 경우에 공통되게 발견할 수 있을 것입니다.

제가 성급하게 결론으로 나아간다고 생각지 마십시오. 기독교 신학에서 말하는 '하나님'까지 도달하려면 아직도 멀었습니다. 저는 단지 '우주를 지휘하고 있는 무언가가 존재하며, 그 무언가는 내 안에서 옳은 일을 하도록 재촉하고 그릇된 일에는 책임감과 불편함을 느끼게 만드는 하나의 법칙으로 나타난다'는 데까지만 말했을 뿐입니다. 우리는 그 무언가가 다른 무엇보다 정신을 닮았다고 생각하지 않을 수 없습니다. 정신 외에 다른 것이 있다면 물질뿐인데, 물질이 지시를 내린다는 것은 상상하기 어려운 일이기 때문입니다. 물론 그렇다고 해서 그 무언가가 정신과 완전히 같다고는 할 수 없으며, 인격과 같다고는 더더구나 말할 수 없습니다. 이 점에 대해서는 다음 장에서 살펴보겠습니다.

그러나 한 가지만큼은 미리 이야기해 두어야겠군요. 지난 100년 간 하나님에 대한 감언이설이 아주 많았습니다. 그러나 저는 그런 말을 하려는 것이 아니니, 그 점만큼은 걱정하지 않으셔도 좋습니다.

5
우리의 불안에는 이유가 있다

　저는 물질적 우주 너머에 있는 누군가 또는 무언가가 도덕률을 통해 현실적으로 우리에게 다가온다는 말로써 지난 장을 마무리했습니다. 여러분 중에는 그런 결론에 심기가 불편해진 분이 있을 것입니다. 더 나아가 제가 지금 속임수를 쓰고 있다고—결국 또 하나의 '종교 선전'에 불과한 내용을 철학처럼 보이도록 교묘하게 포장하고 있다고—생각할 수도 있습니다. 또는 제가 새로운 이야기를 하지 않는 한, 더 이상 들을 마음이 없다고 생각하는 분도 있을 것입니다. 종교에 대해서라면 이미 세상의 검증이 끝난 만큼 시계를 거꾸로 돌릴 생각은 없다면서 말이지요. 저는 이런 식으로 생각하는 분에게 다음과 같은 세 가지 이야기를 하고 싶습니다.
　첫째로, 시계를 거꾸로 돌린다는 점에 대해 말해 봅시다. 만일 제가 시계를 거꾸로 돌릴 수 있다고 한다면, 시계가 잘못 가고 있을 때에는 오히려 거꾸로 돌리는 편이 더 현명한 일이라고 한다면 농담으로 듣겠습니까? 아니, 시계 이야기는 그만두기로 합시다. 우리는 모두 진보를 원합니다. 그러나 진보한다는 것은 우리가 가고자 하는 그 곳에 점점 더 가까이 간다는 뜻입니다. 방향을 잘못 잡으면 아무리 앞으로 나아가도 원하는 곳에 다가갈 수 없습니다. 잘못된 길로 접어들었을 때에는 그 자리에서 돌이켜 올바른 길로 되돌아가는 것이 진보입니다. 그러니까 그 경우에는 가장 먼저 되돌아가는 사람이 가장 진보적인 사람인 셈이지요.

이 점은 산수의 경우를 생각하면 더 잘 이해할 수 있습니다. 잘못된 방식으로 계산을 시작했다면, 빨리 그것을 인정하고 처음부터 계산을 다시 해야 더 신속히 답을 얻을 수 있는 법입니다. 고집을 부리고 실수를 인정하지 않으면 진보는 있을 수 없습니다. 여러분도 지금 세상의 상태를 보면 인정하겠지만, 인류는 명백히 큰 잘못을 저지르고 있습니다. 우리는 잘못된 길을 가고 있습니다. 그렇다면 되돌아가야 합니다. 그것이 가장 빠른 길입니다.

둘째로, 저는 아직 본격적인 '종교 선전'을 시작조차 못 했습니다. 우리는 기독교라는 특정 종교의 하나님은 고사하고, 현실 종교가 믿는 하나님조차 아직 다루지 못했습니다. 도덕률 배후에 누군가 또는 무언가가 존재한다는 데까지만 이야기했을 뿐입니다. 우리는 성경이나 교회의 도움 없이 우리 자신의 힘으로 이 누군가에 대해 알아보고 있는 중입니다. 제가 분명히 말하고 싶은 점은 이렇게 할 때 우리는 충격적인 사실을 발견하게 된다는 것입니다.

우리는 이 누군가에 대해 두 가지 증거를 가지고 있습니다. 하나는 그가 만든 우주입니다. 만일 우리가 우주를 유일한 단서로 사용한다면 '그는 위대한 예술가(우주는 아주 아름다운 곳이므로)이지만 인간의 친구는 될 수 없는 무자비한 존재(우주는 아주 위험하고 무서운 곳이므로)' 라는 결론이 나옵니다.

또 하나의 증거는 그가 우리의 정신 안에 둔 도덕률입니다. 이것은 내부 정보이므로 우주보다 더 좋은 증거가 됩니다. 어떤 사람이 지은 집을 보기보다는 그의 말을 들어야 그에 대해 더 많이 알 수 있듯이, 일반적으로 우주보다는 도덕률을 통해 하나님에 대해 더 많은 것을 알 수 있습니다. 이 두번째 증거를 볼 때 우리는 우주 배후에 있는 존재가 옳은 행동—공정한 처신, 이기적이지 않은 마음, 용기, 신뢰, 정직, 신용으로 표현되는—에 큰 관심을 가지고 있다는 결론을 내릴 수 있습니다. 그런 의미에서 우리는 기독교를 비롯하여 몇몇 종교들이 주장하는 바 하나님은 '선하시다' 는 말에 동의할 수 있습니다.

그러나 너무 성급하게 나아가지는 맙시다. 도덕률은 어떤 짓을 해도 다 받아주는 상냥하고 동정심 많은 분이라는 뜻에서 하나님을 선하다고 생각할 근거를 주지 않습니다. 도덕률에는 어떤 짓을 해도 다 받아 준다는 것이 있을 수 없습니다. 도덕률은 바늘 끝 하나 들어갈 틈 없이 냉혹합니다. 그것은 올바른 일을 하라고 명령할 뿐, 그렇게 하기가 얼마나 힘들고 위험하며 어려운지에 대해서는 전혀 신경 쓰지 않습니다. 만일 하나님이 도덕률과 같다면, 그는 상냥한 분일 수가 없습니다.

"하나님이 선하시다는 것은 곧 그가 용서하신다는 뜻"이라고 말하기에는 아직 이릅니다. 그것은 너무 성급한 말입니다. 용서는 인격을 가진 존재만 할 수 있는 일입니다. 그런데 우리는 아직 인격적인 하나님을 말하는 데까지 이르지 못했습니다. 그저 그 무엇보다 정신과 닮은 도덕률 배후의 힘이라는 데까지만 말했을 뿐입니다. 하나님은 인격과 거리가 먼 존재일 수도 있습니다. 만약 하나님이 순전히 비인격적인 정신이라면, 그 정신에게 용서해 달라거나 벌을 면하게 해 달라고 비는 것은 허튼 짓이 될 것입니다. 계산이 틀렸을 때 구구단에게 벌을 면하게 해 달라고 비는 것이 허튼 짓인 것처럼 말이지요. 계산이 틀리면 답도 틀릴 수밖에 없습니다.

"하나님이 이런 분—비인격적인 절대 선—이라면 결코 좋아할 수 없으며, 따라서 전혀 개의치 않겠다"고 말한다 해서 피할 길이 생기는 것은 아닙니다. 문제는 여러분이 마음 한편으로 절대

선의 편을 들고 있으며, 인간의 탐욕과 거짓과 착취를 인정하지 않는 그 절대 선에게 내심 동의하고 있다는 데 있기 때문입니다. 그가 여러분의 경우만큼은 예외로 삼아 한 번만 벌을 면해 주기를 바랄 수도 있습니다. 그러나 그런 경우에도 여러분 마음 깊은 곳에서는 세상의 배후에 있는 그 힘이 이런 행동을 정말 예외 없이 미워하지 않는다면 결코 선한 존재일 수 없다는 사실을 알고 있습니다. 만약 절대 선이라는 것이 존재한다면 우리의 행동 대부분을 미워하리라는 사실 또한 잘 알고 있지요.

이것이 우리가 빠져 있는 끔찍한 곤경입니다. 절대 선이 우주를 다스리지 않는다면, 어떤 노력을 해도 우리에게는 소망이 없습니다. 반면에 절대 선이 우주를 다스린다면 우리는 매일 그 선의 원수가 되는 셈이고 다음날이라고 해서 사정이 나아질 기미 또한 전혀 없으므로, 이 경우에도 역시 우리에게는 소망이 없습니다. 우리는 그 선 없이 살 수도 없고, 그 선과 더불어 살 수도 없습니다. 하나님은 유일한 위안인 동시에 최고의 공포입니다. 우리에게 가장 필요한 존재인 동시에 가장 피하고 싶은 존재인 것입니다. 그는 우리의 유일한 동맹자가 될 수 있는 존재이지만, 우리는 스스로 그의 원수가 되어 버렸습니다.

절대 선의 시선과 마주치면 재미있을 것이라고 말하는 사람들이 간혹 있습니다. 그들은 재고할 필요가 있습니다. 그들은 종교를 가지고 장난을 치고 있습니다. 선은 우리가 반응하는 방식에 따라 가장 큰 안전책이 될 수도 있지만 가장 큰 위험이 될 수도 있습니다. 그런데 지금까지 우리는 그 선에 잘못된 방식으로 반응해 왔습니다.

저의 세번째 요지는 이것입니다. 제가 이렇게 우회적인 방식으로 진짜 주제에 접근하고자 한 것은 여러분을 속이기 위해서가 아닙니다. 저에게는 다른 이유가 있었습니다. 즉 지금까지 서술해 온 이런 사실들을 먼저 이해하기 전에는 기독교가 의미를 가질 수 없기 때문에 이런 방법을 선택했던 것입니다. 기독교는 사람들에게 회개를 촉구하며 용서를 약속합니다. 그렇기 때문에 자신이 회개할 일을 저질렀다는 사실을 모르는 사람, 자신에게 용서가 필요하다고 생각지 않는 사람에게는 기독교가 아무 의미도 가질 수 없습니다. 여러분은 먼저 도덕률이라는 사실이 정말로 존재하며, 그 법칙의 배후에 어떤 힘이 있고, 여러분이 그 법을 어김으로써 그 힘과 잘못된 관계를 맺게 되었다는 것을 깨달아야 합니다. 이 모든 것을 깨닫기 전에는, 정말이지 이 모든 것을 깨닫는 그 순간이 오기 전까지는 기독교는 여러분에게 아무 말도 할 수가 없습니다.

여러분은 스스로 병들었다는 것을 알 때에야 비로소 의사의 말에 귀를 기울일 것입니다. 그처럼 여러분은 인간이 거의 아무 가망도 없는 처지에 있다는 점을 깨달을 때에야 비로소 그리스도인들의 말을 이해하기 시작할 것입니다. 그리스도인들은 왜 인간이 지금처럼 선을 미워하는 동시에 사랑하는가에 관해 설명해 줍니다. 하나님이 어떻게 도덕률 배후에 있는 비인격적 정신인 동시에 인격일 수 있는지에 관해서도 설명해 줍니다. 그들은 여러분과 제가 충족시킬 수 없는 이 법이 어떻게 우리를 위해 충족되었는가, 어떻게 하나님 자신이 인간이 되어 그를 인정하지 않는 인간들을 구원하셨는가에 관해 말해 줍니다. 이것은 오래된 이야기입니다. 이 이야기를 더 듣고 싶다면 저보다 더 권위 있게 말해 줄 사람에게 부탁하면 됩니다.

제가 하고자 하는 일은 사람들에게 그 이야기의 전제가 되는 사실들을 직면하도록—기독교가 답을 주겠다는 문제들이 어떤 것들인지 이해하도록—요청하는 것입니다. 그 사실들은 아주 무서운 것들이었습니다. 저도 좀더 유쾌한 이야기를 할 수 있었으면 좋겠습니다. 그러나 저로서는 제가 참으로 믿는 바를 말할 수밖에 없군요. 물론 저는 결국 기독교가 우리에게 말할 수 없는 위안을 준다는 사실에 동의합니다. 그러나 기독교는 제가 지금까지 말해 온 것과 같은 낭패감에서 출발하는 종교로서, 그 낭패감을 먼저 겪지 않는 한 아무리 위안을 얻으려고 노력한들 소용이 없습니다. 전쟁이나 그 밖의 경우에도 그렇지만 종교에서도 위안은 구한다고 얻을 수 있는 것이 아닙니다. 여러분이 진리를 구한다면 결국 위안을 발견할 것입니다. 그러나 위안 그 자체를 구한다면 위안도 진리도 얻지 못한 채, 오로지 감언이설과 몽상에서 출발해서 절망으로 마치고 말 것입니다. 우리 대부분은 전쟁 전 국제 정치에 품었던 몽상에서 이제 막 깨어났습니다. 지금은 종교에 대해서도 그렇게 해야 할 때입니다.

2

그리스도인은
무엇을 믿는가?

1
'하나님'과 경쟁하는 개념들

　제가 받은 요청은 그리스도인이 무엇을 믿는가에 대해 말해 달라는 것이지만, 그보다 먼저 그리스도인이 믿을 필요가 없는 한 가지를 언급함으로써 이야기를 시작할까 합니다.

　여러분이 그리스도인이라면 '기독교 외의 모든 종교는 처음부터 끝까지 틀렸다'고 믿을 필요가 없습니다. 여러분이 무신론자라면 '세상 모든 종교를 지탱하는 중심점은 하나의 거대한 착각에 불과하다'고 믿어야 합니다. 그러나 그리스도인이라면 아무 거리낌 없이 '모든 종교는 아무리 괴상하기 짝이 없는 것이라 해도 최소한 진리의 단서를 가지고 있다'고 생각할 수 있습니다. 제가 무신론자였을 때는 '인류 대다수는 가장 중요한 문제에 관해 언제나 잘못 생각해 왔다'고 스스로에게 애써 확신시켜야만 했습니다. 그러나 그리스도인이 되자, 전보다 개방적인 관점을 가질 수 있게 되었습니다.

물론 그리스도인이 된다는 것은, 기독교가 다른 종교와 차이를 보이는 부분에서 기독교는 옳고 다른 종교들은 틀렸다고 생각한다는 뜻입니다. 산수를 할 때 그렇듯이, 맞는 답은 하나이며 나머지는 다 틀린 답입니다. 그러나 틀린 답들 중에도 비교적 정답에 근접한 답이 있는 법입니다.

인류는 가장 먼저 하나님의 존재를 믿는 다수와 믿지 않는 소수로 크게 나눌 수 있습니다. 이 기준에서 볼 때 기독교는 고대 그리스인과 로마인, 현대의 미개인들, 스토아학파, 플라톤주의자, 힌두교도, 회교도 등과 더불어 다수파에 속하며, 현대 서구 유럽의 유물론자들은 소수파에 속합니다.

이들을 다시 크게 분류해 봅시다. 하나님의 존재를 믿는 사람들은 어떤 종류의 하나님을 믿느냐에 따라 한 번 더 나눌 수 있습니다. 여기에는 크게 다른 두 입장이 있지요. 그 중에 하나는 하나님을 선악의 구분 너머에 있는 존재로 보는 입장입니다. 우리 인간들은 어떤 것은 선하다고 하고 어떤 것은 악하다고 합니다. 그러나 이 입장에 따르면 그것은 인간적인 관점에 불과합니다. 즉 인간은 현명해질수록 사물을 선과 악으로 구분하지 않게 되며, 모든 것은 어떤 점에서는 선하고 어떤 점에서는 악하다는 사실과 그 어떤 것도 서로 다를 수 없다는 사실을 더 밝히 보게 된다는 것입니다. 따라서 이들은 우리가 신적 관점에 조금이라도 가까워지면 이런 구분들은 완전히 사라져 버린다고 생각합니다. 우리는 암이 사람을 죽이므로 악하다고 합니다. 그렇다면 훌륭한 의사도 암을 죽이므로 악하다고 해야 합니다. 이처럼 모든 것은 관점에 달린 문제라는 것입니다. 이와 반대되는 또 하나의 생각은, 하나님은 분명히 '선한' 존재 내지는 '의로운' 존재로서 자신의 입장을 분명히 가지고 있으며, 사랑을 사랑하고 미움을 미워하며, 우리가 특정한 방식으로 행동하기를 원하는 분이라는 것입니다.

앞서의 관점―하나님을 선악의 구분 너머의 존재로 보는 관점―을 우리는 '범신론'(Pantheism)이라고 부릅니다. 제가 이해하는 대로라면 프로이센 사람인 위대한 철학자 헤겔(G. W. Friedrich Hegel)과 힌두교도들이 이런 관점을 가지고 있습니다. 이와 다른 관점을 가진 이들은 유대인과 회교도와 그리스도인입니다.

하나님을 바라보는 범신론과 그리스도인의 관점 사이에는 이런 큰 차이 외에 한 가지 차이가 더 있습니다. 대개 범신론자는 인간이 제 몸을 움직이듯이 우주를 움직이는 존재가 바로 하나님이라고 믿습니다. 즉 우주 자체를 하나님과 거의 동일시하면서, 우주가 존재하지 않았다면 하나님도 존재하지 않았을 것이며 우주에 있는 것은 무엇이든 하나님의 일부라고 보는 것입니다.

그러나 기독교의 개념은 전혀 다릅니다. 그들은 사람이 그림을 그리고 작곡을 하듯이 하나님이 우주를 창안하고 만들었다고 생각합니다. 화가와 그림은 별개의 존재이기 때문에 그림이 파괴되어도 화가는 죽지 않습니다. "화가가 그림 속에 자신을 쏟아 부었다"고 말할 수는 있지만, 그것은 그 그림의 아름다움과 감흥이 모두 화가의 머리에서 나왔다는 뜻에 지나지 않습니다. 화가의 기교는 원래 그의 머리에 있는 것으로서 간혹 "그 손에 있다"고 표현할 수는 있어도 "그 그림에 있다"고 말할 수는 없습니다.

범신론과 기독교의 이 차이가 앞서 말한 차이와 얼마나 밀접하게 연결되어 있는지 이해하셨으면 합니다. 여러분이 좋은 것과 나쁜 것을 아주 진지하게 구별하지 않는 한, 세상에 있는 것은 무엇이든 하나님의 일부라고 말하게 되기 쉽습니다. 물론 세상의 어떤 것들은 정말 악하고 하나님은 정말 선하다고 생각한다면 그런 말을 할 수 없지요. 여러분은 하나님이 세상과 구별된 존재이며, 세상의 어떤 것들은 그의 뜻을 거스르고 있다는 사실을 믿어야 합니다. 범신론자는 암이나 빈민가를 보면서 이렇게 말할 수 있습니다. "신적인 관점에서 보기만 한다면, 이런 것들 역시 하나님이라는 사실을 깨달을 텐데." 그러면 그리스도인은 이렇게 응수할 것입니다. "저주받을 헛소리 그만 해요."[8]

기독교는 전투적인 종교입니다. 기독교는 하나님이 세상을 만

---

[8] 방송 청취자 중에 제가 '저주받을'(damned)이라는 심한 욕을 쓴 데 불만을 표시한 분이 있었습니다. 하지만 저는 그야말로 그 말뜻 그대로 쓴 것입니다. 이 '저주받을' 헛소리는 참으로 하나님의 저주 아래 있는 말로서, 그 말을 믿는 이들을 영원한 죽음으로 이끌고 갈(하나님의 은혜가 없다면) 것입니다. —지은이 주

드셨다고 믿습니다. 공간과 시간, 열과 추위, 색깔과 맛, 모든 식물과 동물은 마치 인간이 이야기를 만들어 내듯이 하나님이 '머리 속에서 생각해 내신' 것들입니다. 또한 기독교는 하나님이 만드신 이 세상에서 너무나도 많은 것들이 잘못되어 버렸으며, 하나님은 우리에게 그것들을 다시 바로잡을 것을 명하신다고, 그것도 아주 큰 소리로 명하신다고 믿습니다.

물론 여기에서 아주 중요한 질문 하나가 제기될 수 있습니다. 그것은 "선하신 하나님이 만든 세상이 왜 잘못되었는가?"라는 질문입니다. 저는 이 질문에 대한 그리스도인들의 답변에 여러 해 동안 귀를 막아 왔습니다. 그 당시에는 '당신들이 무슨 말을 하든, 또 아무리 교묘한 논증을 제시하든 간에 세상은 어떤 지적인 힘이 만든 것이 아니라고 보는 편이 훨씬 간단하고 쉽지 않은가? 당신들의 모든 논증은 이 명백한 사실을 피해 가려는 복잡한 시도에 불과하지 않은가?' 라는 생각에 사로잡혀 있었기 때문입니다. 그런데 이런 생각은 저를 다른 곤경에 몰아넣었습니다.

하나님을 반대하는 저의 논거는 세상이 너무나 잔인하고 불의하다는 데 있었습니다. 그렇다면 저는 **정의**니 **불의**니 하는 개념을 어떻게 갖게 된 것일까요? 만일 인간에게 직선의 개념이 없다면 굽은 선이라는 개념도 없을 것입니다. 그렇다면 세상을 불의하다고 판단할 때 저는 이 우주를 무엇에 비교하고 있는 것입니까? 눈에 보이는 것이 하나부터 열까지 악하고 무의미하기만 하다면, 그 일부인 제가 어떻게 거기에 대해 그토록 격렬하게 반발할 수 있습니까? 사람이 물에 빠졌을 때 축축하다고 느끼는 것은 그가 수중 동물이 아니기 때문입니다. 물고기는 축축함을 느끼지 못합니다.

물론 '정의에 대한 나의 개념은 순전히 개인적인 것'이라고 치부하며 그 개념 자체를 포기해 버릴 수도 있습니다. 그러나 그렇게 하면 하나님을 반대하는 저의 논거 역시 무너지고 맙니다. 하나님을 반대하는 저의 논거는 '어쩌다 보니 세상이 나의 취향에 거슬린다'는 것이 아니라 '세상은 정말 불의하다'는 것이기 때문입니다. 이처럼 하나님이 존재하지 않는다는 것—달리 말하자면 실재 전체의 무의미함—을 증명하려 하다 보면, 어쩔 수 없이 실재의 한 부분—즉 정의에 대한 나의 개념—만큼은 전적으로 의미 있다는 가정을 하지 않을 수 없습니다.

결과적으로 무신론은 너무나 단순한 것임이 드러났습니다. 우주 전체에 정말 아무 의미가 없다면 우주에 의미가 없다는 그 생각 자체를 아예 하지 못했을 것입니다. 우주에 빛이 없고 따라서 눈을 가진 생물도 없다면 우주가 어둡다는 사실 자체를 알 수 없는 것처럼 말이지요. 그 경우에 **어둡다**는 말은 아무 의미도 갖지 못할 것입니다.

2
하나님의 침공

이처럼 무신론은 단순하기 그지없는 것입니다. 그런데 무신론만큼이나 단순한 관점이 하나 더 있습니다. 그것은 제가 '물 탄 기독교'(Christianity-and-water)라고 부르는 것으로서, "하늘에 선한 하나님이 계시니 만사형통"이라고 말하는—죄니 지옥이니 악마니 구속(救贖)이니 하는 어렵고 무서운 교리들은 전부 제쳐 놓은 채—입장입니다. 이 두 가지는 전부 미숙한 철학입니다.

종교가 단순하기를 바라는 것은 쓸데없는 짓입니다. 실재하는 것들은 어쨌든지 간에 단순하지 않기 때문입니다. 겉으로 보기에는 단순해 보여도 사실은 단순하지가 않습니다. 제가 앉아 있는 이 탁자는 단순해 보입니다. 그러나 과학자에게 이 탁자가 실제 무엇으로 구성되어 있는가—이 탁자를 구성하는 원자부터 시작해서 빛의 파장이 어떻게 탁자에 반사되어 내 눈까지 와닿게 되는가,

그것이 내 시신경에 어떤 작용을 하며 내 뇌에 무슨 작용을 하는가에 이르기까지—를 물어 보면, 단순히 '의자를 본다'라고 일컫는 행동이 사실은 거의 끝을 알 수 없을 정도로 신비하고 복잡한 것임을 알게 됩니다. 기도하고 있는 아이는 단순해 보입니다. 만약 여러분이 이렇게 단순하게 보이는 지점에서 멈추는 데 만족하겠다면 좋습니다. 그러나 여기에 만족하지 않겠다면—현대 세계도 대개는 여기에 만족하지 않습니다—, 더 나아가 실제로 무슨 일이 일어나는지를 알고자 한다면, 무언가 어려운 이야기를 들을 준비를 해야 합니다. 단순한 대답 이상의 것을 요구하면서 왜 대답이 단순하지 않느냐고 불평하는 것은 어리석은 일이지요.

그런데 의식적으로나 무의식적으로 기독교를 무너뜨리고 싶어 하는 이들은 결코 어리석지 않음에도 불구하고 이런 태도를 보일 때가 아주 많습니다. 그들은 여섯 살짜리 어린애한테나 맞을 기독교를 내세워 놓고 공격의 대상으로 삼습니다. 그래서 교육받은 성인들이 실제로 믿고 있는 기독교 교리를 설명해 주려고 하면, 머리가 핑 돌 정도로 복잡하다고 투덜거리면서 하나님이라는 존재가 정말 있다면 '종교'를 단순하게 만들었을 것이라고 불평하지요. 단순한 것이 아름답다느니 하는 말들을 늘어놓으면서 말입니다. 자기 입장을 손바닥 뒤집듯 바꾸어 가면서 여러분의 시간만 축내기 십상인 이런 사람들은 경계하는 것이 좋습니다. '종교를 단순하게 만들 수 있다'는 개념에 주의하십시오. 이것은 '종교'가 '자신의 본성에 관한 절대 불변의 사실들을 공표하신 하나님의 말씀'이 아니라 단순한 하나님의 발명품인 양 착각한 데서 비롯된 개념입니다.

제 경험으로 볼 때 실재는 복잡할 뿐 아니라 대개는 기이하기까지 합니다. 실재는 말끔하거나 분명하지 않으며, 여러분이 예상하는 바와도 아주 다릅니다. 예컨대 지구를 비롯한 여러 행성이 태양 주위를 돈다는 것을 알았을 때, 여러분은 자연스럽게 그 행성들이 조화를 이루고 있으리라고―이를테면 행성간 간격이 다 똑같든지 아니면 일정하게 증가할 것이라고, 또는 행성들의 크기가 다 똑같든지 아니면 태양에서 멀어질수록 더 커지거나 작아질 것이라고―예상합니다. 그러나 실제로는 크기에서든 간격에서든 어떤 규칙성이나 동기(우리 인간들의 눈에 보이는)도 발견할 수 없습니다. 어떤 행성에는 달이 하나 있고 어떤 행성에는 네 개가 있으며, 어떤 행성에는 두 개가 있고, 어떤 행성에는 하나도 없고, 또 어떤 행성에는 띠가 둘려 있지요.

사실 실재란 대개 여러분이 짐작할 수 없는 어떤 것입니다. 이것이 제가 기독교를 믿는 이유 가운데 하나입니다. 기독교는 여러분이 짐작할 수 없는 종교입니다. 만일 기독교가 우리가 늘 예상하는 것과 같은 종류의 우주를 제시한다면, 저는 기독교를 인간이 만들어 낸 종교로 생각할 것입니다. 그러나 사실상 기독교는 인간이 만들어 낼 수 있는 부류의 것이 아닙니다. 실재하는 것들이 다 그렇듯이 기독교에도 우리의 예상과 맞지 않는 기묘한 비틀림이 있습니다. 그러니 이제 미숙한 철학들—지나치게 단순한 답들—은 다 제쳐두기로 합시다. 문제 자체가 단순하지 않고, 따라서 답 또한 단순하지 않을 테니 말입니다.

그렇다면 그 문제란 도대체 무엇일까요? 이 우주에는 분명히 나쁜 것들과 명백히 무의미한 것들이 많이 존재하지만, 동시에 우리 인간들처럼 그것이 나쁘고 무의미하다는 점을 아는 생물도 존재합니다. 이 모든 사실들을 정면으로 다루는 관점은 단 두 가지뿐입니다. 하나는 기독교적 관점으로서, 세상은 원래 좋았는데 나빠졌으며 그럼에도 불구하고 돌아가야 할 원래 모습의 기억이 여전히 남아 있다고 보는 입장입니다. 또 다른 관점은 '이원론'(Dualism)이라는 것입니다. 이원론은 모든 것의 배후에 선과 악이라는 두 개의 동등하며 독립적인 힘이 있으며, 우주는 그 두 힘이 끝없이 싸우는 전쟁터라고 믿습니다. 저는 개인적으로 지금까지 나온 이론 중에서는 이 이원론이 기독교 다음으로 가장 남성적이고 분별력 있는 관점이라고 생각합니다. 그러나 여기에는 함정이 하나 있습니다.

이원론에 따르면 그 두 힘 내지는 두 영(靈), 또는 두 신—하나는 선하고 하나는 악한—은 아주 독립적인 존재입니다. 그 두 힘은 모두 영원 전부터 존재했습니다. 그 중 하나가 다른 하나를 만든 것도 아니고, 하나님으로 자처할 수 있는 권리를 더 가진 것도 아닙니다. 아마 두 힘은 각각 자기가 선하며 상대방이 악하다고 생각할 것입니다. 둘 중에 하나는 미움과 잔인성을 좋아하고 다른 하나는 사랑과 자비를 좋아하는데, 두 힘 모두 자기가 선하다고 주장합니다. 그렇다면 우리는 대체 어떤 뜻에서 하나는 '선한 힘'이라고 부르고 하나는 '악한 힘'이라고 부르는 것입니까?

단순히 어쩌다 보니 하나를 다른 것보다 더 좋아하게 되었다는—사과주보다 맥주를 더 좋아하듯이—뜻에서 그렇게 부르는 것이든지, 아니면 그 두 힘이 스스로를 어떻게 생각하느냐와 상관없이, 또 우리 인간들이 현재 둘 중에 어떤 것을 더 좋아하느냐와 상관없이, 두 힘 가운데 하나가 스스로 선하게 여기는 것은 사실상 틀린 생각이고 잘못된 생각이라는 뜻에서 그렇게 부르는 것이든지 둘 중에 하나일 것입니다.

만일 어쩌다 보니 선한 힘을 더 좋아하게 되었다는 뜻에서 그렇게 부르는 것이라면, 선과 악에 대해서는 더 이상 아무 말도 할 수 없습니다. 선이란 '어쩌다 보니 그 순간에 더 좋아하게 된 것'이 아니라 여러분이 '더 좋아해야만 하는 것'을 뜻하는 것이기 때문입니다. 만약 '선하다'는 것이 단지 별 이유 없이 마음이 끌리는 편에 합세하는 것을 뜻한다면, 그때의 선은 선이라고 불릴 가치가 없습니다. 그러니까 우리가 하나를 '선하다'고 부르고 다른 하나를 '악하다'고 부르는 데에는, 두 힘 가운데 하나는 실제로 그르며 다른 하나는 실제로 옳다는 뜻이 들어 있는 것입니다.

그런데 여러분은 이렇게 말하는 순간, 이 두 힘을 제외한 제3의 존재, 즉 두 힘 중에 하나는 거기에 부합되지만 다른 하나는 부합되지 않는 어떤 법칙 내지는 기준, 또는 규칙을 우주에 끌어들이는 셈이 됩니다. 이처럼 그 기준에 따라 두 힘을 판단하게 되는 것을 볼 때, 그 기준 내지 그 기준을 만든 '존재'는 그 두 힘보다 더 오래 전부터 있었을 것이고, 더 높은 곳에 있을 것이며, 그야말로 진정한 하나님일 것입니다. 즉 우리가 하나를 선하다고 부르고 다른 하나를 악하다고 부르는 것은, 사실상 하나는 진정한 궁극적 하나님과 바른 관계를 맺고 있으며 다른 하나는 그릇된 관계를 맺고 있다는 뜻인 것입니다.

같은 이야기를 다른 방식으로 해 보겠습니다. 만약 이원론이 맞다면, 악한 힘은 악 그 자체를 좋아하는 존재입니다. 그러나 실제로 우리는 단지 악이 악하기 때문에 좋아하는 사람을 본 적이 없습니다. 우리는 여기에 가장 가까운 사례를 잔인한 행동에서 찾아볼 수 있습니다. 그러나 현실 생활에서 사람들이 잔인하게 구는 이유는 둘 중에 하나입니다. 가학성 변태성욕자(sadist), 즉 잔인한 행동에서 감각적 쾌락을 얻는 성도착 증세를 가진 사람이기 때문이거나, 그런 행동을 통해 얻으려 하는 무언가—돈이나 권력이나 안전—가 있기 때문인 것입니다. 그런데 쾌락이나 돈이나 권력이나 안전은 일정한 범위를 벗어나지 않는 한 전부 선한 것들입니다. 그릇된 수단을 동원해서 그릇된 방법으로 너무 많이 추구할 때 악이 되는 것이지요. 물론 이런 짓을 하는 사람들이 그렇게 극악한 자들이 아니라는 뜻은 아닙니다. 제 말은, 사악함을 자세히 살펴보면 그것이 선한 것을 그릇된 방식으로 추구하는 것임을 알게 된다는 뜻입니다.

여러분은 단지 선 그 자체를 위해 선해질 수 있습니다. 그러나 단지 악 그 자체를 위해 악해질 수는 없습니다. 여러분은 친절을 베풀 마음이 전혀 없고 그 행동에서 전혀 기쁨을 느끼지 못할 때에도 단순히 '친절은 옳은 일'이라는 이유로 친절을 베풀 수 있습니다. 그러나 단순히 '잔인한 행동은 그른 일'이라는 이유로 잔인한 행동을 하는 사람은 아무도 없습니다. 그 잔인함이 자신에게 쾌락을 주거나 유용하기 때문에 그렇게 하는 것일 뿐입니다. 다시 말해서 악은 선이 선 되는 것과 같은 방식으로 악이 될 수 없습니다. 이를테면 선은 선 그 자체입니다. 그러나 악은 선이 부패한 것에 지나지 않습니다.

무언가 부패했다는 것은 처음에는 좋은 것이 있었다는 뜻입니다. 우리는 가학성 변태성욕(sadism)을 '성도착'이라고 부릅니다. 그런데 도착되었다고 말할 수 있으려면, 먼저 정상적인 성관계에 대한 개념이 있어야 합니다. 그래야 어떤 것이 도착된 것인지 알아볼 수 있습니다. 정상적인 것을 기준으로 볼 때에야 무엇이 도착되었는지 설명할 수 있는 것이지, 도착된 것을 기준으로 삼아 무엇이 정상적인 것인지 설명할 수는 없는 법입니다.

그렇다면 이원론에서 가정하고 있는 바 선한 힘과 동등한 입지를 가진 존재, 선한 힘이 선을 사랑하는 것과 같은 방식으로 악을 사랑하는 악한 힘의 존재라는 것은 단순히 허깨비에 불과합니다. 악한 힘이 악해지려면 먼저 선한 것을 원하고, 그 다음에 잘못된 방식으로 그것을 추구해야 합니다. 충동을 왜곡시키려면 그보다 먼저 왜곡시킬 좋은 충동이 있어야 한다는 것입니다. 그러나 그가 악하다면 갈망할 수 있는 좋은 것이나 왜곡시킬 수 있는 좋은 충동을 스스로 제공할 수가 없습니다. 그렇다면 결국 그는 독립적인 존재가 아니라는 뜻이 됩니다. 그는 선한 힘이 다스리는 세상의 일부에 불과합니다. 그는 선한 힘에 의해 만들어진 존재이거나, 두 힘 모두의 너머에 있는 어떤 힘에 의해 창조된 존재입니다.

더 간단히 말해 봅시다. 악한 힘이 악해지려면 일단 그는 존재해야 하고 지성과 의지를 가지고 있어야 합니다. 그런데 존재나 지성이나 의지는 그 자체로서는 모두 선한 것들입니다. 그러므로 그는 좋은 신으로부터 그것들을 얻어 오는 수밖에 없습니다. 악해지기 위해서 적의 것을 빌려 오거나 훔쳐 와야 한다는 것입니다. 이제 기독교가 악마를 타락한 천사라고 말해 온 이유를 알 수 있을 것 같지 않습니까? 이것은 단순히 어린아이들을 위해 만들어 낸 이야깃거리가 아닙니다. 이것은 악이 원형(原型)이 아니라 원형에 기생하는 것임을 깊이 인식한 데서 나온 말입니다. 악이 악을 행할 수 있게 하는 힘은 선에서 옵니다. 악한 자가 효율적으로 악해지는 데 필요한 모든 것—결단력, 영리함, 좋은 인상, 생존 그 자체—은 그 자체로서는 다 선한 것들입니다. 이것이 엄밀한 의미에서 볼 때 이원론이 통할 수 없는 이유입니다.

그러나 저는 참된 기독교('물 탄 기독교'가 아니라)가 사람들의 생각 이상으로 이원론에 아주 가깝다는 사실은 기꺼이 인정합니다. 처음으로 신약성경을 진지하게 읽었을 때 놀랐던 점 가운데 하나는, 우주 안에 존재하는 '어두운 권세'—죽음과 질병과 죄의 배후 세력으로 간주되는 막강한 악령—에 관한 언급이 상당히 많다는 것이었습니다. 그러나 기독교는 이 어두운 권세 역시 하나님이 창조하신 존재로서 본래는 선하게 창조되었으나 후에 악하게 변한 존재로 생각한다는 점에서 이원론과 구별됩니다. 이 우주가 전쟁중이라는 견해에서는 기독교는 이원론에 동의합니다. 그러나 이 전쟁을 두 독립적인 권세들 간에 일어나는 일로 생각하지는 않습니다. 기독교는 이 전쟁을 일종의 내란 내지는 반란으로 생각하며, 우리가 살고 있는 우주가 반역자들에게 일부 점령당했다고 생각합니다.

적들의 점령 지역, 이것이 현재 이 세상의 모습입니다. 기독교는 합법적인 왕이 이를테면 변장을 한 채 어떻게 이 지역에 상륙

했는가에 관한 이야기로서, 우리 또한 이 거대한 파괴 작전에 참여할 것을 촉구합니다. 교회에 가면 동지들의 비밀 무전을 들을 수 있습니다. 그렇기 때문에 적들이 우리를 교회에 못 나가게 하려고 그토록 노심초사하는 것입니다. 적은 이 일을 위해 우리의 자만과 게으름과 지적 허영을 이용하고 있습니다.

저에게 "요즘 같은 시대에 옛날에나 어울릴 악마─발굽이나 뿔 같은 것들이 달린─를 다시 소개할 생각은 아니겠지요?"라고 묻고 싶은 분도 있을 것입니다. 글쎄요, '요즘 같은 시대'라는 것이 이 문제와 무슨 상관이 있는지 모르겠군요. 또 저는 악마에게 정말 발굽과 뿔이 있는지 알아볼 만큼 꼼꼼하지가 못합니다. 그러나 그 외의 점에서라면 제 대답은 "그렇습니다"라는 것입니다. 저는 악마의 생김새에 대해서는 아는 바가 없습니다. 만약 누군가 악마를 정말 더 잘 알고 싶어하는 분이 있다면 이렇게 말씀드리고 싶습니다. "걱정 마세요. 당신이 정말 원한다면 알게 될 겁니다. 하지만 그렇게 알게 되었을 때 과연 당신이 그걸 좋아하게 될는지는 잘 모르겠군요."

3
충격적인 갈림길

이처럼 그리스도인들은 한 악한 권세가 현재 이 세상의 군주 행세를 하고 있다고 믿습니다. 그렇다면 여기에서 당연히 나올 질문이 있지요. 이런 현 상태는 하나님의 뜻에 일치하는 것입니까, 그렇지 않은 것입니까? 만약 일치한다면 하나님은 그야말로 이상한 분이 되어 버립니다. 반면에 일치하지 않는다면, 절대적 권세를 가진 존재의 뜻에 반하는 일이 어떻게 일어날 수 있다는 말입니까?

권위 있는 위치에 있어 본 사람이라면 누구나, 어떻게 한 가지 일이 한편으로는 자신의 뜻에 부합되면서 다른 한편으로는 어긋날 수 있는지 알 것입니다. 어머니가 자녀들에게 "오늘 밤부터는 너희 공부방을 정리해 주지 않을 거야. 이젠 너희도 스스로 방 정리하는 법을 배워야지"라고 말하는 것은 아주 지각 있는 일이라고 할 수 있습니다. 그런데 어느 날 밤 공부방에 가 보니 곰인형이며 잉크며 불어 문법책이 온통 어질러져 있습니다. 이것은 어머니의 뜻에 어긋나는 일입니다. 어머니는 아이들이 방을 잘 정리하길 더 바랐을 것입니다. 그러나 다른 한편으로 볼 때, 아이들에게 방을 어지럽힐 수 있는 자유를 준 것 역시 어머니의 뜻입니다. 이런 일은 군대나 회사나 학교에서도 일어날 수 있습니다. 여러분이 아랫사람들에게 어떤 일을 자발적으로 할 수 있는 여지를 주었을 때, 실제로 그 일을 하는 사람은 절반밖에 되지 않습니다. 그것은 분명히 여러분이 뜻한 바가 아님에도 불구하고 여러분의 뜻 때문에 일어난 일입니다.

이 우주도 마찬가지라고 할 수 있습니다. 하나님은 자유 의지를 가진 존재들을 창조하셨습니다. 자유 의지를 가졌다는 것은 옳은 일을 할 수도 있고 그른 일을 할 수도 있다는 뜻입니다. 자유 의지를 가졌으면서도 그릇 행할 가능성은 전혀 없는 존재를 상상하는 이들도 있지만, 저로서는 그런 존재를 상상할 수가 없습니다. 선해질 수 있는 자유가 있다면 악해질 수 있는 자유도 있는 법입니다. 악을 가능케 한 것은 바로 이 자유 의지입니다.

그렇다면 하나님은 왜 사람들에게 자유 의지를 주셨을까요? 악을 가능케 하는 것도 자유 의지지만, 사랑이나 선이나 기쁨에 가치를 부여하는 유일한 것 또한 자유 의지이기 때문입니다. 자동기계—기계적으로 움직이는 피조물들—의 세계는 창조할 가치가 없습니다. 하나님이 가장 고등한 피조물들에게 주고자 하시는 행복은 사랑과 즐거움의 절정에서 자유로우면서도 자발적으로 하나님과 연합하며 이웃과 연합하는 데서 생겨나는 행복으로서, 거기에 비하면 지상에서 남녀가 나누는 가장 황홀한 사랑조차 물 탄 우유처럼 싱거울 것입니다. 바로 이런 행복을 누리기 위해 인간은 자유로워야 하는 것입니다.

물론 하나님은 인간들이 자유를 잘못 사용할 때 어떤 일이 벌어질 것인지 잘 알고 있었습니다. 그러나 그는 그런 위험을 감수할 가치가 있다고 생각하신 것이 분명합니다. 우리는 거기에 동의하고 싶지 않을 수 있습니다. 그러나 실제로 동의하지 않기는 어렵습니다. 그는 여러분이 가지고 있는 추론 능력의 원천이기 때문입니다. 강의 지류가 그 원천보다 높이 흐를 수 없듯이, 그는 그르고 여러분은 옳은 경우란 있을 수 없습니다. 여러분이 그에게 반대하여 논쟁하는 것은, 여러분을 논쟁할 수 있게 만든 바로 그 힘에 반대하여 논쟁하는 것과 같습니다. 그것은 자기가 걸터앉아 있는 나뭇가지를 잘라내는 것이나 다름없는 일이지요. 만약 하나님이 지금 이 우주의 전쟁 상태를 자유 의지를 위해—즉 하나님이 줄을 잡아당겨야만 움직이는 꼭두각시들의 세상이 아니라, 자유 의지를 가진 피조물들이 진짜 선을 행하거나 해를 끼칠 수 있는 세상, 진짜 중요한 일이 벌어질 수 있는 살아 있는 세상을 만들기 위해—치러야 할 대가로 생각하신다면, 우리 또한 그렇게 생각해야 합니다.

자유 의지가 어떤 것인지 이해한다면, 전에 어떤 이가 제게 던졌던 것과 같은 질문, 즉 "하나님은 왜 이처럼 쉽게 부패하는 재료로 피조물을 만드셨는가?"라는 질문이 얼마나 어리석은 것인지 알 것입니다. 좋은 재료로 만든 피조물일수록—더 똑똑하고 강하고 자유로운 피조물일수록—옳은 길로 가면 그만큼 더 선해지지만, 그른 길로 가면 그만큼 더 악해지는 법입니다. 소는 선하든 악하든 거기에서 거기입니다. 그러나 개는 소보다 더 선해질 수도 있고 악해질 수도 있습니다. 어린아이는 개보다 더 선해질 수도 있고 악해질 수도 있지요. 평범한 성인은 더 그렇습니다. 천재적인 성인은 더 그렇습니다. 초인간적인 영은 이 세상 그 무엇보다 선해질 수도 있고 악해질 수도 있습니다.

'어두운 권세'는 어떻게 타락하게 되었을까요? 이것은 인간이 확실히 대답할 수 없는 질문임이 분명합니다. 그러나 우리 자신이 타락했던 경험에 비추어 합리적으로(그리고 전통에 의거하여) 추측해 볼 수는 있습니다. 여러분이 자아라는 것을 조금이라도 갖게 되는 순간, 여러분에게는 자기 자신을 앞세울 가능성—스스로 중심에 있고 싶어할 가능성, 사실상 하나님이 되고 싶어할 가능성—이 생깁니다. 이것이 바로 사탄이 지은 죄였고, 사탄이 인류에게 가르친 죄입니다. 어떤 이들은 인간의 타락이 성적인 문제와 관련되어 있다고 생각하는데, 그것은 잘못된 생각입니다(창세기의 이야기는 오히려 타락 이후에야 성적인 본성이 부패하게 되었다는 것, 즉 성적 부패는 타락의 원인이 아니라 결과라는 것을 보여 주고 있습니다). 사탄이 우리 옛 조상들의 머릿속에 불어넣어 준 생각은 그들도 "하나님과 같이" 될 수 있다[9]—마치 스스로 자신을 창조하기라도 한 양 자존적인 존재가 될 수 있다, 스스로 자신의 주인이 될 수 있다, 하나님 밖에서 하나님과 상관 없이 스스로 행복을 만들어 낼 수 있다—는 것이었습니다. 그리고 바로 그러한 가망 없는 시도로부터 우리가 인간 역사라고 부르는 거의 모든 것—돈, 가난, 야망, 전쟁, 매춘, 계급, 제국, 노예제도 등, 하나님 외에 무언가 다른 것에서 행복을 찾고자 했던 인간들의 길고 무서운 이야기—이 나왔습니다.

그러한 시도가 결코 성공할 수 없는 이유는 이것입니다. 하나님이 우리를 만드셨습니다. 사람이 엔진을 처음 만들었듯이 인간을 처음 만드셨습니다. 차는 휘발유를 넣어야 달릴 수 있게 만들어졌기 때문에 다른 것을 넣으면 달릴 수가 없습니다. 하나님은 그분 자신을 넣어야 달릴 수 있도록 인간을 만드셨습니다. 스스로 우리 영혼이 연소시킬 연료가 되시고 우리 영혼이 먹을 음식이 되신 것입니다. 다른 연료나 음식은 없습니다. 종교의 신세를 지지 않으면서 우리 식으로 행복하게 해 달라고 하나님께 요청해

---

[9] 창세기 3장 5절.

봤자 소용 없는 이유가 여기에 있습니다. 하나님은 하나님과 상관 없는 행복이나 평화를 주실 수 없습니다. 그런 것은 세상에 없기 때문입니다. 그런 행복이나 평화는 존재하지 않습니다.

이것이 역사를 푸는 열쇠입니다. 인간은 엄청난 에너지를 썼습니다. 여러 문명을 건설했습니다. 훌륭한 제도들을 고안했습니다. 그러나 매번 무언가가 잘못되었습니다. 언제나 몇 가지 치명적인 결함 때문에 이기적이고 잔인한 인간들이 우두머리가 되었고, 모든 것을 비참한 파멸로 몰고 갔습니다. 사실상 이 기계는 망가졌습니다. 출발은 잘한 것 같았고 처음 얼마간은 제대로 가는 것 같았지만 곧 고장나 버렸습니다. 인간은 잘못된 연료를 넣고 달리려 하고 있습니다. 이것이 바로 사탄이 지금껏 우리에게 해 온 짓입니다.

그렇다면 하나님은 무슨 일을 하셨을까요? 무엇보다 먼저 우리에게 양심, 즉 옳고 그른 것에 대한 분별력을 남겨 주셨습니다. 그래서 어느 시대에나 자신의 양심에 따르려고 노력하는 이들이 나왔습니다(그 중 몇몇은 아주 열심히 노력했지요). 그러나 그들 중 어느 누구도 완전히 성공하지는 못했습니다. 둘째로, 하나님은 제가 '좋은 꿈'이라고 부르는 것을 인류에게 보내 주셨습니다. 여기에서 '좋은 꿈'이란 어떤 이방 종교에든지 다 퍼져 있는 기묘한 이야기, 즉 죽었다가 다시 살아나 어떤 식으로든 인간에게 새 생명을 주는 신에 대한 이야기를 가리키는 것입니다. 셋째로, 하나님은 한 특정한 민족을 택하여 자신이 어떤 하나님인가를—하나님은 한 분밖에 없으며 그는 옳은 행동을 원하신다는 것을—수세기에 걸쳐 그들의 머리에 심어 주셨습니다. 그 민족이 바로 유대 민족이며, 그렇게 심어 주신 과정을 기록한 것이 바로 구약성경입니다.

그런데 정말 충격적인 사건은 그 다음에 일어났습니다. 이 유대인 가운데 한 남자가 갑자기 나타나 하나님으로 자처하며 다니기 시작한 것입니다. 그는 자신에게 사람들의 죄를 용서해 줄 권한이 있다고 주장했습니다. 그리고 자기가 전부터 항상 존재해 왔다고 했습니다. 또 마지막 날 다시 와서 세상을 심판하겠다고 했습니다.

여기에서 우리가 분명히 짚고 넘어가야 할 점이 하나 있습니다. 인도인 같은 범신론자라면 얼마든지 자기가 하나님의 일부라고 말하거나 하나님과 하나라고 말할 수 있습니다. 그러니까 그런 사람들한테는 이 말이 하등 이상하게 들리지 않을 수 있지요. 그러나 이 사람은 유대인이었고, 따라서 그가 말하는 하나님은 그런 범신론적인 하나님이 아니었습니다. 유대인의 하나님은 세상 밖에 계시며 세상을 만드신 존재, 세상 모든 것과 완전히 구별되는 존재입니다. 이 점을 생각한다면, 이 사람의 말이야말로 인간의 입에서 나올 수 있는 가장 충격적인 말임을 알 수 있을 것입니다.

그의 주장 중에 이제는 우리 귀에 너무 익은 나머지 무심코 흘려듣는 말이 하나 있습니다. 그것은 바로 죄를 용서해 준다는 말, 그 어떤 죄라도 용서해 준다는 말입니다. 이 말을 한 사람이 하나님이 아니라면, 이것이야말로 웃음이 나올 정도로 황당무계한 말이 아닐 수 없습니다. 우리가 알다시피 용서라는 것은 해를 입은 사람이 해를 끼친 사람에게 베푸는 것입니다. 즉 여러분이 제 발을 밟았을 때 제가 여러분을 용서하는 것이고, 여러분이 제 돈을 훔쳤을 때 제가 여러분을 용서하는 것입니다. 그런데 자기 발을 밟히지도 않았고 자기 돈을 도난당하지도 않았으면서 다른 사람의 발을 밟고 돈을 훔친 당신의 죄를 용서해 주겠노라고 선언하는 사람이 있다면, 과연 어떻게 생각해야 할까요? 그것은 아무리 부드럽게 표현한다 해도 얼간이짓이라고 말할 수밖에 없는 행동입니다.

그런데 예수가 바로 그런 행동을 한 것입니다. 그는 사람들에게 그들의 죄가 용서받았다고 선언했으며, 그들의 죄에 피해를 입은 이들의 의견을 구하지 않았습니다. 그는 일말의 망설임도 없이 스스로 가장 큰 피해를 입은 당사자인 양 행동했습니다. 이것은 그가 정말 하나님일 경우에만 이해할 수 있는 행동입니다. 모든 죄는 하나님의 법을 깨뜨리며 그의 사랑에 상처를 입히는 것이기 때문입니다. 그러나 하나님이 아닌 존재가 이런 말을 했다면, 역사에 등장했던 그 어떤 인물보다 우스꽝스럽고 자만에

찬 짓을 했다고 볼 수밖에 없습니다.

그런데 문제는(이것은 이상하고도 의미심장한 사실인데) 예수를 반대하는 사람들조차 복음서를 읽을 때 그에게서 우스꽝스럽거나 자만심에 차 있다는 인상을 받지 않는다는 것입니다. 물론 편견 없이 복음서를 읽는 사람들은 두말 할 나위가 없지요. 그리스도는 스스로 "나는 온유하고 겸손하다"고 했고,[10] 우리는 그의 말을 믿습니다. 그러면서도 그가 인간에 불과할 경우, 온유나 겸손과는 아주 거리가 멀다고 해야 할 말들을 자주 했다는 사실은 알아채지 못하지요.

제가 이런 말을 하는 것은 "나는 예수를 위대한 도덕적 스승으로는 기꺼이 받아들이지만, 자신이 하나님이라는 주장만큼은 받아들일 수 없다"는 어리석기 짝이 없는 말을 그 누구도 못 하게 하기 위해서입니다. 우리는 이런 말을 할 수 없습니다. 인간에 불과한 사람이 예수와 같은 주장을 했다면, 그는 결코 위대한 도덕적 스승이 될 수 없습니다. 그는 정신병자—자신을 삶은 계란이라고 말하는 사람과 수준이 똑같은 정신병자—거나, 아니면 지옥의 악마일 것입니다.

이제 여러분은 선택을 해야 합니다. 이 사람은 하나님의 아들이었고, 지금도 하나님의 아들입니다. 그게 아니라면 미치광이거

---

[10] 마태복음 11장 29절.

나 그보다 못한 인간입니다. 당신은 그를 바보로 여겨 입을 틀어막을 수도 있고, 악마로 여겨 침을 뱉고 죽일 수도 있습니다. 아니면 그의 발 앞에 엎드려 하나님이요 주님으로 부를 수도 있습니다. 그러나 위대한 인류의 스승이니 어쩌니 하는 선심성 헛소리에는 편승하지 맙시다. 그는 우리에게 그럴 여지를 주지 않았습니다. 그에게는 그럴 여지를 줄 생각이 처음부터 없었습니다.

4
완전한 참회

우리는 두려운 양자택일의 갈림길에 직면해 있습니다. 우리가 지금 이야기하고 있는 이 사람은 그 자신의 주장대로 하나님이었거나(따라서 지금도 하나님이거나), 아니면 미치광이 내지는 그보다 더 못한 자였을 것입니다. 그런데 제가 보기에는 미치광이나 악마는 아닌 것이 분명합니다. 따라서 정말 이상하고 경악스러우며 있을 법하지 않은 일이긴 해도, 그가 하나님이었고 지금도 하나님이라는 입장을 받아들이지 않을 수가 없습니다. 저는 하나님이 인간의 모습으로 적에게 점령당한 이 세상에 오셨다는 사실을 받아들입니다.

그렇다면 이 모든 일의 목적은 무엇이었을까요? 그는 무엇을 하려고 세상에 온 것입니까? 물론 그는 가르치려고 왔습니다. 그러나 신약성경이나 다른 기독교 저술들을 살펴보면, 무언가 다른 일—그의 죽음과 다시 살아남—에 대해 계속 이야기하고 있다는 사실을 알게 됩니다. 그리스도인들은 모든 이야기의 주안점이 바로 여기에 있다고 생각하는 것이 분명합니다. 그들은 그가 이 땅에 온 주된 목적이 고난받고 죽임당하기 위해서라고 생각합니다.

그리스도인이 되기 전, 저는 그리스도인이라면 무엇보다 먼저 이 죽음의 핵심에 관한 한 가지 특정 이론을 꼭 믿어야 하는 줄 알았습니다. 그 이론에 따르면, 하나님은 자신의 자리에서 이탈하여 '대반역'에 가담한 인간을 벌하고자 했으나 그리스도가 자원하여 인간 대신 벌을 받음으로써 우리를 사면하셨습니다. 지금은 이런 이론도 전처럼 그렇게 비도덕적이고 어리석게 보이지 않는다는 점을 인정합니다. 그러나 이것이 제가 말하려는 핵심은 아닙니다.

제가 나중에 알게 된 것은 이 이론뿐 아니라 다른 어떤 이론도 그것이 곧 기독교는 아니라는 점이었습니다. 기독교 신앙의 중심은 그리스도의 죽음이 어떤 방식으로든지 간에 우리로 하여금 하나님과 바른 관계를 맺게 해 주며 새로이 출발하게 해 주었다는 데 있습니다. 어떻게 이런 일이 일어났느냐에 관한 이론들은 따로 살펴보아야 할 사항입니다. 그리스도의 죽음이 어떻게 효력을 갖느냐에 관해서는 의견을 달리하는 이론들이 아주 많습니다. 그러나 그 죽음이 효력을 갖는다는 사실 그 자체는 모든 그리스도인들이 동의하는 바입니다.

이와 비슷한 경우를 예로 들어 보겠습니다. 지각 있는 사람이라면 누구나 피곤하고 배고플 때 음식을 먹으면 도움이 된다는 사실을 압니다. 현대의 영양학 이론들—비타민이니 단백질이니 하는—은 별개의 문제입니다. 비타민에 관한 이론을 듣기 훨씬 전부터 사람들은 밥을 먹고 기운을 차렸습니다. 그리고 언젠가 그 이론이 폐기되는 날이 온다 해도 전과 똑같이 밥을 먹을 것입니다.

그리스도의 죽음을 다루는 이론들 그 자체는 기독교가 아닙니다. 그것들은 그리스도의 죽음이 어떻게 효력을 갖느냐에 관한 설명일 뿐입니다. 이런 이론들의 중요성에 대해서는 그리스도인들마다 생각을 달리하고 있습니다. 제가 속한 교회—영국 성공회—는 그 중 어떤 것도 정답으로 내세우지 않고 있지요. 로마 가톨릭 교회는 이보다 조금 더 나아간 입장을 취하고 있습니다. 그러나 저는 그리스도의 죽음이 효력을 갖는다는 사실 그 자체야말로 신학자들이 제시한 그 어떤 설명들보다 무한히 더 중요하다는 점에는 모두가 동의하리라고 생각합니다. 또한 실재에 완전히 맞아떨어지는 설명은 있을 수 없다는 사실 또한 모두가 인정하리라고 생각합니다. 머리말에서 밝혔듯이 저는 한 평신도에 지나지 않으므로 이 이상 깊이 들어가는 것은 위험합니다. 다만 여러분에게 조금이라도 도움이 될까 해서 제 개인적인 견해를 말씀드리는 것일 뿐입니다.

제 생각으로는 이 이론들 자체를 굳이 받아들일 필요는 없습니다. 여러분 중에는 진스(Sir James Hopwood Jeans)나 에딩턴(Sir Arthur Stanley Eddington)의 글을 읽어 본 분들이 많을 것입니다. 그들은 원자나 그 비슷한 것들을 설명할 때, 독자들이 머릿속에 그림으로 그려 볼 수 있도록 묘사합니다. 그러나 그 그림이 과학자들이 실제로 믿는 바와 똑같은 것은 아니라는 점은 짚고 넘어가지요. 과학자들이 믿는 것은 수학적인 공식입니다. 그림은 그 공식의 이해를 돕기 위해 만들어 낸 것에 지나지 않습니다. 그 그림은 수학적인 공식이 '참'인 것처럼 '참'은 아닙니다. 그것은 진짜 원자를 보여 주는 것이 아니라 그 비슷한 것을 보여 줍니다. 이처럼 그저 이해를 도우려고 만든 것이므로 도움이 안 될 때에는 얼마든지 폐기할 수 있습니다. 원자 그 자체는 오직 수학적으로만 표현될 수 있을 뿐, 그림으로 표현될 수 없습니다.

우리는 지금 이와 똑같은 상황에 놓여 있습니다. 우리는 그리스도의 죽음이야말로 도무지 상상할 수 없는 무언가가 바깥에서부터 우리 세상으로 뚫고 들어온 역사의 지점이라고 믿습니다. 우리 세상을 이루고 있는 원자도 그림으로 그릴 수 없다면, 이 일은 더더욱 그림으로 그릴 수 없는 것이 당연합니다. 만약 이 사건을 완전히 이해하게 되었다는 생각이 든다면, 그렇게 생각했다는 것 자체가 이 사건은 우리가 이해했노라고 공언하는 그것이 아니라는 사실—이것은 우리가 인식할 수도 없고 누가 만들어 낸 것도 아닌 자연 너머의 사건으로서, 마치 번개처럼 자연 속으로 치고 들어온 일이라는 사실—을 나타내는 것입니다.

그렇다면 이처럼 이해할 수 없는 일이 우리에게 무슨 유익이 있겠느냐고 물을 수 있겠지요. 그 대답은 쉽습니다. 음식이 어떻게 영양분을 공급하는지 정확히 모르는 사람도 밥을 먹을 수는 있습니다. 이처럼 그리스도가 하신 일이 어떻게 효력을 갖게 되는지 모르는 사람도 그 일을 받아들일 수는 있습니다. 사실 그 일을 받아들이기 전까지는 그 일이 어떻게 효력을 갖는가에 대해 결코 알 수 없습니다.

우리는 그리스도가 우리를 위해 죽임을 당했으며, 그 죽음이 우리의 죄를 씻어 주었고, 그가 죽음으로써 죽음의 세력이 힘을 잃었다는 말을 듣습니다. 이것이 공식입니다. 이것이 기독교입니다. 이것이 우리가 믿어야 하는 바입니다. 그리스도의 죽음이 어떻게 이 모든 효력을 갖게 되느냐에 대한 이론들은 제가 볼 때 아주 부차적인 것들입니다. 그 이론들은 도움이 되지 않을 경우 얼마든지 무시해 버릴 수 있을 뿐 아니라, 설령 도움이 된다 해도 실물 자체와 혼동해서는 안 되는 도식이나 도해에 지나지 않습니다.

가장 널리 알려진 이론은 제가 이미 말했던 것으로서, 그리스도가 자원해서 우리 대신 벌을 받았기 때문에 우리가 사면받았다는 것입니다. 이것은 겉으로만 보면 아주 어리석게 느껴지는 이론입니다. 하나님이 우리를 사면해 줄 작정이었다면, 그냥 사면해 주면 될 것 아닙니까? 그 대신 무죄한 사람에게 벌을 준다는 것이 될 법이나 한 말입니까?

이때의 벌을 즉결재판소의 '처벌'로 생각하면 전혀 이해가 되지 않을 것입니다. 그러나 이것을 '빚'으로 생각하면, 돈 있는 사람이 없는 사람의 빚을 대신 갚아 주는 경우에서 많은 시사점을 얻을 수 있습니다. 또는 '죗값을 치른다'(paying the penalty)는 말을 처벌의 의미로 보는 대신 '계산을 치른다'나 '비용을 부담한다'는 좀더 일반적인 의미로 이해한다면, 경제적인 곤경에 빠진 사람이 있을 때 인정 많은 친구가 그를 구해 주는 수고를 감당하는 흔한 경험을 떠올릴 수 있을 것입니다.

그렇다면 인간이 빠져 있는 '곤경'이란 어떤 것일까요? 스스로 독립적인 위치에 서려고 한 것, 스스로 자기의 주인인 양 행세하려 한 것입니다. 다시 말해서 타락한 인간은 개선의 필요가 있는 불완전한 피조물이 아니라 손에 든 무기를 내려놓아야 하는 반역자입니다. 무기를 내려놓고 항복하면서 잘못했다고 말하는 것, 그동안 잘못된 길을 걸어 왔음을 깨닫고 삶을 처음부터 다시 시작할 준비를 하는 것, 이것이 이 '곤경'에서 빠져나올 수 있는 유일한 길입니다.

이렇게 항복하는 과정—전속력을 다해 뒤로 도는 동작—을 그리스도인들은 '회개'라고 부릅니다. 회개는 장난 삼아 할 수 있는 일이 결코 아닙니다. 이것은 단순히 굴욕을 감수하는 것보다 훨씬 더 어려운 일입니다. 회개한다는 것은 수천 년 간 익혀 온 자기 만족과 자기 의지를 버린다는 뜻입니다. 이것은 여러분 자신의 일부를 죽이는 것, 일종의 죽음을 겪는 것을 뜻합니다.

사실 회개는 선한 사람이 할 수 있는 일입니다. 바로 여기에 함정이 있습니다. 정작 회개가 필요한 사람은 악한 사람인데, 완전한 회개는 선한 사람만 할 수 있으니 말입니다. 여러분이 악해질수록 회개의 필요성은 점점 더 커지고 회개할 수 있는 능력은 점점 더 적어집니다. 완전하게 회개할 수 있는 유일한 사람은 완전한 인간—회개할 필요가 없는 인간—뿐입니다.

이 회개, 즉 자발적으로 자신을 낮추며 일종의 죽음을 받아들이는 일은 하나님께서 여러분을 도로 찾으시기 전에 먼저 요구하시는 사항이 아닐 뿐 아니라 하나님이 원하신다면 얼마든지 면제해 줄 수 있는 일 또한 아니라는 점을 기억하십시오. 회개란 '하나님께 돌아간다'는 것이 어떤 것인지를 보여 주는 하나의 표현법일 뿐입니다. 그러니까 하나님께 "회개하지 않고 당신께 돌아가게 해 주소서"라고 구하는 것은 "당신께 돌아가지 않으면서도 돌아가게 해 주소서"라고 구하는 것이나 다름없습니다. 이런 일은 당연히 일어날 수가 없지요.

자, 그렇다면 우리는 반드시 회개를 거쳐야만 합니다. 그런데 문제는 우리에게 회개의 필요성을 주는 그 악함이 동시에 우리를 회개할 수 없게 만든다는 데 있습니다. 그래도 하나님이 도와 주시면 회개할 수 있지 않을까요? 맞는 말입니다. 하지만 대체 어떤 뜻에서 하나님이 우리를 도우신다는 것입니까?

하나님이 우리를 도우신다는 것은 이를테면 그분 자신을 우리에게 조금 넣어 주신다는 뜻입니다. 그는 자신의 추론 능력을 우리에게 조금 빌려 주셨고, 그래서 우리는 생각할 수 있게 되었습니다. 그는 자신의 사랑을 우리에게 조금 넣어 주셨고, 그래서 우리는 사랑할 수 있게 되었습니다. 여러분은 아이에게 처음 글쓰기를 가르칠 때, 아이의 손을 붙들고 함께 글자를 씁니다. 그러니까 그 글자가 쓰여지는 것은 여러분이 그것을 쓰고 있기 때문인 것입니다. 그처럼 우리가 사랑하고 추론하는 것은 하나님이 사랑하시고 추론하시기 때문이며, 그가 우리 손을 붙들고 계시기 때문입니다.

우리가 타락하지 않았다면 이 모든 일이 순조롭게 이루어졌을 것입니다. 그러나 불행히도 지금 우리는 하나님이 그 본성상 절대 하시지 않는 일—항복하고 고통을 겪으며 복종하여 죽는 일—에서 그의 도움을 필요로 하고 있습니다. 하나님의 본성에는 이런 일에 들어맞는 요소가 하나도 없습니다. 즉 하나님의 인도가 가장 필요한 이 길은 하나님의 본성상 한 번도 가 보신 적이 없는 길입니다. 하나님은 그분이 가지고 있는 것만을 나누실 수 있습니다. 그런데 이것은 본성상 그가 가지고 있지 않은 것입니다.

그러나 하나님이 사람이 되었다고 가정한다면—고통을 겪을 수도 있고 죽을 수도 있는 우리 인간의 본성이 한 사람 안에서 하나님의 본성과 융합되었다고 가정한다면—그 사람만큼은 우리를 도울 수 있을 것입니다. 그는 인간이므로 자기 뜻을 포기할 수도 있고 고난을 겪을 수도 있으며 죽을 수도 있습니다. 또한 그는 하나님이므로 이 모든 일을 완전하게 할 수 있습니다. 여러분과 제가 이 과정을 거칠 수 있으려면 하나님이 우리 안에서 이 과정을 거치셔야만 합니다. 그리고 그가 이렇게 하실 수 있으려면 인간이 되어야만 합니다. 하나님이 가지고 있는 지성의 바다에서 물방울이 떨어져야 비로소 우리가 생각할 수 있는 것처럼, 하나님의 죽음을 나누어 가질 때에만 우리는 회개라는 죽음을 시도할 수 있습니다. 그러나 하나님이 죽지 않는 한 우리는 그의 죽음을 나누어 가질 수가 없습니다. 그리고 하나님은 인간이 되지 않는 한 죽으실 수 없습니다. 이것이 그가 우리의 빚을 갚으셨으며 그로서는 전혀 겪을 필요가 없는 고통을 우리를 위해 겪으셨다는 말에 담긴 뜻입니다.

만약 예수가 인간일 뿐 아니라 하나님이라면 그의 고통과 죽음은 "그에게 지극히 쉬운 일이었을 것이므로" 아무 가치가 없지 않느냐고 불평하는 이들의 말을 들은 적이 있습니다. 이런 반발을 배은망덕하고 무례하다며 나무라는 사람도 있겠지요(이런 나무람은 아주 정당한 것입니다). 그러나 제가 선뜻 그렇게 못하는 것은 그들이 무언가 오해하고 있다는 점이 이 말에 드러나고 있기 때문입니다. 물론 어떤 의미에서 그들의 주장은 옳습니다. 그것은 그들 자신의 생각보다 더 옳은 주장일 수도 있습니다. 완전한 순종, 완전한 고난, 완전한 죽음은 예수가 하나님이었기 때문에 더 쉬운 일이었을 뿐 아니라, 오직 그가 하나님이었기 때문에만 가능했던 일입니다. 그러나 그것을 이유 삼아 그의 순종과 고난과 죽음을 받아들이지 않는다는 것은 너무나 이상한 일 같지 않습니까?

선생님이 아이들의 손을 잡고 글씨를 써 주는 것은 그가 어른으로서 글씨 쓰는 법을 알고 있기 때문입니다. 물론 선생님은 아이보다 더 쉽게 글씨를 쓸 수 있습니다. 바로 그렇기 때문에 아이를 도울 수 있는 것입니다. 그런데 '글씨 쓰는 것은 어른에게 쉬운 일'이라는 이유로 선생님의 도움을 거절하고 글씨 쓸 줄 모르는(따라서 '불공평한' 이점을 가지고 있지 않은) 다른 아이에게 배우겠다고 우긴다면, 글씨 배우는 일은 아주 지지부진해지고 말 것입니다.

제가 급류에 빠졌는데, 강둑에 한 발을 딛고 있는 어떤 사람이 저의 목숨을 구해 주기 위해 팔을 뻗었다고 합시다. 그때 제가 "아니, 이건 불공평해! 당신은 지금 유리한 위치에 있잖아! 강둑에 한 발을 디디고 있으니까" 하고 소리쳐야(물에 빠져 숨을 헐떡거리면서) 마땅하겠습니까? 그가 가진 이점—여러분이 '불공평하다'고 말할 수 있는—이야말로 그가 저를 도울 수 있는 유일한 이유입니다. 자기보다 더 강한 존재에게 도움을 청하지 않는다면 누구에게 도움을 청하겠습니까?

이것이 그리스도인들이 '대속'(Atonement)이라고 부르는 것을 이해하는 저의 방식입니다. 그러나 이 또한 하나의 그림에 지나지 않는다는 점을 잊지 마십시오. 이 그림을 실물로 착각하지 마십시오. 이 그림이 여러분에게 별 도움이 안 된다면 그냥 무시해 버리십시오.

5
실제적인 결론

그리스도는 완전하게 복종했고 완전하게 낮아졌습니다. 그는 하나님이었기 때문에 이 일을 완전하게 할 수 있었고, 인간이었기 때문에 복종하며 낮아질 수 있었습니다. 그리스도인들은 어떤 식으로든 그의 낮아짐과 고난을 나눌 때 죽음을 정복한 그의 승리 또한 나눌 수 있으며, 죽은 후에 새 생명을 찾아 그 안에서 완전한 피조물이 된다는 것, 완전히 행복한 피조물이 된다는 것을 믿습니다. 이것은 단순히 그의 가르침을 따르려고 노력하는 것 이상을 의미합니다. 사람들은 종종 다음 단계의 진화—인간보다 더 나은 단계의 진화—가 일어날 것인지를 궁금해합니다. 기독교적 관점에서 보면 다음 단계의 진화는 이미 일어났습니다. 그리스도 안에서 새로운 종류의 인간이 나타난 것입니다. 그에게서 비롯된 이 새로운 종류의 생명은 오늘 우리 안에도 들어올 수 있습니다.

그렇다면 이 일은 어떻게 이루어질까요? 자, 우리가 평범한 옛 생명을 어떻게 얻게 되었는지 생각해 봅시다. 그 생명은 다른 사람에게서, 즉 우리 부모와 조상에게서 우리의 동의 없이—쾌락과 고통과 위험이 수반된 아주 기이한 과정을 거쳐—얻은 것입니다. 우리 대부분은 어렸을 때 사람이 어떤 과정을 거쳐 태어나는지 이리저리 추측하느라 많은 시간을 보낸 경험이 있습니다. 실상을 처음 듣게 되었을 때 선뜻 믿지 못하는 아이들도 가끔 있는데, 그 과정이 워낙 기이하다 보니 그럴 만도 하다는 생각이 듭니다.

이 과정을 계획하신 하나님이 이 새로운 종류의 생명—그리스도의 생명—을 어떻게 전파할 것인지도 계획하셨습니다. 그러므로 우리는 이 과정 역시 기이하리라는 예상을 해야 합니다. 그는 성(性)을 처음 만들 때 우리와 상의하지 않으셨고, 이 새로운 생명을 처음 만들 때에도 우리와 상의하지 않으셨습니다.

그리스도의 생명이 우리에게 전파되는 방식에는 세 가지가 있습니다. 세례와 믿음, 그리고 그리스도인들이 각기 다른 이름—성만찬, 미사, 주의 만찬—으로 부르는 신비한 행위가 그것입니다. 적어도 이 세 가지는 통상적인 방법입니다. 지금 저는 이 세 방법 외에 다른 방법으로는 결코 이 생명이 전파될 수 없다고 말하는 것이 아닙니다. 그러나 지금은 그 특별한 경우들까지 살펴볼 시간도 없고, 그 부분에 대한 제 지식 또한 충분치가 못합니다. 만약 여러분이 누군가에게 에딘버러에 가는 법을 몇 분 안에 설명해 주어야 한다면, 아마 기차를 타고 가라고 할 것입니다. 물론 보트나 비행기를 타고 갈 수도 있겠지만, 그런 이야기까지는 꺼내지 않겠지요.

또 저는 이 세 가지 중에 무엇이 가장 중요한가를 말하려는 것도 아닙니다. 저의 감리교도 친구들은 제가 믿음을 좀더 강조하고 다른 두 가지는 덜 강조하기를(상대적으로) 바랄 것입니다. 그러나 저는 그렇게 하지 않을 작정입니다. 사실 기독교 교리를 가르치는 사람이라면 누구나 이 세 가지를 다 말할 것이며, 현재 저의 목적에는 이것들만 이야기하는 것으로 충분합니다.

저로서는 왜 이 세 가지 방식이 새로운 생명의 통로가 되어야 하는지 알 길이 없습니다. 그러나 특정한 육체적 쾌락과 새로운 인간이 세상에 태어나는 일 사이의 연관성 역시 누군가 우연히 알게 되었기 때문에 저도 알게 된 것이지, 그렇지 않았다면 지금까지도 몰랐을 것입니다. 우리는 실재를 있는 모습 그대로 받아들여야 합니다. 실재는 마땅히 이러해야 한다느니 우리가 실재에 기대하는 바는 저러하다느니 하면서 떠들어 봐야 아무 소용이 없습니다. 저는 이 세 가지가 새 생명의 통로가 되어야 하는 이유는 모르지만, 제가 그렇게 믿는 이유는 말할 수 있습니다.

제가 예수가 하나님이었다고(그리고 지금도 하나님이라고) 믿는 이유는 이미 설명한 바 있습니다. 그가 자기를 따르는 자들에게 새 생명이 이와 같은 방식으로 전달된다고 가르친 것은 역사적 사실이니만큼 명백한 일이라고 할 수 있습니다. 다시 말해서 저는 그렇게 말한 예수의 권위에 입각하여 이것을 믿습니다.

권위라는 말에 질겁할 필요는 없습니다. 권위에 입각하여 어떤 것을 믿는다는 것은, 믿을 만한 사람의 말이므로 믿는다는 뜻에 지나지 않으니까요. 사실 여러분이 믿고 있는 사실들의 99퍼센트는 모두 권위에 입각해서 믿는 것들입니다. 저는 뉴욕이라는 곳이 있다는 사실을 믿습니다. 그러나 뉴욕을 제 눈으로 본 적은 한 번도 없습니다. 그런 곳이 틀림없이 존재한다는 것을 추상적인 추론을 통해 입증할 수도 없습니다. 그런데도 제가 뉴욕의 존재를 믿는 것은 신빙성 있는 사람이 그렇게 말해 주었기 때문입니다. 평범한 사람들은 권위에 입각하여—즉 과학자들이 그렇게 말하기 때문에—태양계와 원자와 진화와 혈액 순환 따위를 믿습니다. 세상의 역사적 진술들도 모두 권위에 입각해서 믿는 것입니다. 우리 중에 노르만 정복 사건을 직접 본 사람은 아무도 없습니다. 수학에서 무언가를 증명하듯이 순전히 논리를 통해 그 사건을 증명할 수 있는 사람도 없습니다. 그런데도 그런 일이 있었다고 믿는 것은 그 일을 목격한 사람들이 거기에 관한 기록을 남겼기 때문입니다. 즉 권위에 입각해서 믿는 것이지요. 종교의 권위를 선뜻 받아들이지 못하듯이 다른 영역에서도 권위를 받아들이지 못하는 사람은 한평생 아무것도 모르는 채 살아야 할 것입니다.

  그렇다고 해서 세례와 믿음과 성만찬만 있으면 그리스도를 본받으려는 노력 같은 건 하지 않아도 된다는 말로 듣지는 마십시오. 여러분의 자연적인 생명은 부모에게서 온 것이지만, 그렇다고 아무 노력 없이 유지되는 것은 아닙니다. 여러분은 그 생명을 소홀히 다루다가 영영 잃어버릴 수도 있고, 자살함으로써 의도적으로 없애 버릴 수도 있습니다. 생명을 유지하려면 영양을 공급해 주어야 하며 잘 돌보아야 합니다. 그러나 그것은 생명을 만드는 일이 아니라 다른 사람에게 얻은 생명을 지키는 일에 불과하다는 사실을 기억해야 합니다. 이와 마찬가지로 그리스도인은 자신에게 주어진 그리스도의 생명을 잃어버릴 수 있으며, 따라서 그것을 지키기 위해 노력해야 합니다. 세상에서 가장 훌륭한 그리스도인이라도 자기의 동력으로 움직일 수 없습니다. 오직 자신의 노력으로는 결코 얻을 수 없었을 생명을 보살피고 보호할 수 있을 뿐입니다.

  바로 여기에서 실제적인 결론이 나옵니다. 여러분의 몸에 자연적인 생명이 있는 한 그 생명은 몸을 회복시키기 위해 많은 일을 할 것입니다. 살아 있는 몸은 죽은 몸과 달리 상처를 입었을 때 어느 정도까지 자신을 치유할 수 있습니다. 몸이 살아 있다는 것은 절대 상처를 입지 않는다는 뜻이 아니라, 어느 한도까지는 스스로 회복할 수 있다는 뜻입니다. 마찬가지로 그리스도인이란 절대 잘못을 저지르지 않는 사람이라는 뜻이 아니라, 넘어질 때마다 회개하고 다시 일어나 몇 번이고 새롭게 시작할 수 있는 사람—그 안에 있는 그리스도의 생명이 매번 그를 회복시키며 그리스도처럼 일종의 자발적인 죽음을 반복할 수 있게(어느 정도까지는) 해 주므로—이라는 뜻입니다.

이것이야말로 그리스도인이 선하게 살려고 노력하는 여타의 사람들과 구별되는 이유입니다. 그리스도인이 아니면서 선하게 살려는 사람들은 그렇게 삶으로써 만약 하나님이라는 존재가 있다면 그를 만족시키기를 바라며, 아니면 적어도 선한 사람들에게 인정받기를—하나님이 없다고 생각할 경우에—바랍니다. 그러나 그리스도인은 자신의 선한 행동은 모두 자기 안에 있는 그리스도의 생명에서 나온다고 생각하지요. 그리스도인은 우리가 선하기 때문에 하나님이 우리를 사랑하시는 것이 아니라, 하나님이 먼저 우리를 사랑하셨기 때문에 우리를 선하게 만드신다고 생각합니다. 창 자체가 밝아서 햇빛을 끌어당기는 것이 아니라, 햇빛이 먼저 창을 비추었기 때문에 밝아지는 것처럼 말입니다.

또한 그리스도인들이 "내 안에 그리스도의 생명이 있다"고 말하는 것은 단순히 정신적이거나 도덕적인 의미에서 하는 말이 아니라는 점을 분명히 해야겠습니다. "나는 그리스도 안에 있다"거나 "그리스도가 내 안에 있다"는 말은 단지 머리 속으로 그리스도를 생각하고 있다거나 그를 본받고 있다는 뜻이 아닙니다. 이것은 그리스도가 실제로 그들을 통해 움직이고 있다는 뜻입니다. 그리스도인들의 전체 무리는 그리스도가 활동하는 물리적 유기체—우리가 그의 몸의 세포이자 손가락이자 근육을 이루고 있는—입니다.

이 사실에 비추어 두어 가지 문제를 설명할 수 있습니다. 이 사실은 이 새로운 생명—그리스도의 생명—이 믿음 같은 순전히 정신적인 행위를 통해서만 전파되는 것이 아니라 세례와 성만찬 같은 물리적인 행위를 통해서도 전파되는 이유를 설명해 줍니다. 이 생명의 전파는 단순한 사상의 전파와 다릅니다. 사상의 전파보다는 진화, 즉 생물학적 사실 내지는 초생물학적 사실에 더 가깝지요.

인간은 하나님보다 더 영적인 존재가 되려고 아무리 애써 봐야 소용이 없습니다. 하나님은 원래 인간을 순전히 영적인 피조물로 만들지 않으셨기 때문입니다. 이것이 그가 떡이나 포도주 같은 물질을 사용해서 우리에게 새 생명을 주시는 이유입니다. 우리는 이것이 조잡하며 영적이지 못한 방법이라고 생각할 수 있습니다. 그러나 하나님은 그렇게 생각하시지 않습니다. 먹는 것을 처음 만드신 분은 하나님입니다. 그는 물질을 좋아하십니다. 그가 물질을 만드셨습니다.

전에 저를 곤혹스럽게 만들곤 했던 문제가 또 하나 있습니다. 그리스도에 대해 들어 볼 기회를 얻었고 그래서 그를 믿을 수 있게 된 사람들만 이 새 생명을 얻는다는 것은 엄청나게 불공평한 일 같지 않습니까? 분명한 사실은, 그리스도에 대해 들을 기회가 없었던 이들을 어떻게 할 것인지에 대해 하나님이 우리에게 말씀하신 바가 없다는 것입니다. 우리는 오직 그리스도를 통해서만 구원받을 수 있다는 사실을 압니다. 그러나 그를 아는 사람들만 그를 통해 구원받을 수 있는가에 대해서는 잘 모릅니다. 한편으로 생각해 보면 그리스도 밖에 있는 자들의 운명을 걱정하는 사람이 자기는 여전히 그리스도 밖에 머물려고 하는 것이야말로 불합리하기 짝이 없는 일입니다. 그리스도인들은 그리스도의 몸이며, 그리스도는 이 유기체를 통해 일하십니다. 이 몸의 구성원이 하나씩 더 생길 때마다 그는 더 많은 일을 하실 수 있습니다. 만약 여러분이 그리스도 밖에 있는 자들을 돕고 싶다면, 무엇보다 여러분 자신이 한 세포가 됨으로써 그들을 도울 수 있는 유일한 존재인 그리스도의 몸을 불려 나가야 합니다. 다른 사람의 손가락을 잘라내 놓고 더 많은 일을 하라고 재촉할 수는 없는 노릇이지요.

다른 반론도 있을 수 있습니다. 하나님은 왜 적군이 점령한 이 세상에 변장을 하고 들어와 일종의 비밀 결사대를 통해 마귀의 세력을 전복하시려 합니까? 왜 대군을 이끌고 침공하시지 않습니까? 그만큼 강하지 못해서입니까? 그리스도인들은 때가 되면 하나님이 대군을 이끌고 오시리라고 생각하고 있습니다. 그때가 언제인지는 모릅니다. 그러나 그가 지체하시는 이유는 짐작할 수 있습니다. 그는 자진해서 그의 편에 가담할 수 있는 기회를 주고 계신 것입니다. 여러분이나 저라면 연합군이 독일로 진군해 들어가고 나서야 우리 편이라고 나서는 프랑스인을 과연 높이 평가해 주겠습니까?

하나님은 세상을 침공하실 것입니다. 그러나 하나님이 드러내 놓고 직접 세상에 간섭해야 한다고 말하는 사람들을 보면 정말 그 뜻을 알고 그런 말을 하는 것인지 궁금해집니다. 그런 일이 일어나는 날은 바로 세상이 끝나는 날입니다. 극작가가 무대 위로 걸어나오면 연극은 끝난 것입니다. 하나님은 틀림없이 세상을 침공하실 것입니다. 그러나 자연계 전체가 하룻밤 꿈처럼 사라지고 무언가 다른 것—그전까지 한 번도 생각지 못했던 무언가—이 밀고 들어오는 것을 보게 될 그날, 어떤 이들에게는 너무나도 아름답게, 또 어떤 이들에게는 너무나도 무섭게 다가와 더 이상 선택의 여지를 주지 않을 그날에 가서야 그의 편이라고 나서 봐야 무슨 소용이 있겠습니까?

그때 하나님은 변장하지 않은 모습으로 나타나실 것입니다. 그 모습은 너무나도 압도적이어서 피조물들은 저마다 거역할 수 없는 사랑에 뒤덮이든지, 거역할 수 없는 공포에 뒤덮일 것입니다. 그제야 어느 편에 설 것인지 선택하려 들면 이미 늦습니다. 일어서는 것이 불가능해진 상황에서 엎드리겠다고 말하는 것은 쓸데

없는 짓입니다. 그때는 선택의 때가 아닙니다. 그때는 우리가 참으로 어느 편을 선택했는지 드러나는 때이고, 우리가 그 사실을 전에도 알았는지 몰랐는지 깨닫게 되는 때입니다. 지금, 오늘 이 순간이야말로 옳은 편을 선택할 수 있는 기회의 때입니다. 하나님은 바로 이 기회를 주려고 잠시 지체하고 계십니다. 그러나 영원히 지체하시지는 않을 것입니다. 우리는 지금 이 기회를 잡든지 버리든지 둘 중에 하나를 택해야 합니다.

3 그리스도인의 행동

1
도덕의 세 요소

어떤 초등학생에게 하나님을 어떤 분으로 생각하느냐고 물었습니다. 그 아이는 자기가 이해할 수 있는 한도 안에서, 하나님은 "누가 재미있게 지내나 맨날 감시하다가 결국은 훼방을 놓는 분"이라고 대답했습니다. '도덕'이라고 할 때 꽤 많은 이들의 마음에 떠오르는 생각이 바로 이런 것이 아닐까 합니다. 즉 도덕이란 무언가 간섭하는 것, 여러분이 즐거운 시간을 보내지 못하도록 막는 훼방꾼이라는 것이지요.

사실 도덕 규칙이란 인간이라는 기계를 잘 움직이게 만드는 지침이라고 할 수 있습니다. 모든 도덕 규칙은 이 기계가 움직이다가 고장나지 않게 하려고, 또 기계에 무리가 생기거나 마찰이 일어나지 않게 하려고 존재합니다. 그렇기 때문에 처음에는 이런 규칙들이 우리의 자연스러운 성향에 계속 간섭만 하는 것처럼 보이는 것입니다. 어떤 기계든 사용법을 배우려면 "아니, 그렇게 하면 안 돼요"라는 지도교사의 지적을 줄기차게 듣게 마련인데, 그것은 여러분의 기계 사용법이 자신의 눈에는 괜찮아 보이고 자연스러워 보여도 실제로는 기계를 작동시키지 못하는 경우가 많이 있기 때문입니다.

사람들 중에는 도덕 규칙보다는 도덕적 '이상'에 대해, 도덕적 순종보다는 도덕적 '이상주의'에 대해 말하기를 더 좋아하는 이들이 있습니다. 물론 도덕적 완벽함은 우리가 도달할 수 없는 것이라는 점에서 '이상'임이 분명합니다. 그런 의미에서 어떤 종류의 완벽함이든 인간에게는 전부 하나의 이상이라고 할 수 있습니다. 우리는 완벽한 운전사가 될 수 없으며, 완벽한 테니스 선수가 될 수 없고, 완벽한 직선을 그릴 수 없습니다.

그러나 다른 의미에서 볼 때 '도덕적 완벽함은 이상'이라는 것은 우리를 크게 오도할 수 있는 말이기도 합니다. 한 남자가 어떤 여자나 집이나 배나 정원을 '나의 이상'이라고 할 때, 그것은 다른 사람도 전부 자기와 똑같은 이상을 가져야 한다는 뜻이 아닙니다(그가 바보가 아닌 이상 말이지요). 그런 부분에서는 우리 각자 다른 취향을 가질 권리가 있으며, 따라서 각자 다른 이상을 가질 권리가 있습니다.

그러나 도덕률을 지키기 위해 열심히 노력하는 사람을 '이상이 높은 사람'이라고 표현하는 것은 위험합니다. 이 표현은 도덕적 완벽함이란 개인의 사적인 취향으로서, 나머지 사람들도 그것을 공유할 필요는 없다고 생각하게 만들 가능성이 있기 때문입니다. 이런 오해는 큰 피해를 불러옵니다. 완벽하게 행동하는 것은 완벽하게 기어를 조작하는 것만큼이나 어려운 일일 수 있습니다. 그러나 차의 속성상 운전하는 사람이라면 누구나 완벽한 기어 조작을 이상으로 삼게 되어 있듯이, 인간의 속성상 인간이라면 누구나 완벽한 행동을 필수적인 이상으로 삼게 되어 있습니다.

또 자기가 거짓말을 한 번도 하지 않고(거짓말을 좀 덜 하려고 노력하는 것이 아니라), 음란한 짓을 절대 하지 않으며(음란한 짓을 좀 덜 하려고 노력하는 것이 아니라), 횡포를 부리지 않으려고(횡포를 심하게 부리지 않으려고 노력하는 것이 아니라) 노력한다고 해서 스스로 '이상이 높다'고 여기는 것은 더욱 위험한 일입니다. 그러다 보면 목에 힘이 들어가기 시작하고, 스스로 그런 '이상주의'에 대해 칭송받아 마땅한 특별한 인물로 착각하게 되기 쉽기 때문입니다. 그러나 이것은 사실 자기가 계산을 할 때마다 정확하게 하려고 노력하니까 칭송받아야 한다고 생각하는 것이나 다를 바가 없습니다. 숫자 계산을 완벽하게 하는 것은 분명히 '하나의 이상'입니다. 계산을 하다보면 아무래도 실수를 저지르게 마련이지요. 그러나 계산의 각 단계를 정확히 하려고 애쓴다고 해서 특별히 훌륭하달 수는 없습니다. 오히려 그렇게 하지 않는 것이 바보스러운 일이지요. 실수를 저지르면 결국 자기가 불편해지는 것이니까요. 마찬가지로 도덕적으로 실수를 저지르면 나중에 자기 자신은 물론이고 다른 사람들에게까지 불편을 끼칠 수 있습니다. '이상'이나 '이상주의' 대신 규칙과 순종에 대해 이야기하면, 이 사실을 스스로 상기하는 데 도움이 됩니다.

이제 한 걸음 더 나아가 봅시다. 인간이라는 기계는 두 가지 방식으로 잘못될 수 있습니다. 하나는 개인들이 각기 따로 놀거나 충돌함으로써 서로에게 해를 입히는 경우로서, 속임수를 쓰거나 횡포를 부릴 때 이런 일이 일어납니다. 다른 하나는 각 개인의 내부에 무언가 문제가 생기는 경우, 즉 한 개인을 이루고 있는 서로 다른 부분들(각기 다른 기능과 욕구 등)이 각기 따로 놀거나 충돌하는 경우입니다.

인간을 편대를 지어 항해하는 선단(船團)에 비유하면 이 점이 더 명확히 이해될 것입니다. 항해가 성공하려면 무엇보다 먼저 배들이 서로 충돌하지 말아야 하며 각자의 항로를 방해하지 말아야 합니다. 둘째로, 각각의 배들은 항해에 적합한 조건을 갖추어야 하며 양호한 엔진 상태를 유지해야 합니다. 사실 이 두 가지 사항은 뗄래야 뗄 수 없는 관계에 있습니다. 만약 배들이 서로 충돌을 거듭한다면 머잖아 항해에 적합한 조건을 상실할 것입니다. 반면에 각 배의 조타 장치에 이상이 생기면 배들은 충돌을 면할 도리가 없겠지요. 또는 인류를 어떤 곡을 연주하는 악단에 비유해도 좋겠습니다. 연주가 좋은 결과를 얻으려면 두 가지 요소가 필요합니다. 즉 각 연주자들의 악기가 잘 조율되어 있어야 하며, 각각의 악기는 다른 악기들과 잘 융화될 수 있도록 정확한 순간에 소리를 내야 합니다.

그런데 우리가 아직 고려하지 않은 사항이 하나 있습니다. 그것은 이 선단이 가고자 하는 목적지가 어디인가, 이 악단이 연주하고자 하는 곡이 무엇인가 하는 점입니다. 아무리 악기들이 전부 잘 조율되어 있고 정확한 순간에 소리를 냈다 해도 춤곡을 연주해야 할 상황에서 장송곡을 연주했다면, 그 연주는 성공했다고 볼 수 없습니다. 또 선단이 아무리 순조롭게 항해했다 해도 뉴욕에 가야 할 배들이 캘커타에 도착했다면, 그 항해는 실패했다고 보아야 할 것입니다.

이처럼 도덕은 세 가지 사항과 관련이 있습니다. 첫번째, 도덕은 각 개인이 서로 공평하게 처신하며 조화를 이루는 일과 관련이 있습니다. 두번째, 각 개인의 내면에 있는 것들을 정돈, 또는 조화시키는 일과 관련이 있습니다. 세번째, 인류의 삶 전체가 지향하는 보편적인 목적, 즉 인간은 무엇을 위해 창조되었는가, 선단이 가야 할 경로는 무엇인가, 악단 지휘자가 연주하려는 곡은 무엇인가 하는 문제와 관련이 있습니다.

여러분은 현대인들이 거의 언제나 첫번째 사항만 생각할 뿐, 나머지 두 가지 사항은 잊고 있다는 사실을 알 것입니다. 신문에서 "기독교적 도덕 기준을 지키기 위해 노력해야 한다"고 말하는 것은, 대개 국가와 계층과 개인이 서로 친절하게 대하며 공정하게 처신하기 위해 애써야 한다는 뜻에서 하는 말입니다. 즉 첫번째 사항만을 생각하는 것이지요. 어떤 일을 하고 싶을 때 "다른 사람에게 해를 끼치는 일은 아니니까 괜찮아"라고 말하는 사람도 오로지 첫번째 사항만을 생각하는 것입니다. 옆 배와 충돌하지만 않으면 자기 배의 내부 상태야 어떻든 중요하지 않다는 것이지요.

사실 도덕에 대해 생각하기 시작할 때, 첫번째 사항인 사회적 관계부터 생각하는 것은 아주 자연스러운 일입니다. 이 부분에서 벌어지는 부도덕한 짓들은 식별하기도 쉬울 뿐 아니라 직접적으로 매일 우리에게 고통을 주기 때문이지요. 전쟁과 가난과 부정부패와 거짓말과 비열한 짓들처럼 말입니다. 게다가 첫번째 사항에 관한 한, 사람들의 의견이 갈릴 이유가 거의 없습니다. 인간은 서로간에 정직하며 친절하며 도움을 주어야 한다는 것은 모든 시대 거의 모든 인간들이 동의해 온(이론적으로는) 바이니까요.

그러나 첫번째 사항부터 생각하게 되는 것이 아무리 자연스러운 일이라 해도, 도덕에 대한 생각이 이 지점에서 멈추고 만다면 아예 생각을 시작하지 않은 것이나 다를 바가 없습니다. 여기에서 도덕의 두번째 사항—각 인간의 내면을 정돈하는 일—으로 나아가지 않는 것은 자신을 속이는 일입니다.

사실상 조종이 불가능할 정도로 배들이 낡은데다가 결함투성이라면, 아무리 충돌을 피하는 조종법을 가르쳐 봐야 무슨 소용이 있겠습니까? 우리가 알고 있는 바처럼 사실상 우리의 탐욕과 비겁함과 못된 성질과 자만심 때문에 규칙을 지킬 수 없다면, 아무리 사회적인 행동을 위한 규칙을 작성해 봐야 무슨 소용이 있겠습니까? 지금 저는 사회, 경제 제도 개선에 관해서는 생각할 필요가 없다고, 열심히 생각할 필요가 전혀 없다고 말하는 것이 절대 아닙니다. 제가 정말 말하고 싶은 바는, 각 개인의 용기와 이타심 없이는 어떤 제도도 제대로 작동될 수 없다는 사실을 깨닫지 못하는 한, 아무리 사회적, 경제적 개선책을 찾은들 다 뜬구름 잡는 일에 불과하다는 것입니다. 현 제도 하에서 자행되는 특정한 종류의 부정부패나 횡포를 없애기는 그리 어렵지 않습니다. 그러나 인간이 여전히 부정직하며 횡포 부리기를 좋아하는 한, 새로운 제도 하에서도 예전에 하던 짓을 계속할 새로운 방법을 반드시 찾아 내고야 말 것입니다. 법으로는 인간을 선하게 만들 수 없습니다. 그리고 인간이 선해지지 않는 한 사회는 좋아질 수 없습니다. 이것이 우리가 두번째 사항, 즉 각 개인의 내면에 있는 도덕에 관해 생각해야 하는 이유입니다.

그러나 저는 이 두번째 사항까지만 이야기해서도 안 된다고 생각합니다. 우리는 우주에 관해 어떻게 달리 믿느냐에 따라 행동도 달라진다는 이야기를 해야 합니다. 얼핏 생각하기에는 굳이 거기까지 갈 것 없이 지각 있는 사람이라면 누구나 동의할 만한 데까지만 말하는 것이 그야말로 지각 있는 행동처럼 보입니다. 그러나 그것이 과연 가능한 일일까요? 종교는 사실에 관한 일련의 진술, 즉 참이거나 거짓일 수밖에 없는 진술들과 관련되어 있다는 점을 기억하십시오. 만약 그 진술들이 참이라면 인간이라는 선단의 바른 항해가 무엇이냐에 대해 일단의 결론이 나올 것입니다. 물론 그 진술들이 거짓이라면 아주 딴판의 결론이 나오겠지요.

예를 들어 "다른 사람에게 해가 되지 않는 일은 잘못이라고 할 수 없다"고 말하는 사람의 경우를 다시 생각해 봅시다. 그는 주변에 있는 다른 배에 손상을 입혀서는 안 된다는 점은 잘 이해하고 있지만, 솔직히 자기 배는 자기 마음대로 해도 좋다고 생각합니다. 그러나 그 배가 그의 소유냐 아니냐에 따라 사정은 크게 달라지지 않겠습니까? 이를테면 내가 내 몸과 마음의 영주냐, 아니면 진짜 영주에게 그것들을 빌린 소작인에 불과하냐에 따라 사정은 크게 달라지지 않겠습니까? 만약 누군가 다른 존재가 자신의 목적을 위해 나를 만들었다면, 내가 단순히 내 것일 경우에는 부과되지 않았을 많은 의무를 감당해야 할 것입니다.

게다가 기독교는 모든 인간은 영원히 산다고 주장하는데, 이것 역시 참 아니면 거짓입니다. 만약 우리가 영원히 사는 존재라면, 겨우 70년 정도 살다가 죽을 존재일 경우에는 전혀 고민할 필요가 없는 아주 많은 것들을 놓고 고민해야 합니다. 예컨대 지금

나의 못된 성질과 시기심이 점점 심해지고 있다고 합시다. 이것은 점차 진행되는 일이므로 70년이 지난다 한들 눈에 확 뜨일 정도로 심해지지는 않을 것입니다. 그러나 이 일이 100만년 동안 계속된다면 그야말로 완벽한 지옥이라고 하지 않을 수 없겠지요. 기독교가 진짜 참이라면, '지옥'(Hell)이야말로 이 상태를 정확하게 꼬집어 주는 용어라 할 것입니다.

인간이 불멸한다는 믿음은 또 다른 차이도 만들어 내는데, 이 차이는 전체주의와 민주주의 간의 차이와 관련이 있습니다. 만약 각 개인이 겨우 70년만 살다가 죽는다면, 아마 천 년 동안은 계속될 국가나 민족이나 문명이 개인보다 더 중요할 것입니다. 그러나 기독교가 참이라면 영원히 살 인간에 비해 국가나 문명의 생명은 겨우 한 순간에 불과하므로, 각 개인은 국가나 문명보다 단순히 더 중요한 존재에 그치는 것이 아니라 아예 비교가 불가능할 정도로 중요한 존재로 격상됩니다.

이처럼 도덕에 관해 생각할 때에는 이 세 가지 분야를 모두 생각해야 합니다. 즉 인간과 인간의 관계, 각 인간의 내부에 있는 것들, 인간과 인간을 만든 힘과의 관계를 생각해야 하는 것입니다. 첫번째 분야에서는 우리 모두가 협력할 수 있습니다. 불일치는 두번째 분야에서 생겨나 세번째 분야에서 좀더 심각해집니다. 바로 이 세번째 분야에서 기독교의 도덕과 비기독교의 도덕 사이에 주된 차이가 생겨납니다. 저는 기독교적 관점에서 제3부의 나머지 부분을 진행해 나가면서, 기독교가 참일 경우에 펼쳐지는 전경(全景)을 조망할 생각입니다.

2
'기본 덕목'

앞장은 본래 짧은 라디오 강연을 위해 작성된 원고였습니다. 이야기할 수 있는 시간이 10분으로 제한되어 있을 때에는, 간결성을 위해 거의 모든 내용을 희생시켜야 하는 법입니다. 제가 도덕을 세 요소로 나눈(함께 항해하는 배들을 예로 들어서) 주된 이유 중 하나는, 그것이 제가 하려는 이야기를 가장 짧은 시간에 전할 수 있는 방법이라고 생각했기 때문입니다. 이 장에서는 옛 사상가들이 도덕을 구분한 다른 방식, 방송에서 언급하기에는 너무 길어서 생략했지만 사실은 아주 유익한 방식에 관해 약간 설명하고자 합니다.

이 오래된 분류 체계에 따르면 도덕에는 일곱 가지 '덕목'이 있습니다. 그 중 네 가지는 '기본' 덕목('Cardinal' virtues), 나머지 세 가지는 '신학적' 덕목('Theological' virtues)이라고 하지요.

'기본' 덕목은 문명인이라면 누구나 인정하는 것들이지만, '신학적' 덕목은 대개 그리스도인들만 아는 것들입니다. 신학적 덕목은 나중에 다루기로 하고, 지금은 기본 덕목 네 가지에 대해서만 이야기하겠습니다(여기에서 '기본cardinal'이라는 단어는 로마 가톨릭의 '추기경Cardinals'이라는 단어와는 아무 상관이 없습니다. 이것은 '경첩'을 뜻하는 라틴어에서 나온 말입니다. 이 덕목들은 '중추적인' 것들이라고 할 수 있기 때문에 이 단어를 쓴 것이지요). 여기에 해당하는 덕목에는 분별력, 절제, 정의, 꿋꿋함이 있습니다.

'분별력'(Prudence)이란 실생활에 적용되는 양식(良識, common sense)을 뜻하는 말로서, 자신이 지금 어떤 행동을 하고 있으며 그 행동이 어떤 결과를 낳을 것인지에 대해 심사숙고하는 것입니다. 요즘은 분별력을 '덕목'으로 생각하는 사람이 거의 없습니다. 그리스도가 어린아이같이 되지 않으면 하나님 나라에 갈 수 없다고 말씀하셨다고 해서[11] '착하기만' 하면 어리석어도 괜찮다고 생각하는 그리스도인들이 많습니다. 그러나 이것은 오해입니다. 첫째로, 대부분의 어린아이들은 자기가 정말 관심 있는 일에 대해서는 상당한 '분별력'을 발휘하며, 아주 지각 있게 사고합니다. 둘째로, 사도 바울이 지적했듯이 그리스도는 **지성**의 영역에서 아이처럼 되라고 하신 것이 결코 아닙니다.[12] 그리스도는 우리에게

---

11) 마태복음 18장 3절.
12) 고린도전서 14장 20절.

비둘기처럼 순결할 뿐 아니라 뱀처럼 지혜로우라고 하셨습니다.[13]

그가 바라시는 것은 아이의 마음과 어른의 머리입니다. 그는 우리가 착한 아이처럼 순진하고 한결같으며 정 많고 잘 배우기를 바라시지만, 동시에 우리의 지성은 어느 면에서나 그 임무를 다 할 준비를 하고 있으며 최상의 전투 태세를 갖추고 있기를 바라십니다. 자선단체에 돈을 기부한다고 해서, 그 자선단체가 가짜인지 아닌지조차 알아볼 필요가 없는 것은 아닙니다. 하나님에 대해 생각하고 있다고 해서(예컨대 기도하고 있다고 해서) 그에 대해 다섯 살 수준의 유치한 개념을 계속 가지고 있어도 되는 것은 아닙니다.

물론 평범한 머리를 가지고 태어난 사람들을 하나님이 덜 사랑하시거나 덜 사용하시는 것은 분명히 아닙니다. 그는 이해력이 아주 부족한 사람들도 다 품으십니다. 그러나 또한 모든 사람이 자기가 가진 그 이해력을 사용하기 바라십니다. "착하게 살아요, 예쁜 아가씨, 다른 사람이야 똑똑해지든 말든 내버려두고요"라는 노래 가사는 "착하게 살아요, 예쁜 아가씨, 그러려면 똑똑해져야 한다는 걸 잊지 마세요"가 되어야 합니다. 하나님은 게으름뱅이를 좋아하지 않으시지만, 지적인 면에서 게으른 사람은 더더욱 좋아하지 않으십니다.

---

13) 마태복음 10장 16절.

여러분 중에 혹시 그리스도인이 될까 생각하는 분이 있습니까? 그것은 곧 두뇌를 비롯한 자신의 모든 것을 요구하는 일에 뛰어드는 것임을 미리 알려 드리겠습니다. 그러나 다행히도 이 일은 우리의 생각과 다른 방식으로 이루어집니다. 즉 누구든지 그리스도인이 되려고 정직하게 노력하기만 하면 어느새 지성이 예리해진다는 것입니다. 그리스도인이 되기 위해 따로 특별한 교육을 받을 필요가 없는 이유 중 하나는 기독교가 바로 교육 그 자체이기 때문입니다. 그래서 번연처럼 교육받지 못한 신자가 온 세상을 놀라게 만든 책을 쓸 수 있었던 것입니다.[14]

'절제'(Temperance)는 불행히도 그 의미가 변질된 단어 중에 하나입니다. 요즘 이 말은 대개 '절대 금주'(teetotalism)라는 뜻으로 쓰이고 있지요. 그러나 이 두번째 덕목에 '절제'라는 이름을 붙였던 그 당시에는 전혀 이런 뜻이 아니었습니다. 절제는 특별히 음주와 관련된 말이 아니라 온갖 종류의 쾌락과 관련된 말이었습니다. 그리고 그것은 완전히 삼간다는 뜻이 아니라 적절한 정도까지만 하고 그 이상은 하지 않는다는 뜻이었습니다.

그리스도인은 전부 절대 금주해야 한다는 것은 잘못된 생각입니다. 절대 금주를 요구하는 종교는 기독교가 아니라 회교입니다. 물론 그리스도인 중에서도 일단 마시기 시작하면 도저히 멈

---

14) 존 번연(John Bunyan)의 〈천로역정〉을 가리키는 말.

추지 못하는 성향을 가졌다거나, 자기가 그런 성향을 가진 것은 아니지만 주변에 잘 취하는 사람이 있어서 자극하지 말아야 하는 상황처럼 특별한 경우에는 독한 술을 삼갈 수 있습니다. 그러나 여기에서 중요한 점은 자기한테 마땅한 이유가 있어서 술을 삼가는 것이지 남이 술 마시는 것을 죄로 생각해서가 아니라는 것, 따라서 남이 적당히 술을 즐기는 것은 얼마든지 좋게 볼 수도 있다는 것입니다. 특정 부류의 악인들에게 나타나는 특징 중 하나는 자기들이 포기하는 것을 다른 사람도 다 포기해야 한다고 생각하는 것입니다. 그것은 결코 기독교적인 방식이 아닙니다. 그리스도인이 특별한 이유로 어떤 것—결혼이든 고기든 술이든 영화든—을 포기하는 게 좋겠다고 생각할 수는 있습니다. 그러나 그런 일 자체를 악하다고 말하는 순간, 혹은 그런 일을 하는 다른 사람들을 경멸하는 순간, 그는 잘못된 길로 접어드는 것입니다.

현대에 와서 '절제'라는 말을 음주 문제에만 국한해서 사용하는 바람에 생긴 큰 해악이 하나 있습니다. 음주 외에 다른 많은 부분에서도 똑같이 무절제해질 수 있다는 사실을 잊어버렸다는 것이 바로 그것입니다. 골프나 오토바이를 자기 생활의 중심으로 삼은 남자나 옷이나 카드놀이나 애완견에 온통 정신이 팔린 여자는 저녁마다 술에 취하는 사람만큼이나 '무절제한' 사람입니다. 물론 겉으로는 쉽게 드러나지 않지요. 카드놀이광이나 골프광이

길 한복판에 쓰러져 자는 경우는 없으니까요. 그러나 하나님은 겉모습에 속지 않으십니다.

'정의'(Justice)는 법정에서 통용되는 정의 이상을 뜻하는 말입니다. 지금 우리가 '공정함'이라고 부르는 모든 것을 옛날에는 '정의'라고 불렀습니다. 여기에는 정직함이나 공평한 교환, 성실함, 약속을 지키는 일 등 삶의 모든 부분이 포함됩니다.

또 '꿋꿋함'(Fortitude)에는 두 가지 종류의 용기—고통 속에서 '버티는' 용기뿐 아니라 위험에 맞서는 용기—가 포함되어 있습니다. 이와 가장 비슷한 현대 영어는 아마 '배짱'(guts)일 것입니다. 이 덕목을 발휘하지 않는 한 다른 어떤 덕목도 오래 실천할 수 없다는 것은 물론 여러분도 아시겠지요.

덕목과 관련해서 주목해야 할 좀더 깊은 차원의 사실이 하나 있습니다. 정의롭거나 절제 있는 특정 행동을 한다는 것이 곧 그 사람 자체가 정의롭거나 절제 있다는 뜻은 아닙니다. 테니스를 잘 치는 사람이 아니라도 가끔 좋은 샷을 날릴 수 있습니다. 테니스를 잘 치는 사람이란, 좋은 샷을 수없이 쳐 본 결과 이제는 마음놓고 믿어도 좋을 만큼 눈과 근육과 신경이 잘 훈련되어 있는 사람이라는 뜻입니다. 수학자의 정신은 수학을 다루고 있지 않을 때에도 일정한 습성과 시야를 견지하고 있는 것처럼, 테니스 잘 치는 사람은 테니스를 치고 있지 않을 때에도 일정한 상태나 특질을 유지합니다. 마찬가지로 꾸준히 정의로운 행동을 하는 사람은 결국 일정한 인격적 특질을 갖추게 됩니다. 우리가 말하는 '덕목'이란 특정 행동이 아니라 바로 이런 특질을 가리키는 말입니다.

이 구분은 다음과 같은 이유 때문에 중요합니다. 만약 우리가 특정 행동만을 덕목으로 여긴다면, 다음과 같은 세 가지 그릇된 생각을 조장하게 될 것입니다.

⑴ 옳은 행동을 하기만 하면, 어떻게 왜 그 행동을 했느냐—기꺼이 했느냐 마지못해 했느냐, 부루퉁하게 했느냐 기분좋게 했느냐, 여론이 두려워서 했느냐 그 일이 옳기 때문에 했느냐—는 문제가 안 된다고 생각하게 될 수 있습니다. 그러나 동기가 그를 때에는 아무리 옳은 행동을 한다 해도 정작 중요한 내면의 특질이나 성품, 즉 '덕목'이라고 부를 수 있는 것을 형성하는 데에는 전혀 도움이 되지 않습니다(실력이 변변찮은 선수가 강한 스트로크의 필요성을 간파해서가 아니라 그저 홧김에 세게 친 공이 운 좋게 경기를 승리로 이끄는 경우도 있을 수 있지요. 그렇다고 해도 그 일은 그가 믿을 만한 선수로 자라는 데 도움이 되지 못할 것입니다).

⑵ 그저 하나님이 정하신 한 묶음의 규칙만 따르면 된다고 생각하게 될 수 있습니다. 그러나 하나님이 정말 원하시는 것은 특정한 종류의 사람이 되는 것입니다.

⑶ '덕목'은 현세에만 필요하다고 생각하게 될 수 있습니다. 내세에는 다툴 일이 없을 테니 정의로울 필요가 없고, 위험이 없

을 테니 용감할 필요도 없으리라는 것이지요. 다음 세상에서 정의롭거나 용기 있게 행동해야 할 기회는 정말 없을지도 모르지만, 이곳에서 정의롭고 용감한 행동을 해야만 형성될 수 있는 됨됨이는 여전히 요구될 것입니다. 제 말의 핵심은, 일정한 인격적 특질을 갖지 못한 사람은 하나님의 영원한 나라에 들어갈 수 없다는 것이 아닙니다. 제 말의 핵심은, 이러한 특질이 그 내면에서 싹조차 나지 못한 사람에게는 아무리 외부 조건이 좋은 곳도 '천국'이 될 수 없다는 것, 즉 그들은 하나님이 주고자 하시는 그 깊고도 강하며 흔들리지 않는 행복을 행복으로 느끼지 못한다는 것입니다.

3
사회도덕

사람과 사람 사이에 관한 기독교의 도덕을 이야기할 때 가장 먼저 분명히 해야 할 것은, 이 영역에서 새로운 종류의 특별한 도덕을 설파하기 위해 그리스도가 오신 것이 아니라는 점입니다. 신약성경이 말하는 황금률("무엇이든지 남에게 대접을 받고자 하는 대로 너희도 남을 대접하라")[15]은 모든 사람이 속으로 늘 옳다고 생각해 온 바를 요약한 것입니다. 참으로 위대한 도덕 선생들은 새로운 도덕을 소개한 적이 없습니다. 가짜와 괴짜들이나 새 것을 소개하는 법입니다. 존슨(Samuel Johnson) 박사 말처럼 "사람은 가르쳐야 할 때보다 기억시켜야 할 때가 더 많습니다." 모든 도덕적 스승들의 진정한 임무는, 우리가 자꾸 외면하고 싶어하는

---

15) 마태복음 7장 12절.

단순한 옛 원칙들을 몇 번이고 다시 일깨우는 것입니다. 말을 넘기 싫어하는 담장 앞으로 자꾸 끌어가고 또 끌어가듯이, 아이가 공부하기 싫어하는 부분을 다시 보게 하고 또 보게 하듯이 말입니다.

두번째로 밝힐 것은, 기독교에는 "남에게 대접을 받고자 하는 대로 너희도 남을 대접하라"는 원칙을 특정 시대 특정 사회에 적용시키기 위한 세부적 정치 프로그램이 없으며, 또 그런 것이 있노라고 주장하지도 않는다는 점입니다. 기독교에는 그런 것이 있을 수 없습니다. 기독교는 모든 시대 모든 사람을 위한 것으로서, 한 시대나 한 공간에 맞는 특정 프로그램은 다른 시대나 다른 장소에는 맞지 않을 것이기 때문입니다. 여하튼 기독교는 그런 식으로 일하지 않습니다. 기독교는 배고픈 사람에게 먹을 것을 주라고 할 뿐 그 조리법을 알려 주지 않습니다. 성경을 읽으라고 할 뿐 히브리어나 헬라어는 고사하고 우리말 문법도 알려 주지 않습니다. 기독교는 인간의 정규적인 예술과 학문의 자리를 대신 차지하려 들지 않습니다. 오히려 예술과 학문이 기독교의 뜻에 따르기만 한다면, 그 모든 것에 새로운 생명을 공급하는 에너지의 원천이자 그 모든 것에 올바른 임무를 부여하는 관리자가 되어 줍니다.

사람들은 "교회가 세상을 이끌어야 한다"고들 합니다. 이것은 무슨 뜻으로 말했느냐에 따라 옳은 말이 될 수도 있고 그른 말이 될 수도 있습니다. 이것이 옳은 말이 되려면 그들이 말하는 바 '교회'는 곧 실천적인 그리스도인 전체를 가리켜야 합니다. 그리고 '교회가 세상을 이끈다'는 말은 어떤 그리스도인들—경제나 정치에 적합한 재능을 가진 그리스도인들—은 경제학자나 정치가가 되어야 하며, 모든 경제학자와 정치가는 그리스도인이어야 하고, 그들은 정치 경제 분야에서 "남에게 대접을 받고자 하는 대로 너희도 남을 대접하라"는 원칙을 실천하기 위해 모든 노력을 기울여야 한다는 뜻이 되어야 합니다. 만일 그런 일이 정말 일어난다면, 그리고 그리스도인이 아닌 다른 이들이 그런 일을 기꺼이 받아들인다면, 상당히 빠른 시간 안에 우리 사회의 문제들을 풀어 낼 기독교적 해결책을 찾게 되겠지요.

그러나 실제로 사람들이 교회에게 세상을 이끌라는 것은 대부분, 목회자들이 정치적 프로그램을 제시해 주길 바란다는 뜻에서 하는 말입니다. 이것은 어리석은 생각입니다. 목회자는 '인간은 앞으로 영원히 살 피조물'이라고 볼 때 필요한 일들을 돌보기 위해 전체 교회 가운데 따로 구별되어 특별히 훈련받은 사람들입니다. 그런 그들에게 정치적 프로그램을 제시하라는 것은, 전혀 훈련받지 못한 생판 다른 영역의 일을 하라고 요구하는 것이나 다름없습니다. 그런 일은 사실 우리 같은 평신도가 해야 합니다. 이를테면 노동조합이나 교육 분야에 기독교적 원칙을 적용하는 것은 그리스도인 노동조합원들과 그리스도인 교사들이 해야 할 일이며, 기독교 문학은 그리스도인 소설가와 극작가가 해야 할 일—주교들에게 남는 시간에 모여 희곡이나 소설을 써 달라고 할 것이 아니라—입니다.

신약성경은 전적으로 기독교적인 사회의 모습에 대해 세세히 설명하고 있지는 않지만 상당히 분명한 단서는 제시해 주고 있습니다. 그 단서만 보아도 우리가 감당할 수 있는 분량 이상의 내용을 알 수 있지요. 우선 성경은 그 사회에 놀고먹는 사람이나 빌붙어 사는 사람이 없다고 말합니다. 일하지 않는 사람은 먹지도 말아야 합니다. 모든 사람은 자신의 손으로 일해야 하며, 더 나아가 무언가 좋은 것을 만들어 내는 일을 해야 합니다. 그 사회에서는 분별없는 사치품을 만들지 않을 것이며, 그런 물건을 사라고 부추기는 더 분별없는 광고는 더구나 하지 않을 것입니다. 또한 그 사회에는 허세를 부리거나 잘난 척하거나 으스대는 일이 없을 것입니다.

여기까지만 보면 기독교 사회는 요즘 말로 '좌파' 사회인 것 같습니다. 그러나 다른 한편으로 이 사회는 언제나 순종—우리 모두가 정당하게 임명된 관리들에게 순종하는 것(그리고 존경심을 겉으로 표현하는 것), 자녀가 부모에게 순종하는 것, 아내가 남편에게 순종하는 것(이것은 상당히 인기 없는 발언일 테지만)—을 강조합니다.

셋째로 이 사회는 유쾌한 사회입니다. 이 사회는 노래와 즐거움이 가득 찬 곳으로서 걱정이나 근심을 악한 일로 여깁니다. 정중함은 기독교적 덕목 가운데 하나입니다. 신약성경은 '참견쟁이들'을 싫어합니다.

만일 그런 사회가 정말 있어서 여러분이나 제가 찾아갈 수 있다면, 아주 기이한 인상을 받고 돌아올 것입니다. 우리는 그 곳의 경제생활이 아주 사회주의적이며 그런 의미에서 '진보적'이지만, 가정생활과 예의범절은 오히려 구식이라고—심지어 형식 중심적이며 귀족적이라고—느낄 것입니다. 그 사회에서 마음에 드는 부분들은 각자 있어도, 그 사회 전체를 좋아할 사람은 극히 드물 것입니다.

기독교가 인간이라는 기계의 전체 설계도라면 이런 일이 벌어지는 것이 당연합니다. 우리 모두는 각기 다른 방식으로 그 설계도에서 이탈했고, 원래 설계도를 변경한 자신의 설계도야말로 진짜라고 믿고 싶어합니다. 그러므로 진정으로 기독교적인 것에는 이런 반응이 거듭 나타날 것입니다. 즉 누구나 거기에서 끌리는 부분을 발견하지만, 오직 그 부분만을 골라낸 후 나머지는 버리고 싶어할 것입니다. 이것이 우리가 앞으로 더 나아가지 못하는 이유입니다. 또한 정반대의 주장을 펴는 사람들이 제가끔 자신이야말로 기독교를 옹호하기 위해 싸운다고 말할 수 있는 이유이기도 합니다.

또 한 가지 중요한 점이 있습니다. 그것은 고대의 이방인이었던 그리스인과 구약시대의 유대인, 중세의 위대한 기독교 스승들이 우리에게 준 충고로서, 현재 우리의 경제 제도가 완벽하게 거스르고 있는 교훈입니다. 그들이 한결같이 가르친 그 교훈이란 바로 이자를 받고 돈을 빌려 주지 말라는 것입니다. 이자를 받고 돈을 빌려 주는 것—이른바 투자—은 우리 전체 경제 제도의 근간입니다. 물론 우리가 절대적으로 잘못되었다는 뜻은 아닐 수도 있습니다. 어떤 이들은 모세와 아리스토텔레스와 그리스도인들이 이자(당시 용어로는 '고리대금') 받는 것을 금한 것은 사실이지만, 주식회사를 예견하지 못한 채 그저 개인적인 고리대금업자만을 염두에 두고 한 말이므로 신경 쓸 필요가 없다고 말하기도 합니다. 이것은 제가 뭐라고 확실하게 말할 수 없는 문제입니다. 경제학자가 아닌 저로서는 현 상태의 책임이 투자 제도에 있는 것인지 아닌지 알 도리가 없습니다. 이런 부분에서 그리스도인 경제학자가 필요한 것이지요. 그러나 위대한 세 문명이 현대 생활 전체의 토대를 이루는 바로 그 부분을 한결같이 비난했다는 점(일견 그렇게 보인다는 점)만큼은 짚고 넘어갈 필요가 있겠군요.

한 가지만 더 말씀드리겠습니다. 신약성경은 사람은 누구나 일해야 한다고 말하면서, "빈궁한 자에게 구제할 것이 있기 위하여"를 그 이유로 들고 있습니다.[16] 자선(charity)—사람에게 무엇

---

16) 에베소서 4장 28절.

을 주는 일—은 기독교 도덕의 핵심을 이루는 부분입니다. 양과 염소에 대한 무시무시한 비유를 보면 마치 자선이 모든 것을 판가름 내는 것처럼 보이기도 합니다.[17]

요즘에 어떤 이들은 자선이 필요 없는 사회를 만들어야 하며, 가난한 자들에게 무엇을 주기보다는 그런 가난한 자들이 없는 사회를 만들어야 한다고 말합니다. 그것은 그야말로 옳은 말입니다. 그러나 그렇기 때문에 지금 가난한 자에게 주지 않아도 좋다고 생각하는 사람이 있다면, 그는 모든 기독교 도덕과 결별하는 것과 같습니다.

얼마나 많이 주어야 하는지는 일괄적으로 정해 놓을 수 없다고 생각합니다. 다만 한 가지 안전한 기준은 우리가 여유 있게 줄 수 있는 정도보다 조금 더 주는 것이 아닐까 합니다. 다시 말해서 우리와 수입 수준이 같은 사람들이 안락한 생활과 사치품과 오락 등에 지출하는 만큼 우리도 그런 일에 돈을 지출하고 있다면, 다른 사람에게 주는 양이 너무 적다고 할 수 있겠지요. 자선에 쓰는 비용 때문에 가계가 빠듯해지거나 제한받는 일이 전혀 없다면 너무 적게 주고 있는 것입니다. 자기는 하고 싶지만 자선에 돈을 쓰느라 못하는 일이 있어야 합니다. 이것은 일반적인 자선에 해당하는 이야기입니다. 친척이나 친구나 이웃이나 회사 직

---

17) 마태복음 25장 31-46절.

원들처럼 하나님께서 여러분의 책임 아래 두신 이들에게는 더 많은 것이 필요할 수 있습니다. 그들을 도우려면 여러분 자신의 위치가 흔들리거나 위험에 빠지는 일을 감수해야 할 수도 있습니다.

우리 대부분에게 자선의 가장 큰 장애물은 사치스러운 생활이나 돈 욕심보다는 두려움—생활의 안정이 흔들릴지도 모른다는 두려움—입니다. 이 두려움이 유혹이 될 때가 자주 있다는 사실을 알 필요가 있습니다. 또 때로는 자부심이 자선의 방해꾼이 되기도 하지요. 그래서 겉으로 후하게 보이는 일(팁을 주거나 손님을 접대하는 일)에는 돈을 많이 쓰면서도 정작 우리의 도움이 필요한 이들에게는 덜 쓰고 싶은 유혹을 받습니다.

이야기를 마치기 전에, 이 장(章)을 읽은 독자들이 어떤 반응을 보일지 감히 추측해 볼까 합니다. 아마 좌파 진영의 독자들은 이 내용이 충분히 좌파적이지 못하다며 몹시 화를 낼 것이고, 반대편 진영의 독자들은 외려 너무 그 쪽으로 치우쳤다며 화를 낼 것 같군요. 그렇다면 우리는 기독교 사회의 청사진 그리기를 방해하는 진짜 암초에 정면으로 부딪힌 셈입니다. 대부분의 경우 사람들이 이 주제에 관심을 갖는 것은 기독교가 말하는 바를 정말 알기 위해서가 아닙니다. 자신이 속한 진영의 입장을 지지해 줄 내용을 기독교에서 끌어다 쓰려는 것일 뿐입니다. 즉 우리는 주님—또는 심판자—을 만나야 할 곳에서 '내 편'을 찾고 있는 것입니다. 저도 마찬가지입니다. 이 장에는 저 역시 빼 버리고 싶은 부분들이 있습니다. 바로 그렇기 때문에 이런 이야기는 아무리 해도 결론이 나지 않는 것이며, 결론을 얻기 위해서는 결국 먼 길을 돌아가지 않을 수 없는 것입니다.

기독교 사회는 우리 대다수가 진정으로 원하기 전에는 도래하지 않을 것입니다. 그런데 우리는 온전한 그리스도인이 되기 전에는 그런 사회를 원하지 않습니다. 저는 "남에게 대접받고 싶은 대로 너희도 남을 대접하라"는 말을 입술이 까맣게 타도록 되뇌일 수 있지만, 내 이웃을 내 몸같이 사랑하게 되기 전까지는 그 말을 실천할 수 없습니다. 그런데 저는 하나님 사랑하기를 배우지 않는 한 내 이웃을 내 몸 같이 사랑할 수 없습니다. 그리고 하나님께 순종하는 법을 배우지 않는 한 그분을 사랑할 수 없습니다.

이미 말씀드렸듯이 이제 우리는 좀더 내면적인 문제로—사회적인 문제에서 종교적인 문제로—먼 길을 돌아가지 않을 수 없게 되었습니다. 그러나 가장 멀리 돌아가는 것이 가장 빨리 집에 가는 길입니다.

4
도덕과 정신분석

저는 우리 대다수가 그리스도인이 되기 전에는 기독교 사회에 도달할 수 없다고 말했습니다. 물론 이것은 먼 훗날 꿈에 그리던 그날이 오기 전까지는 이 사회와 관련하여 어떤 일도 하지 않아도 된다는 뜻이 아닙니다. 오히려 이것은 우리가 두 가지 일—(1) "남에게 대접받고자 하는 대로 너희도 남을 대접하라"는 원칙을 현대 사회에 세부적으로 적용할 방법을 찾는 일, (2)그렇게 찾은 방법을 기꺼이 적용하는 사람이 되는 일—을 동시에 해야 한다는 뜻입니다. 이제 저는 기독교가 말하는 선한 사람이란 과연 어떤 사람인가에 대해—즉 인간이라는 기계에 대한 기독교의 설명서에 대해—살펴보고자 합니다.

세세한 이야기에 들어가기에 앞서 짚고 넘어가고 싶은 일반적인 사항이 두 가지 있습니다. 첫째로, 여러분은 기독교 도덕이 인간이라는 기계를 올바로 움직이기 위한 기술이라는 주장을 들을 때 아마 이와 비슷한 주장을 하는 듯한 다른 기술, 즉 정신분석과 기독교가 어떤 관계에 있는지 알고 싶을 것입니다.

먼저 여러분은 정신분석학자들이 실제로 사용하는 의학 이론 및 기술과, 프로이드(Sigmund Freud)를 비롯한 몇몇 사람들이 거기에 덧붙여 놓은 일반적인 철학적 세계관을 아주 분명하게 구분해야 합니다. 두번째 것—프로이드의 철학—은 또 한 사람의 위대한 심리학자인 융(Carl Gustav Jung)의 철학과 정면으로 배치됩니다. 더구나 프로이드는 신경증 치료에서는 전문가이지만, 일반 철학에서는 아마추어입니다. 그러므로 신경증 치료에 대한 그의 말에는 귀를 기울여도 일반 철학에 관한 말에는 귀를 기울이지 않는 것이 분별 있는 태도입니다. 저는 그렇게 하고 있습니다. 제가 더더욱 그렇게 할 수밖에 없는 것은, 그가 자기 분야를 떠나 제가 아는 분야(언어 분야처럼)에 관해 말할 때마다 그 부분에 아주 무지하다는 사실을 확인하게 되기 때문입니다.

그러나 프로이드와 다른 이들이 첨가한 철학적 요소들만 제외한다면, 정신분석학 그 자체는 적어도 기독교와 배치되지 않습니다. 정신분석학의 기술은 어떤 점에서는 기독교 도덕과 중복되고 있으며, 모든 이들이 이 기술에 대해 좀 알아두는 것도 그리 나쁘지는 않습니다. 그러나 이 두 기술이 하는 일에는 상당한 차이가 있으니만큼 처음부터 끝까지 똑같다고 할 수는 없지요.

도덕적인 선택에는 두 가지 요소가 관련되어 있습니다. 하나는 선택하는 행위입니다. 그리고 또 하나는 선택하는 사람의 심리적 소양에서 비롯되는 것으로서, 선택의 원재료가 되는 다양한 감정과 충동 같은 것들입니다. 이 원재료에는 두 종류가 있을 수 있습니다. 하나는 이른바 '정상적인' 재료로서, 사람이라면 누구나 가지고 있는 감정들로 이루어진 것입니다. 다른 하나는 잠재의식에서 무언가 잘못되는 바람에 생긴, 아주 자연스럽지 못한 감정들로 이루어진 재료입니다. 실제로 위험한 사물을 보고 무서워하는 감정은 첫번째 재료의 예가 될 수 있습니다. 반면에 고양이나 개미를 터무니없이 무서워하는 감정은 두번째 재료의 예가 되겠지요. 또 남자가 여자에게 느끼는 욕망은 첫번째에 해당되고, 남자가 남자에게 느끼는 비뚤어진 욕망은 두번째에 해당될 것입니다. 정신분석학자들이 하는 일은 두번째 종류에 속하는 비정상적인 감정들을 제거해 주는 것, 즉 선택하는 행위에 좀더 좋은 재료를 제공해 주는 것입니다. 그러나 도덕은 선택하는 행위 그 자체와 관련되어 있습니다.

이렇게 설명해 봅시다. 전쟁에 나가게 된 세 남자가 있다고 생각해 보십시오. 위험 앞에서 누구나 느끼는 평범하고 자연스러운 두려움을 가지고 있는 한 남자는 도덕적 노력으로 그 두려움을 이기고 용감하게 싸웠습니다. 그런데 다른 두 남자는 잠재의식에서 비롯된 터무니없는 두려움이 너무나도 큰 나머지 도덕적으로 아무리 노력해도 싸울 수가 없었습니다. 그래서 한 정신분석학자가 그들을 따라가 치료를 했습니다. 즉 이 두 남자를 첫번째 남자와 같은 상태로 돌려놓은 것입니다.

정신분석학적인 문제는 여기에서 끝나고 이제부터 도덕적인 문제가 시작됩니다. 치료를 받은 두 남자는 이제 완전히 다른 길을 선택합니다. 예컨대 한 사람은 이렇게 말할 수 있습니다. "병명이 뭐라든가 하는 그 증상이 없어져서 정말 다행이야. 이제야말로 내가 하고 싶었던 일을 할 수 있게 되었군. 나도 이제 나라를 위해 의무를 다해야지." 반면에 다른 한 사람은 이렇게 말할 수 있지요. "적의 포화가 떨어지는 판에 이렇게 어느 정도 냉정을 되찾게 되어 정말 기쁘긴 하지만, 그래도 내 이익을 먼저 챙기면서 위험한 일은 되도록 다른 녀석에게 미루겠다는 결심에는 변함이 없어. 겁을 덜 내게 되어 정말 좋은 점은, 전보다 훨씬 효과적으로 실속을 챙기면서도 더 감쪽같이 숨길 수 있다는 거지."

이 두 태도의 차이는 순전히 도덕적인 것으로서, 정신분석과는 아무 상관이 없습니다. 즉 원재료를 아무리 향상시킨다 해도 그것과 다른 문제, 즉 주어진 재료를 가지고 자신의 이익을 먼저 추구할 것인가 뒤로 미룰 것인가를 자유롭게 결정해야 하는 진정한 선택의 문제는 여전히 남는 것입니다. 이런 자유로운 선택은 도덕이 관여하는 유일한 영역입니다.

심리적 재료가 나쁜 것은 죄가 아니라 병입니다. 따라서 회개할 것이 아니라 치료받아야 합니다. 이 점은 아주 중요합니다. 인간은 겉으로 드러난 행동을 보고 서로를 판단합니다. 그러나 하나님은 사람들의 도덕적 선택을 보고 판단하십니다. 고양이에게 병적인 공포를 느끼는 신경증 환자가 어떤 좋은 이유 때문에 꾹 참고 고양이를 집어들 때, 하나님은 건강한 사람이 빅토리아 십자훈장을 받을 만한 행동을 하는 것보다 더 용감한 일로 보실 수 있습니다. 어렸을 때 성격이 비뚤어지는 바람에 잔인함이 몸에 밴 어떤 사람이 동료들의 조롱을 무릅쓰고 아주 작은 친절을 베풀거나 어떤 잔인한 행동을 하고 싶은 마음을 참을 때, 하나님은 여러분과 제가 친구를 위해 목숨을 버리는 일보다 더 크게 보실 수 있습니다.

역으로 말할 수도 있습니다. 겉보기에 아무리 괜찮은 사람이라도, 지금처럼 좋은 유전형질과 좋은 교육의 혜택을 받지 못했다면 우리가 악마 취급 하는 인간보다 더 못한 인간이 되었을 수 있습니다. 히믈러[18] 같은 심리적 소양에 교육까지 형편없이 받고 자라 권력을 얻었을 경우 과연 어떤 행동을 했을 것인지 자신 있게 말할 수 있는 사람이 누가 있겠습니까? 그렇기 때문에 기독교에서는 남을 판단하지 말라고 가르치는 것입니다.

우리는 사람의 원재료에서 나온 선택의 결과만을 봅니다. 그러

---

18) Heinrich Himmler. 히틀러에게 충성했던 나치 독일의 군사령관.

나 하나님은 인간의 원재료만 보고 판단하시는 것이 아니라, 그 원재료로 무엇을 했느냐를 보고 판단하십니다. 심리적 기질의 대부분은 대개 육체에서 비롯됩니다. 그러니까 육체가 죽으면 그 모든 기질 또한 떨어져 나가고, 진짜 그 사람의 중심, 선택을 내렸던 그것, 자신이 가진 재료로 최선의 것을 만들어 내기도 하고 최악의 것을 만들어 내기도 했던 그것만이 벌거벗은 모습으로 남을 것입니다. 그때, 본인은 자기 것으로 여겼지만 사실은 소화가 잘 된 결과 생겼던 온갖 멋있는 요소들이 떨어져 나가는 사람들이 있을 것입니다. 반면에 콤플렉스가 있거나 건강이 나쁜 데서 비롯되었던 온갖 불쾌한 요소들이 떨어져 나가는 사람도 있을 것입니다. 그제야 우리는 처음으로 모든 사람을 있는 모습 그대로 보게 될 것입니다. 그러면 깜짝 놀랄 일이 많이 생기겠지요.

이제 두번째 논지를 말할 차례군요. 사람들은 기독교 도덕을 "네가 이 많은 규칙들을 지키면 상을 주고 지키지 않으면 벌을 주겠다"고 말하는 하나님과 흥정하는 일로 생각할 때가 많습니다. 제 생각에 이것은 기독교 도덕을 바라보는 좋은 방법이 아닙니다. 저라면 오히려 여러분이 매번 선택을 내리는 행위는 여러분의 중심, 즉 선택을 내리는 그 부분을 조금씩 전과 다른 모습으로 바꾸어 가는 일이라고 말하겠습니다. 그러니까 수없는 선택으로 이루어지는 여러분의 생애 전체를 놓고 볼 때, 여러분은 이 중심부를 평생에 걸쳐 천국의 피조물로 바꾸어 가든지, 지옥의 피조물로 바꾸어 가는 것입니다. 여러분은 하나님·다른 피조물들·자기 자신과 어울려 살아가는 피조물로 바뀌어 가든지, 하나님·동료 피조물들·자기 자신을 미워하고 그것들과 싸우는 피조물로 바뀌어 갈 수 있습니다. 전자가 되는 것이 천국의 삶입니다. 그것은 기쁨과 평화와 지식과 능력의 삶이지요. 후자가 된다는 것은 광기와 공포와 어리석음과 분노와 무능함과 영원한 외로움을 겪게 된다는 뜻입니다. 우리 각 사람은 매 순간 이 두 가지 중 하나의 상태로 나아가고 있습니다.

이 점은 기독교 저자들의 책을 읽을 때 늘상 저를 헷갈리게 하던 문제 하나를 해결해 주었습니다. 기독교 저자들은 아주 엄격해 보이는 때가 있는가 하면, 지극히 자유롭고 태평스러워 보일 때가 있습니다. 생각으로 지은 죄는 엄청나게 심각한 일처럼 다루다가도, 끔찍한 살인이나 배신행위는 회개만 하면 다 용서받을 수 있는 일처럼 말하기도 하지요. 그러나 마침내 저는 그들이 옳다는 것을 알게 되었습니다. 그들이 항상 염두에 두는 것은 '지금은 사람의 눈에 보이지 않지만 앞으로 영원히 우리 각자가 감내하게 될—또는 즐기게 될—그 작은 중심의 자아에 그 행동이 어떤 흔적을 남기느냐' 하는 점입니다. 한 사람은 분을 터뜨려 수천 명의 피를 흘리게 할 수도 있고, 또 한 사람은 분을 터뜨렸다가 조롱만 당할 수도 있습니다. 그러나 그 행동으로 영혼에 작은 흔적을 남겼다는 점에서는 두 사람이 똑같습니다. 두 사람은 자신에게 중요한 일을 저질렀고, 회개하지 않는 한 다음에 유혹이 올 때 화를 참아 내기가 더 어려울 것이며 아마 이번보다 더 심하게 화를 낼 것입니다. 진심으로 하나님께 돌아가기만 한다면 두 사람 모두 중심의 비틀린 부분을 바로잡을 수 있습니다. 그러나 회개하지 않으면 두 사람 모두 파멸할 것입니다. 겉으로 드러난 바가 크냐 작으냐는 정말 중요한 문제가 아닙니다.

마지막으로 한 가지가 더 있습니다. 이미 말씀드렸듯이 올바른 방향으로 나아가면 평화뿐 아니라 지식도 얻게 된다는 사실을 잊지 마십시오. 사람은 선해지면 선해질수록 자기 안에 남아 있는 악을 더 분명히 깨달을 수 있습니다. 반면에 악해지면 악해질수록 자신의 악을 깨닫지 못하지요. 어느 정도 악한 인간은 자기가 그리 좋은 사람은 못 된다는 것을 압니다. 그러나 철저하게 악한 사람은 자기가 옳다고 생각합니다. 사실 이것은 상식적인 이야기입니다. 깨어 있을 때는 잔다는 것이 무엇인지 알지만, 막상 자고 있는 동안에는 모르는 법입니다. 맑은 정신으로 제대로 계산하고 있을 때에는 실수를 해도 금방 알아채지만, 틀리게 계산하고 있는 동안에는 자기 실수를 알아채지 못하지요. 취하지 않았을 때는 취한다는 것이 무엇인지 알지만, 취해 있는 동안에는 모릅니다. 선한 사람은 선도 악도 다 알지만, 악한 사람은 선도 악도 다 모릅니다.

5
성도덕

이제 성에 관한 기독교의 도덕, 즉 그리스도인들이 '순결' (chastity)이라고 부르는 덕목에 대해 생각할 때가 되었습니다. 기독교 규범인 순결을 사회적 규범인 '정숙함'(이것은 'modesty'라는 단어가 지닌 여러 뜻 가운데 하나지요), 즉 예의범절이나 얌전함과 혼동해서는 안 됩니다. 예의범절(propriety)이라는 사회적 규범은 주어진 사회 집단의 관습에 따라 신체는 어느 정도나 노출시킬 수 있으며, 대화는 어떤 주제에 한해 허용되는지, 또 단어는 어떤 것들을 쓸 수 있는지와 관련되어 있습니다. 그러므로 순결의 규범은 모든 시대 모든 그리스도인들에게 동일하게 해당되는 반면, 예의범절의 규범은 늘 바뀌게 마련입니다. 거의 옷을 걸치지 않은 태평양 제도의 소녀나 온몸을 옷으로 칭칭 감싼 빅토리아 시대 숙녀나, 그들 사회의 기준에 따르면 똑같이 '정숙하고' 예의바르며 얌전하게 입은 것입니다. 그리고 두 사람은 옷차림과는 상관없이 순결할 수도 있고 순결하지 않을 수도 있습니다. 또 셰익스피어 시대에는 순결한 여성들이 사용했던 언어들이 19세기에는 아주 방탕한 여성들이나 쓰는 말이 될 수도 있지요.

자기나 남의 욕정을 부추기려고 의도적으로 자기 시대와 장소에 통용되는 예의범절의 규범을 깨뜨리는 사람은 순결을 범하는 것입니다. 그러나 무지나 부주의 때문에 깨뜨리는 사람은 그저 예의가 없는 것에 지나지 않습니다. 종종 벌어지는 일이지만 남에게 충격을 주거나 그들을 당황시킬 작정으로 도전하듯이 예의범절을 어기는 이들은 순결하지 않다고까지는 못해도 남을 배려하는 마음이 없다고 말할 수 있습니다. 다른 사람을 불편하게 만드는 데서 즐거움을 느끼는 것은 남을 배려하는 태도가 아니지요.

저는 엄격하고 까다로운 예의범절의 기준을 지키는 것이 곧 순결의 증거가 된다거나 순결을 지키는 데 도움이 된다고는 생각지 않기 때문에, 제 시대에 그 규범이 크게 완화되고 간단해진 것을 좋게 여기고 있습니다. 그러나 현재로서는 연령과 성향이 다른 사람들이 예외 없이 같은 기준을 인정하고 있는 상황이 아니기 때문에 입장을 분명히 하기가 어렵다는 불편함이 있습니다. 이런 혼란기일수록 나이든 이들이나 구식 취향을 가진 이들은 젊은이들이나 '해방된' 이들이 예의 없이(옛 기준에서 볼 때) 행동한다고 해서 타락한 사람 취급을 하지 않도록 아주 조심해야 합니다. 또 젊은이들은 젊은이들대로 연장자들이 새로운 기준을 쉽게 받아들이지 못한다고 해서 위선자라느니 청교도라느니 하면서 비난하지 말아야겠지요. 할 수 있는 한 진정으로 다른 이들의 선량함을 믿으며, 할 수 있는 한 상대방을 편하게 해 주려는 마음만 있다면, 대부분의 문제는 해결이 될 것입니다.

순결은 기독교 덕목 가운데 가장 인기 없는 덕목입니다. 여기에는 피해 갈 수 있는 여지가 없습니다. 기독교의 규범은 '결혼해서 배우자에게 전적으로 충실하든지, 아니면 독신으로 완전히 금욕하라'는 것입니다. 이것은 너무나 지키기 어렵고 우리의 본능에도 어긋나는 규범이기 때문에, 기독교가 틀렸든지 우리의 성적 본능에 그야말로 문제가 생겼든지 둘 중에 하나가 분명합니다. 물론 저는 그리스도인이므로 우리의 본능에 문제가 생겼다는 쪽에 동의합니다.

그러나 제가 이렇게 생각하는 데는 다른 이유도 있습니다. 음식을 먹는 생물학적 목적이 체력을 키우는 것이듯이, 성관계를 갖는 생물학적 목적은 아이를 낳는 것입니다. 우리가 먹고 싶을 때마다 먹고 싶은 만큼 먹는다면, 대개는 과식을 하게 될 것이 분명합니다. 그래도 턱없이 많이 먹는 경우는 없지요. 한 사람이 2인분까지야 먹을 수 있겠지만 10인분을 먹을 수는 없습니다. 즉 생물학적 목적에 비해 식욕을 약간 더 느낄 수는 있지만, 아주 지나칠 정도로 느끼는 경우는 없다는 것입니다. 그러나 건강한 청년이 성욕을 느낄 때마다 성관계를 맺고 그때마다 아기를 낳는다면 10년 안에 작은 마을 하나 정도의 인구는 너끈히 만들어 낼 것입니다. 이처럼 성욕은 그 기능에 비해 터무니없이 과도하게 넘쳐나고 있습니다.

다른 식으로 생각해 볼까요? 스트립쇼 공연―무대 위에서 여자가 옷 벗는 것 구경시키기―에는 구경꾼들이 많이 몰려듭니다. 그런데 여러분이 어떤 나라에 가서 보니, 덮개로 가린 접시를 무대에 들고 나타나 모든 사람이 볼 수 있도록 조명을 비추고 천천히 덮개를 들어올리며 양 갈비나 베이컨 조각을 보여 주는 쇼만으로도 극장이 꽉꽉 찬다면, 그 나라 사람들의 식욕에 무언가 문제가 있다고 생각지 않겠습니까? 그처럼 다른 세계에서 자란 누군가가 우리를 보면 우리의 성욕 상태를 이상하게 생각지 않을까요?

한 비평가는 만약 그런 음식 스트립쇼를 하는 나라가 있다면, 자신은 그 나라 사람들이 굶주리고 있다는 결론을 내리겠노라고 했습니다. 물론 그는 스트립쇼 같은 것들은 성적 타락 때문이 아니라 성적 굶주림 때문에 생긴다는 뜻에서 이 말을 한 것입니다. 어떤 이상한 나라에서 양고기 공연이 성행할 경우 기근을 한 가지 이유로 가정할 수 있다는 점에는 저도 동의합니다. 그러나 그 다음에 해야 할 일은 실제로 그 나라에서 소비되는 음식이 많은

지 적은지 살펴봄으로써 그 가설을 검증하는 것입니다. 그래서 사람들이 음식을 충분히 먹고 있다는 증거가 나타나면, 굶주림이라는 가설을 포기하고 다른 가설을 생각해야겠지요.

마찬가지로 우리는 성적 굶주림이 스트립쇼의 원인이라는 가설을 받아들이기 전에, 실제로 우리 시대가 스트립쇼라는 것을 전혀 몰랐던 시대보다 더 금욕적이라는 증거부터 찾아보아야 합니다. 그런데 그런 증거는 없는 것이 확실합니다. 지금은 피임법 덕분에 부부간의 성생활도 더 편해졌고, 혼외정사도 어느 때보다 안전해졌으며, 부정(不貞)이나 심지어 변태적 성에 대한 여론 또한 이교도 시대 이래 그 어느 때보다 덜 적대적인 상황입니다. 따라서 우리는 '굶주림'이라는 가설 외에 다른 가설들을 생각해 볼 필요가 있습니다. 누구나 알고 있듯이 성욕도 다른 욕구들처럼 빠져들면 빠져들수록 더 커지는 법입니다. 굶주린 사람도 음식 생각을 많이 하겠지만, 대식가 역시 음식 생각을 많이 할 수 있습니다. 굶은 사람뿐 아니라 게걸스러운 사람도 자극에 약한 법입니다.

이제 세번째 이야기를 해 봅시다. 여러분은 음식 아닌 것을 먹고 싶어하거나 음식을 먹는 것 외에 다른 용도에 쓰려는 사람을 거의 보지 못했을 것입니다. 다시 말해서 변태적 식욕을 가진 사람은 드뭅니다. 그러나 변태적 성욕은 사례가 많을 뿐 아니라 고치기도 어렵고 증세도 심각합니다. 이런 이야기까지 세세히 하게 되어 죄송하지만, 그래도 하지 않을 수가 없군요. 왜냐하면 여러분과 저는 지난 20년 동안 성에 관한 그럴듯한 거짓말을 쉬임없이 들어 왔기 때문입니다. 우리가 신물나게 들어 온 말은 "성적 욕구도 다른 자연스러운 욕구들과 똑같은 것이므로, 성에 대해 쉬쉬했던 옛 빅토리아 시대의 어리석은 사고방식을 버리기만 한다면 모든 문제가 해결된다"는 것입니다. 이 말은 사실이 아닙니다. 여러분이 선전에 현혹되지 않고 현실을 직시한다면 이 점을 금방 알아챌 것입니다.

사람들은 성을 쉬쉬해야 할 것으로 여겼기 때문에 골칫거리가 되었다고 말합니다. 그러나 지난 20년 동안 사람들은 성에 대해 쉬쉬하지 않았습니다. 오히려 쉬임없이 떠들었지요. 그럼에도 불구하고 성은 여전히 골칫거리로 남아 있습니다. 쉬쉬해 온 것이 문제의 원인이었다면, 공개적인 토론을 통해 해결이 되었어야 합니다. 그러나 문제는 아직도 해결되지 않았습니다. 저는 오히려 그 반대라고 생각합니다. 즉 성에 대해 쉬쉬했기 때문에 성이 골칫거리가 된 것이 아니라, 성이 이런 골칫거리가 되었기 때문에 오히려 인류가 쉬쉬하게 되었다는 것이지요.

현대인들은 "성은 부끄러워할 것이 아니다"라고 늘 말합니다. 여기에는 두 가지 뜻이 있을 수 있습니다. 먼저 그들은 '인류가 성이라는 방법을 통해 번식하고 거기에서 쾌락을 얻는다는 사실은 조금도 부끄러워할 것이 아니다' 라는 뜻에서 이 말을 했을 수 있습니다. 그렇다면 이것은 옳은 말입니다. 기독교도 이와 똑같이 말합니다. 문제가 되는 것은 성 그 자체나 성이 주는 쾌락이 아닙니다. 기독교의 옛 스승들은 인간이 타락하지 않았다면 성적 쾌락은 지금보다 작아지기는커녕 오히려 더 커졌을 것이라고 말했습니다.

어떤 정신없는 그리스도인들은 마치 기독교가 성이나 육체나 쾌락을 본질적으로 악하게 여기는 양 말한다는 것을 저도 알고 있습니다. 그러나 그들은 틀렸습니다. 기독교는 위대한 종교들 중 육체를 철저히 인정하는 거의 유일한 종교로서, 물질은 선한 것이고 하나님 자신도 인간의 몸을 입으신 적이 있다는 것을 믿으며, 또한 우리는 천국에서 새로운 종류의 몸을 갖게 될 텐데 그 몸은 우리의 행복이나 아름다움이나 활력의 핵심적인 부분이 되리라는 것을 믿는 종교입니다. 기독교는 다른 어떤 종교보다 결혼을 찬양합니다. 세상에 있는 사랑의 시는 거의 모두 그리스도인들이 쓴 것들입니다. 누군가 성을 본질적으로 악한 것이라고 한다면, 기독교는 즉시 그를 반박할 것입니다.

또한 "성은 부끄러워할 것이 아니다"라는 말은 '현재 성적 본능이 도달한 상태는 전혀 부끄러워할 것이 아니다'라는 뜻일 수도 있습니다. 그렇다면 그 말은 틀렸다는 것이 제 의견입니다. 저는 이것이야말로 부끄러워해야 할 일이라고 생각합니다. 음식을 즐기는 것은 전혀 부끄러워할 일이 아닙니다. 그러나 세상 사람들 절반이 음식을 삶의 주된 관심사로 삼고 음식 그림을 보면서 침을 흘리며 입맛을 다시느라 시간을 보낸다면 그것은 정말 부끄러운 일이 아닐 수 없습니다.

물론 이런 현 상태에 대한 책임이 우리 개개인에게 있다는 말은 아닙니다. 조상들은 이 영역에서 애초에 뒤틀려 있는 기관(器官)을 우리에게 물려주었습니다. 그리고 우리는 순결하지 않은 삶을 옹호하는 선전들에 둘러싸여 자랐습니다. 또 돈을 긁어 낼 목적으로 우리의 성욕을 자극시키려는 사람들도 많지요. 그들이 노리는 것은 자나깨나 성만 생각하는 사람은 구매 저항력이 아주 약하다는 점입니다. 하나님은 이러한 상황을 잘 알고 계십니다. 그는 이렇게 극복하기 어려운 점들이 있다는 사실을 충분히 감안해서 판단을 내리실 것입니다. 중요한 것은 우리가 얼마나 진실하고 끈기있게 이 어려움들을 극복하고자 애쓰느냐 하는 데 있습니다.

치료를 받으려면 먼저 치료를 원하는 마음이 있어야 합니다. 정말 도움을 원하는 사람은 도움을 받을 것입니다. 그러나 많은 현대인들의 경우, 도움을 원하는 것조차 그리 쉬운 일이 아닙니다. 우리는 실제로는 원하지 않으면서도 스스로 원하고 있다고 착각하기 쉽습니다. 오래 전에 한 유명한 그리스도인은 청년 시절에 늘 순결을 위해 기도했노라고 했습니다. 그런데 몇 년이 지나서 보니 자기가 입술로는 "오 주님, 저를 순결하게 해 주소서"

라고 기도했지만, 마음 속으로는 '하지만 아직은 제발 그렇게 하지 말아 주소서'라고 은밀한 소원을 늘 덧붙였더라는 것입니다. 이것은 다른 덕목을 달라고 기도할 때에도 일어나는 일입니다. 그럼에도 불구하고 완전한 순결을 갈망하기가—완전한 순결을 지키는 것은 고사하고—특히 힘들어진 데에는 다음과 같은 세 가지 이유가 있습니다.

첫째 이유는, 우리의 뒤틀린 본성과 우리를 유혹하는 마귀, 그리고 정욕을 부추기는 현대의 온갖 선전들이 합세하여 '우리가 억누르고 있는 욕망들은 지극히 자연스럽고 지극히 건강하며 지극히 온당한 것이므로 그것을 억누르는 것은 거의 비정상적이고 왜곡된 태도'라고 느끼게 한다는 데 있습니다. 수없이 쏟아져 나오는 영화와 포스터와 소설들은 성적 방종을 건강함이나 정상적인 것, 젊음, 솔직함, 좋은 기분과 연관시키고 있습니다. 그러나 이것은 거짓말입니다. 잘 먹혀드는 거짓말이 다 그렇듯이 이 거짓말도 진실—앞서 말했듯이 성 그 자체는(과도하게 집착하거나 지나치게 빠지지만 않는다면) '정상적'이고 '건강한' 것이라는 진실—에 기초를 두고 있습니다.

그러나 여러분이 지금 유혹받고 있는 성적 행위가 전부 건강하고 정상적이라는 말은 거짓말입니다. 기독교와 상관 없이 상식적인 눈으로 보아도 이것은 헛소리가 분명합니다. 모든 욕망을 무작정 따르다 보면 결국은 무력해지고 병들며 질투하고 거짓말하고 감추게 되는 등, 건강해지고 기분 좋아지며 솔직해지는 것과는 완전히 거리가 멀어져 버리기 때문입니다. 이 세상에서도 행복해지려면 상당히 많은 자제가 필요한 법입니다. 따라서 강하게 발동되는 욕구들은 전부 건강하고 온당하다는 주장은 말도 안 되는 소리입니다.

사리를 분별할 줄 아는 사람이라면 누구나 어떤 욕망은 허용하고 어떤 욕망은 거부해야 하는지에 관한 일련의 원칙들을 갖고 있게 마련입니다. 어떤 이들은 기독교적 원칙에 따라, 어떤 이들은 위생학적 원칙에 따라, 또 어떤 이들은 사회학적 원칙에 따라 이렇게 합니다. 즉 진정한 갈등은 기독교냐 '본성'이냐에 있는 것이 아니라, '본성'을 제어하는 일에서 기독교적 원칙을 따르느냐 다른 원칙을 따르느냐에 있습니다. 인생을 망치기로 작정한 사람이 아니라면 어떤 식으로든 '본성'(자연스러운 욕구라는 뜻에서 '본성')을 제어할 것이기 때문입니다. 기독교적 원칙은 다른 원칙들에 비해 확실히 더 엄격합니다. 그러나 다른 원칙들은 줄 수 없는 도움을 우리에게 줍니다.

둘째로, 많은 이들은 기독교적인 순결을 지키는 일은 불가능하다고 지레 겁을 먹은 나머지(시도해 보기도 전에) 진지하게 노력해 볼 생각을 아예 하지 않습니다. 그러나 어차피 꼭 해야 할 일이라면 그 가능성 여부를 고려할 필요가 없는 법입니다. 시험지에 선택 문제가 나왔을 때에는 자기가 풀 수 있는 문제인지 여부를 따져 보아야 합니다. 그러나 필수 문제가 나왔을 때에는 어찌 되었든지 간에 최선을 다해 풀어야 합니다. 그러면 답안을 제대로 못 쓰더라도 어느 정도의 점수는 받을 수 있습니다. 그러나 문제를 풀지 않으면 단 한 점도 얻을 수 없습니다. 시험뿐 아니라 전쟁이나 등산, 스케이트, 수영, 자전거 타기, 심지어 곱은 손으로 뻣뻣한 목칼라를 잠그는 일에 이르기까지, 처음에는 불가능해 보였던 일들도 결국에는 완수해 낼 수 있는 경우가 아주 많습니다. 반드시 해야 하는 일을 해 내는 것은 멋진 일입니다.

물론 완벽한 순결은—완벽한 사랑처럼—단순한 인간의 노력만으로는 이룰 수 없는 것이 분명합니다. 그렇기 때문에 여러분은 하나님의 도움을 구해야만 합니다. 그러나 그렇게 도움을 구했는데도 오랫동안 도움이 오지 않는 것처럼 느껴지거나 자기에게 필요한 만큼 충분히 오지 않는 것처럼 느껴질 때가 있을 수 있습니다. 그렇더라도 걱정하지 마십시오. 실패할 때마다 용서를 구하고 다시 일어나 거듭 시도하십시오. 많은 경우 하나님이 무엇보다 먼저 도우시는 부분은 덕목 그 자체가 아니라, 언제라도 다시 시도할 수 있는 바로 이 능력이기 때문입니다.

순결(또는 용기나 성실 같은 다른 덕목들)도 중요하지만, 그것을 이루고자 노력하는 과정은 그 덕목 자체보다 훨씬 더 중요한 영혼의 습관을 훈련시켜 줍니다. 이 과정을 통해 우리는 자신에 대한 착각을 버리고 하나님만 의지하는 법을 배우게 됩니다. 한편으로는 최상의 상황에서도 자신을 신뢰하지 않을 수 있게 되며, 다른 한편으로는 최악의 상황에서도 자신의 실패를 용서받을 수 있기에 절망할 필요가 없다는 것을 배우게 되지요. 치명적인 실패는 오직 하나, 완전을 포기하고 그 이하에 안주하는 것입니다.

셋째 이유는, 사람들이 심리학에서 말하는 '억압'을 종종 오해하는 것에서 찾아볼 수 있습니다. 심리학은 억압된 성적 욕망(repressed sexuality)은 위험하다고 가르칩니다. 그러나 여기에서 '억압된'이라는 것은 전문 용어로서, '거부하다', '참다'라는 뜻의 '억제된'(suppressed)과 구별됩니다. 심리학에 나오는 억압된 욕망이나 생각이란, 과거에 잠재의식 속에 파고들어 왔다가(대개는 아주 어렸을 때) 알아 볼 수 없는 형태로 위장해서 현재의 의식에 나타나는 것을 일컫는 말입니다.

그러므로 억압된 성적 욕망은 결코 성적 욕망 그 자체로 나타나지 않습니다. 청소년이나 성인이 의식되는 욕망을 거부하려고 노력하는 것은 과거의 억압 때문이 아니며, 이렇게 한다고 해서 새로운 억압을 만들어 낼 위험이 생기는 것도 결코 아닙니다. 오히려 진지하게 순결을 추구하는 사람일수록 더 의식적이 되기 때문에 자신의 성욕에 대해 누구보다 월등히 많이 알게 되는 법입니다. 그들은 웰링턴 장군이 나폴레옹을 알듯이, 셜록 홈스가 모리아티를 알 듯이 자신의 욕망에 대해 잘 압니다. 고양이가 쥐를 알 듯이, 배관공이 파이프 누수에 대해 알듯이 자신의 욕망에 대해 잘 압니다. 덕은—아니 덕을 추구하기만 해도—빛을 주지만, 방탕은 우리를 안개 속에 빠뜨립니다.

마지막으로, 제가 성에 대해 꽤 길게 이야기했음에도 불구하고 여기에 기독교 도덕의 중심이 있는 것은 아니라는 점을 분명히 밝히고 싶습니다. 그리스도인들은 순결하지 않은 것을 최고의 악으로 여긴다고 생각한다면 착각입니다. 육체의 죄는 악하지만, 다른 죄에 비하면 가장 미미하다고 할 수 있습니다. 쾌락 중에서 가장 나쁜 것은 전적으로 영적인 쾌락입니다. 즉 잘못을 남에게 미루고 즐거워하는 것, 남을 자기 마음대로 휘두르거나 선심 쓰는 척하면서 남의 흥을 깨뜨려 놓고 좋아하는 것, 험담을 즐기는 것, 권력을 즐기는 것, 증오를 즐기는 것이야말로 악한 죄입니다.

제 안에는 제가 정말 추구해야 할 인간적 자아와 싸우는 두 가지 적이 있습니다. 하나는 동물적 자아이고, 다른 하나는 악마적 자아입니다. 둘 중에 더 나쁜 것은 악마적 자아입니다. 교회에 꼬박꼬박 출석하는 냉정하고 독선적인 도덕가가 거리의 매춘부보다 훨씬 더 지옥에 가까울 수 있는 이유가 여기 있습니다. 물론 우리는 둘 중 어느 쪽도 되지 않는 것이 좋겠지요.

6
그리스도인의 결혼

앞장에서는 주로 부정적인 이야기를 했습니다. 인간의 성적 충동이 어떻게 잘못되었는가에 대해서만 말했을 뿐, 그 올바른 쓰임새, 즉 그리스도인의 결혼 문제는 거의 다루지 않았지요. 제가 특히 결혼 문제를 다루고 싶지 않은 이유는 두 가지입니다. 첫째로, 이 주제에 관한 기독교의 교리는 지극히 인기가 없기 때문입니다. 둘째로, 저 자신이 결혼해 본 적이 없으므로[19] 간접적인 이야기밖에 할 수 없기 때문입니다. 그럼에도 불구하고 그리스도인의 도덕을 이야기하면서 이 주제를 빼놓고 넘어갈 수는 없을 것 같군요.

---

19) 이 책을 쓸 당시에 루이스는 독신이었다. 그는 1956년에 조이 데이빗먼 그레섬이라는 미국 여성과 결혼했다. 그들의 결혼 이야기는 '섀도우랜드'라는 제목으로 영화화되기도 했다.

기독교의 결혼관은 남편과 아내는 하나의 단일한 유기체—이것은 '한 몸'에 해당하는 현대어입니다—라는 그리스도의 말씀에 토대를 두고 있습니다.[20] 그리고 그리스도인들은 이 말을 감상적인 표현이 아닌 사실의 진술—'열쇠와 자물쇠는 하나의 기구이다', '바이올린과 활은 하나의 악기이다' 처럼—로 믿습니다. 인간이라는 기계를 만든 제작자는, 남자와 여자라는 두 반쪽은 단지 성적인 차원에서만 짝으로 결합되는 것이 아니라 모든 차원에서 완전히 결합되도록 만들어졌다고 말씀합니다. 혼외정사가 그토록 흉해 보이는 것은 원래 함께 어울려 모든 차원에서 연합을 이루도록 만들어진 것에서 딱 하나(성적인 연합)만을 떼어낸 탓입니다. 기독교적 자세란 '성적 쾌락은 먹는 쾌락 이상으로 잘못되었다'고 생각하는 것이 아닙니다. 기독교적 자세란 '음식을 삼켜 소화시키는 대신 씹기만 하고 뱉어 내서 미각적 쾌락만 얻으려 하면 안되는 것처럼, 성적 쾌락 역시 그것만 떼어내 즐기려 해서는 안 된다'고 보는 것입니다.

  따라서 기독교는 한 번 결혼이 평생을 간다고 가르칩니다. 물론 교파마다 차이는 있습니다. 어떤 교파에서는 이혼을 전혀 인정하지 않지만, 어떤 교파에서는 아주 특별한 경우에 한해 마지못해 인정하기도 합니다. 이런 문제에서 그리스도인들의 의견이

---

20) 마태복음 19장 6절.

일치되지 않는다는 것은 아주 유감스러운 일입니다. 그러나 일반 평신도들이 주목할 점은, 아무리 결혼에 대한 교파들의 견해에 차이가 있다 해도 세상 견해와의 차이에 비하면 아무것도 아니라는 것입니다. 즉 교회들은 적어도 이혼이 일종의 외과 수술처럼 살아 있는 몸을 잘라 내는 일과 같다는 데에는 모두 동의합니다. 다만 그 수술이 너무나도 폭력적이므로 절대 하지 말아야 한다고 생각하는 교회가 있는가 하면, 증세가 심할 경우 최후의 수단으로 인정해야 한다고 보는 교회가 있는 것일 뿐입니다. 그들은 이혼이 동업자와 갈라서거나 군대에서 탈영하는 일보다는 다리를 잘라 내는 일에 더 가깝다는 데 모두 동의합니다. 그리고 이혼을 단순히 '짝 재정리하기' 정도로 여겨서, 배우자에게 더 이상 사랑을 느끼지 못하거나 다른 사람을 사랑하게 되었을 경우에는 언제든지 이혼할 수 있다고 생각하는 현대인의 관점에 반대합니다.

이러한 현대인의 관점을 순결과 관련해서 생각해 보기 전에, 또 다른 덕목인 정의와 관련해서 생각해 봅시다. 이미 말했듯이 정의에는 약속을 지키는 일이 포함됩니다. 교회에서 결혼하는 사람은 죽음이 두 사람을 갈라 놓을 때까지 배우자에게 충실하겠노라고 많은 사람들 앞에서 엄숙히 서약합니다. 그 서약을 지키는 것은 굳이 성도덕과 연관시키지 않아도 이행해야 할 의무입니다. 즉 다른 약속을 지켜야 하듯이 이 약속도 반드시 지켜야 하는 것입니다. 현대인들이 늘상 말하듯이 성적 충동이 다른 충동들과 똑같은 것이라면, 성적 충동 역시 다른 충동들과 똑같이 취급해야 합니다. 즉 다른 충동들이 약속의 제재를 받듯이 성적 충동 역시 결혼 서약의 제재를 받아야 하는 것입니다. 더구나 제 생각처럼 성적 충동이 다른 충동과 같지 않을 뿐 아니라 오히려 병적으로 더 부풀려진 상태에 있다면, 이 충동 때문에 부정직한 일을 저지르게 되지 않도록 더더욱 주의해야 합니다.

이에 대해 자신은 교회의 결혼 서약을 단순한 형식으로 여겼을 뿐 꼭 지킬 생각이 있었던 것은 아니라고 말하는 사람도 있을 수 있습니다. 그렇다면 그는 누구를 속이려고 그런 서약을 한 것입니까? 하나님입니까? 그렇다면 정말이지 현명치 못한 일이 아닐 수 없습니다. 아니면 자기 자신을 속이려 했습니까? 이것도 그리 현명한 일이 못 됩니다. 아니면 배우자나 친지들을 속이려 했습니까? 그렇다면 그는 그들의 믿음을 배신한 것입니다.

저는 신랑과 신부(또는 둘 중에 하나)가 대중을 속이려고 이렇게 하는 경우가 많다고 생각합니다. 결혼에 따르는 대가는 치를 생각 없이 그저 체면만 세우고자 하는 것이지요. 즉 그들은 사기꾼으로서 속임수를 쓴 것입니다. 계속해서 속임수에 만족하는 사람들에게는 더 이상 할 말이 없습니다. 정직해질 마음조차 없는 사람들에게 순결이라는 더 높고 어려운 의무를 지키라고 어떻게 권할 수 있겠습니까? 그러나 지금이라도 정신을 차려서 정직해지고자 하는 사람은 전에 했던 약속의 제약을 받아야 합니다. 여러분도 알다시피 이것은 순결의 문제가 아니라 정의의 문제입니다. 결혼을 평생 가는 일로 믿지 않는 사람의 눈에는 지킬 생각도 없는 서약을 하느니 그냥 동거하는 편이 더 나아 보일지도 모르겠습니다. 그러나 결혼하지 않고 동거하는 것은 간음의 죄(기독교적 관점에서 볼 때)입니다. 한 가지 잘못을 피하려고 다른 잘못을 저지를 수는 없는 법입니다. 서약을 깨뜨리지 않으려고 순결을 깨뜨릴 수는 없습니다.

'사랑을 느껴야만' 결혼 생활을 지속할 수 있다고 생각할 경우, 결혼을 계약이나 약속으로 볼 여지는 아주 사라져 버립니다. 사랑이 전부라면 약속은 아무 의미가 없고, 약속이 아무 의미가 없다면 약속이라는 것을 아예 하지 말아야겠지요. 그런데 정작 사랑에 대해 떠드는 이들보다는 참으로 사랑을 느끼고 있는 이들이 약속에 관해 더 잘 알고 있다는 것은 신기한 일이 아닐 수 없습니다. 체스터튼(G. K. Chesterton)이 지적했듯이, 서로 사랑하고 있는 연인들에게는 약속으로 자신들을 묶으려는 경향이 자연스럽게 나타나게 마련입니다. 전 세계의 사랑 노래들은 서로 영원히 함께하겠노라는 맹세로 가득합니다. 즉 기독교의 법은 사랑의 열정이 갖는 본질에 어울리지 않는 무언가를 강요하는 것이 아닙니다. 그들의 열정 자체가 촉구하는 것을 진지하게 받아들이라고 요청할 뿐입니다.

물론 사랑에 빠졌을 때 사랑하기 때문에 했던 약속, 즉 자기가 살아 있는 한 사랑하는 이에게 진실하겠다는 약속은 사랑의 감정이 사라진 후에도 유효합니다. 약속은 자기가 할 수 있는 일, 즉 행동에 해당하는 것입니다. 감정에 대해 약속할 수 있는 사람은 아무도 없습니다. 다시는 두통을 겪지 않겠다거나 영원히 배고파하지 않겠다는 약속을 할 수 있는 사람도 당연히 없지요. 그러나 더 이상 사랑하지 않는데도 굳이 같이 살 이유가 있을까요?

여기에는 몇 가지 건전하고도 사회적인 이유들이 있습니다. 자녀들을 위해 가정을 지킨다거나, 여성들(아마도 결혼 때문에 직장을 그만두거나 희생을 감수했을)이 남자들이 싫증낼 때마다 피해를 입지 않도록 보호한다는 이유처럼 말입니다. 그러나 설명하기는 좀 어려워도 제가 옳다고 확신하는 이유가 하나 더 있습니다.

이 이유를 설명하기 어려운 것은, B가 C보다는 좋더라도 그 B보다 더 좋은 A가 있을 수 있다는 점을 깨닫지 못하는 이들이 너무나 많기 때문입니다. 그들은 좋으냐 나쁘냐만 생각하지, 좋은 것·더 좋은 것·최선의 것, 또는 나쁜 것·더 나쁜 것·최악의 것으로 나누어 생각하기를 싫어합니다. 그런 사람들이 여러분에게 애국심에 대해 어떻게 생각하느냐고 물었다고 합시다. 여러분이 "물론 애국심은 개인적인 이기주의보다야 훨씬 좋지만 보편적인 사랑보다는 못하므로 이 두 가지가 충돌할 때에는 사랑을 우선시해야 한다"고 말하면, 그들은 여러분이 대답을 회피하고 있다고 생각할 것입니다. 또 이번에는 그들이 결투에 대해 어떻게 생각하느냐고 물었다고 합시다. 여러분이 "결투하는 것보다야 용서해 주는 편이 훨씬 좋지만, 평생 앙심을 품고 그 사람을 쓰러뜨리려고 은밀히 애쓰게 된다면 차라리 결투하는 편이 낫겠다"고 대답하면, 그들은 왜 딱 부러지게 대답하지 않느냐며 불평하며 가 버릴 것입니다. 제가 지금부터 하려는 말을 이런 식으로 오해하는 분이 없었으면 합니다.

이른바 '사랑을 느끼는' 황홀한 상태는 여러 면에서 우리에게 유익을 줍니다. 그것은 우리가 너그럽고 용감해지도록 도와 주며, 연인의 아름다움뿐 아니라 세상의 모든 아름다움에 눈뜨게 해 주고, 단순한 동물적 성욕을 억제해 줍니다(처음에는 특히 더 그렇지요). 그런 의미에서 사랑은 정욕을 이기는 위대한 정복자입니다. 제 정신을 가진 사람이라면 이러한 사랑이 저속한 육욕이나 냉랭한 이기주의보다 훨씬 좋다는 사실을 부인하지 않을 것입니다.

그러나 전에 말했듯이 사람이 저지를 수 있는 가장 위험한 일은, 본능 가운데 하나를 택해서 무슨 일이 있어도 추구해야 할 사항으로 절대시하는 것입니다. 사랑을 느끼는 것은 좋은 일이지만 가장 좋은 일은 아닙니다. 그보다 못한 일들도 많지만 그보다 나은 일들도 있습니다. 사랑을 느끼는 것을 모든 삶의 토대로 삼을 수는 없습니다. 그것은 고귀한 감정이긴 하지만, 그래도 감정에 불과합니다. 어떤 감정도 언제까지나 강렬할 수는 없습니다.

아니, 감정이라는 것 자체가 지속될 수 없는 속성을 가지고 있습니다. 지식은 지속될 수 있으며 원칙도 지속될 수 있고 습관도 지속될 수 있습니다. 그러나 감정은 찾아왔다가 사라지는 것입니다. 그리고 사람들이 뭐라고 하든 간에 '사랑을 느끼는' 상태 역시 대개는 지속되지 못합니다. 옛날 이야기들은 흔히 "그 후로 그들은 영원히 행복하게 살았습니다"라는 말로 끝나곤 하는데, 만약 이 말이 '50년이 지나도록 결혼하기 전과 똑같은 감정을 느꼈다'는 뜻이라면 그것은 있을 수 없는 일일 뿐 아니라 설령 정말 그럴 수 있다 해도 전혀 바람직한 일이 못 됩니다. 50년 동안이나 그런 흥분 상태를 견딜 수 있는 사람이 누가 있겠습니까? 또 그럴 경우 일이나 취미나 잠이나 친구 관계는 다 어떻게 되겠습니까?

물론 '사랑을 느끼지 않게 되었다'는 것이 꼭 '사랑하지 않게 되었다'는 뜻은 아닙니다. 이와 같은 두번째 의미의 사랑—'사랑의 느낌'과 구별되는 사랑—은 단순한 감정이 아닙니다. 그것은 의지로 유지되며 의도적인 습관으로 강해지는 깊은 연합, 두 사람이(그들이 그리스도인 부부라면) 하나님께 구해서 받는 은혜로써 강화되는 깊은 연합입니다. 그들은 서로에게 좋은 감정이 느껴지지 않는 순간에도 이런 사랑을 할 수 있습니다. 자기 자신에게 좋은 감정이 느껴지지 않을 때에도 자신을 사랑할 수 있는 것처럼 말이지요. 심지어 그들은 마음만 먹으면 배우자 아닌 다른 사람에게 쉽게 '사랑을 느낄' 수 있는 상황에서도 이 사랑을 계속 지킬 수 있습니다. 처음에 정절을 약속하게 만든 것은 '사랑의 느낌'입니다. 그러나 그 약속을 지킬 수 있게 해 주는 것은 그보다 차분한 두번째 사랑입니다. 결혼의 엔진을 계속 가동시키는 것은 이 두번째 사랑입니다. 사랑의 느낌은 그 시동을 걸어 주었을 뿐입니다.

저와 생각이 다른 분은 아마 이렇게 말할 것입니다. "이 사람이 뭘 알겠어? 결혼도 안 해 봤으면서." 그 말이 맞을 수도 있습니다. 그러나 그렇게 말하기 전에, 소설이나 영화에서 얻게 된 것들 말고 여러분 자신의 경험이나 친구들의 삶을 통해 알게 된 것들에 근거해서 제 말의 타당성 여부를 판단해 주셨으면 합니다. 이것은 생각처럼 쉬운 일이 아닙니다. 우리의 경험 자체가 책과 연극과 영화로 철저하게 채색된 상태이므로, 정말 우리 자신의 삶에서 터득한 내용을 가려 내려면 인내와 기술이 필요합니다.

사람들은 소설을 읽으면서 자기와 맞는 사람과 결혼하기만 하면 영원히 '사랑을 느낄' 수 있다는 기대를 품습니다. 그 결과, 자신이 배우자에게 사랑을 느끼지 못하게 된 것은 짝을 잘못 찾았기 때문이며 따라서 얼마든지 바꿀 권리가 있다고 생각하지요. 짝을 바꾼다 해도 새 사랑의 매력 역시 옛 사랑과 똑같이 곧 사라져 버린다는 것을 모르고서 말입니다. 인생의 모든 영역이 그렇듯이 결혼생활 역시 흥분은 처음에만 찾아오는 것으로서 결코 오래 지속되지 않습니다. 소년 시절 처음으로 하늘을 난다는 생각을 했을 때 느꼈던 흥분은 정작 공군에 입대하여 진짜 비행을 배우려 할 때에는 이미 사라지고 없습니다. 매력적인 장소를 처음 보았을 때 느꼈던 흥분 또한 막상 그 곳에 살러 가서 보면 이미 사그라져 없어진 상태입니다. 그렇다면 아예 비행을 배우지도 말고 아름다운 곳에 살러 가지도 않는 편이 더 나을까요?

그렇지 않습니다. 어떤 경우든지 끝까지 해 내기만 하면, 처음에 느꼈던 흥분은 사라지는 대신 좀더 차분하고 지속적인 재미가 생길 것입니다. 더 나아가(이것이 얼마나 중요한지를 강조하기에 적합한 단어를 찾을 길이 없군요) 처음의 흥분이 사라졌다는 사실을 인정하고 감정적이지 않은 재미에 마음을 붙일 준비가 되어 있는 그 사람이야말로 아주 다른 방향에서 새로운 흥분을 발견하게 되기 쉽습니다. 비행을 배워서 좋은 비행사가 된 사람은 어느 날 갑자기 음악의 매력을 알게 될 것입니다. 또 아름다운 곳에 가서 정착한 사람은 정원 가꾸기의 매력을 새로이 발견할 수 있습니다.

저는 이것이야말로 "어떤 것이 먼저 죽지 않는 한 참으로 살아날 수 없다"는 그리스도의 말씀[21]에 담긴 뜻의 작은 일부라고 생

---

21) 요한복음 12장 24-25절.

각합니다. 흥분 상태를 유지하려고 애쓰는 것은 소용 없는 일일 뿐 아니라 가장 나쁜 일입니다. 그 흥분이 사라지도록, 사그라져 없어지도록, 그렇게 없어져서 그 상실의 기간이 좀더 차분한 재미와 즐거움으로 바뀌도록 내버려 두십시오. 그러면 자신이 늘 새로운 흥분을 만날 수 있는 세계에 살고 있다는 사실을 알게 될 것입니다. 그러나 흥분 없이는 못살 것처럼 생각해서 인위적으로 유지시키려고 하면, 그 흥분은 점점 약해지고 드물어질 것이며 결국 남은 인생을 권태감과 환멸감 속에서 보내야 할 것입니다. 이것을 모르기 때문에 그렇게 많은 중년의 남녀들이 사방에서 새 문이 열리고 새 삶의 지평이 나타날 나이에 잃어버린 젊음에 대한 미련을 떨치지 못한 채 배회하는 것입니다. 어린 시절 처음 물장난을 쳤을 때의 느낌으로 되돌아가려고 한없이(또 가망 없이) 애쓰기보다는 수영을 배우는 편이 훨씬 재미있습니다.

소설이나 연극이 제공하는 또 다른 개념은 '사랑에 빠지는 것'은 불가항력적인 일, 홍역처럼 우리 의지와 상관 없이 찾아오는 일이라는 것입니다. 이런 믿음 때문에 새로운 사람에게 마음이 끌리면 기존의 부부 관계를 포기하는 사람들이 있지요. 그러나 저는 어느 정도 자란 남녀가 현실에서 이렇게 불가항력적인 열정을 느끼는 경우는 책에 나오는 만큼 흔치 않다고 생각하는 편입니다. 아름답고 똑똑하며 인정 있는 사람을 만났을 때 어떤 의미에서 그런 좋은 자질에 감탄하며 그 자질을 사랑하게 되는 것은 당연한 일입니다. 그러나 그 사랑을 이른바 '사랑을 느끼는' 관계로 전환시킬 것인가 여부는 대부분 우리의 선택에 달려 있지 않습니까? 우리의 머리가 온통 소설과 연극과 감상적인 노래들로 꽉 차 있고 우리의 몸이 알코올로 꽉 차 있을 때에는 어떤 사랑이든 다 '사랑을 느끼는' 관계로 전환시켜 버릴 것입니다. 길에 바퀴 자국이 있으면 빗물이 다 그리로 고이듯이, 파란 안경을 쓰고 보면 모든 것이 다 파랗게 보이듯이 말이지요. 그 책임은 우리 자신에게 있습니다.

이혼에 대한 이야기를 마치기 전에, 사람들이 흔히 혼동하는 두 가지를 구분하고 싶군요. 그 한 가지는 그리스도인의 결혼관입니다. 다른 한 가지는 이와는 별개로, 그리스도인들이 유권자나 의회 의원으로서 이혼 법률에 자신들의 관점을 반영함으로써, 그리스도인이 아닌 사람들에게도 그것을 강제하기 위해 어느 정도까지 노력해야 하느냐 하는 점입니다. 그리스도인이라면 당연히 이혼을 어렵게 만들어야 한다고 생각하는 이들이 상당히 많습니다. 그러나 저는 그렇게 생각지 않습니다. 회교도들이 누구도 술을 못 마시도록 법으로 금지한다면 적어도 저는 몹시 화가 날 것입니다. 제 의견은 영국 국민의 대다수는 그리스도인이 아니며, 따라서 그들에게 그리스도인의 삶을 기대할 수는 없다는 사실을 교회가 솔직하게 인정해야 한다는 것입니다. 우리는 결혼을 두 가지 종류, 즉 국가가 모든 국민에게 부과하는 법으로 통제되는 결혼과 교회가 교인들에게 부과하는 법으로 통제되는 결혼으로 구별해야 합니다. 이 두 가지를 엄밀하게 구별해야 어떤 부부가 기독교적 의미에서 결혼했으며, 어떤 부부는 그렇지 않은가를 알 수 있는 것입니다.

결혼의 영속성에 대한 기독교의 교리에 대해서는 이 정도로 마치겠습니다. 이제 더 인기 없는 주제가 남았군요. 그리스도인 아내는 남편에게 순종할 것을 서약합니다. 또 기독교는 남편이 아내의 '머리'라고 말하지요.[22] 이 부분에서 분명히 제기될 질문들이 있습니다. (1) 도대체 머리는 왜 필요한 것입니까? 부부가 서로 동등하게 살면 되지 않습니까? (2) 설사 머리가 필요하다 해도 그것이 왜 꼭 남자여야 합니까?

(1) 기독교에서 가정에 머리가 필요하다고 보는 것은 결혼이 영속적이라고 생각하기 때문입니다. 물론 남편과 아내의 의견이 언제나 일치한다면 머리가 있을 필요가 없지요. 그리스도인 부부라면 다 이렇게 되기를 바랄 수 있습니다. 하지만 실제로 의견이 갈렸을 때에는 어떻게 해야 합니까? 물론 그 문제에 대해 대화를 나누어야 할 것입니다. 그러나 제가 말하는 것은 대화를 나누었는데도 일치점을 찾지 못했을 경우입니다. 그 때는 어떻게 해야 합니까? 두 사람밖에 없으니 다수결로 정할 수도 없는 노릇입니

---

22) 에베소서 5장 22-24절.

다. 이 경우에 할 수 있는 일은 둘 중에 하나뿐입니다. 헤어져서 각자 제 길로 가든지, 아니면 둘 중 한 사람이 최종 결정권을 행사하는 것입니다. 그런데 결혼이 영속적인 것이라면, 최후의 수단으로 둘 중에 한 사람은 결정권을 가져야 합니다. 헌법 없이는 어떤 연합체도 지속시킬 수 없는 법입니다.

(2) 그렇다면 왜 꼭 남자가 머리가 되어야 합니까? 우선 여성들 가운데 남편의 머리가 되기를 심각하게 원하는 사람이 있는지 묻고 싶군요. 이미 말했듯이 저는 결혼하지 않았지만 주위 사람들을 지켜본 바에 따르면, 자기는 가정의 머리가 되고 싶어하는 여성도 옆집 여성이 머리 노릇을 하는 것은 보통 좋게 보지 않습니다. 그 여성은 아마도 이렇게 말하기 쉽습니다. "불쌍한 아무개 씨! 왜 저 지독한 여자가 자기 머리 꼭대기에서 설치게 내버려 두는지 모르겠네." 제 생각에는 그 여성 자신도 남이 자기를 그 가정의 머리라고 부르는 것을 기분 좋게 듣지 않을 것 같습니다. 아내 자신들이 남편 위에 군림하는 일을 어느 정도 부끄러워하며 그렇게 자신에게 휘둘리는 남편을 경멸하는 것을 보면, 아내가 남편 위에 있어야 한다는 규칙은 무언가 부자연스러운 것임이 틀림없습니다.

그러나 다른 이유가 하나 더 있습니다. 그것은 안에서보다는 밖에서 더 잘 보이는 이유이기 때문에, 독신자로서 아주 솔직하게 말씀드릴 수 있습니다. 가정과 바깥 세상의 관계―말하자면 가정의 외교 정책—는 최후의 수단으로 결국은 남성이 책임져야 하는데, 남성은 가정 밖의 사람들에 대해 언제나 더 공정해야 할 입장에 있으며 또 대개는 더 공정하기 때문입니다. 여성은 주로 자기 자녀와 남편을 위해 세상과 싸우는 일을 하지요. 여성들이 자녀와 남편의 요구를 다른 모든 이들의 요구보다 앞세우는 것은 자연스러운 일이며 어떤 의미에서는 정당하다고까지 할 수 있는 일입니다. 여성은 자녀와 남편의 이익을 맡은 특별한 수탁자입니다. 남편의 역할은 이러한 여성의 자연스러운 편애가 가정을 주도하지 못하도록 살피는 것입니다. 남편은 아내의 강력한 가족 사랑으로부터 다른 사람들을 보호하기 위해 최후 결정권을 갖습니다.

이 이유가 의심스럽게 들린다면, 간단한 질문을 하나 하겠습니다. 여러분의 개가 옆집 애를 물었을 때, 또는 여러분의 애가 옆집 개에게 상처를 입혔을 때, 그 집 남편과 아내 중 누구와 먼저 이야기하겠습니까? 또 결혼한 여성분들에게 묻겠습니다. 남편을 존경하기는 하지만, 그의 가장 큰 문제는 이웃과의 관계에서 그 자신의 권리나 여러분의 권리를 바라는 만큼 강력하게 주장하지 않는 것이라고 생각지 않습니까? 남편이 약간은 유화론자같이 보이지 않습니까?

7
용서

앞장에서 저는 기독교 덕목 가운데 가장 인기 없는 것이 순결이라고 했습니다. 그런데 제 말이 옳았는지 모르겠군요. 제 생각에 그보다 더 인기 없는 덕목이 있으니 말입니다. 그것은 기독교 규범에 "네 이웃을 네 몸과 같이 사랑하라"[23]는 말로 규정되어 있는 덕목입니다. 기독교 도덕에서 '네 이웃'에는 '네 원수'가 포함되어 있기 때문에, 결국 우리는 원수를 용서해야 하는 끔찍한 의무에 부닥치게 됩니다.

누구나 용서란 훌륭한 일이라고 말합니다. 이번 전쟁 때처럼 실제로 용서해야 할 일이 생기기 전까지는 말이지요. 그러나 정작 용서가 필요한 상황이 되면 용서라는 말만 꺼내도 화가 나서

---

23) 마태복음 22장 39절.

으르렁거리게 마련입니다. 용서란 너무나 지키기 힘든 고차원적인 미덕이라고 생각하기 때문이 아닙니다. 오히려 너무나 하기 싫은 창피스러운 일이라고 생각하기 때문입니다. 그들은 "용서하라는 소리는 이제 지긋지긋해"라고 말합니다. 여러분 중에서도 절반은 제게 이렇게 묻고 싶을 것입니다. "당신이 폴란드인이나 유대인이라면 과연 게슈타포를 용서해 주고 싶은 마음이 들겠소?"

저도 그런 마음이 들지 알고 싶습니다. 정말이지 알고 싶습니다. 고문을 당해 죽게 되더라도 목숨 때문에 신앙을 부인해서는 안 된다는 말을 들을 때마다 내가 정말 그런 상황에서도 신앙을 부인하지 않을지 알고 싶은 것처럼 말입니다. 그러나 저는 이 책에서 제가 할 수 있는 일을 말하고 있는 것이 아니라—사실 제가 할 수 있는 일은 너무나 적습니다—기독교가 어떤 것인가를 말하고 있습니다. 저는 지어 낸 이야기를 하고 있는 것이 아닙니다. 기독교의 한복판에는 "우리가 우리에게 죄지은 자를 사하여 준 것같이 우리 죄를 사하여 주옵시고"[24]라는 말씀이 분명히 있습니다. 이 말씀은 다른 방법으로 용서받을 수 있다고 생각할 여지를 조금도 주지 않습니다. 용서하지 않으면 용서받지 못한다는 것은 아주 명백한 사실입니다. 다른 길은 없습니다. 그러니 어떻게 해

---

24) 마태복음 6장 12절.

야 하겠습니까?

어찌 되었든 용서는 아주 어려운 일이지만, 이 일을 좀더 수월하게 만들 방법을 두 가지 정도 생각할 수 있습니다. 수학을 배울 때 미적분부터 시작하는 사람은 없습니다. 간단한 덧셈부터 시작하지요. 마찬가지로 용서하는 법을 정말 배우고 싶다면(모든 성패는 용서를 배우고 싶어하는 마음이 정말 있느냐에 달려 있습니다), 게슈타포보다는 좀더 쉬운 대상에서부터 시작하는 것이 좋습니다. 즉 남편이나 아내, 부모나 자녀, 또는 가장 가까운 사람들이 지난주에 내게 잘못한 행동이나 말을 용서하는 일부터 시작하라는 것이지요. 당장은 이런 것만 용서해 주기에도 바쁠 것입니다. 두번째로 우리는 "네 이웃을 네 몸과 같이 사랑하라"는 말이 정확히 무슨 뜻인지 이해하기 위해 노력할 수 있습니다. 나는 나 자신을 사랑하듯이 내 이웃을 사랑해야 합니다. 그런데 나는 나 자신을 얼마나 한 치 오차 없이 사랑하고 있습니까?

저 자신의 경우를 생각해 볼 때, 저는 자신에게 한 치 오차 없는 호감이나 애정을 가지고 있지 않으며, 저라는 사람은 제가 보기에도 늘상 어울리고 싶은 상대가 못 됩니다. "네 이웃을 사랑하라"는 것 역시 '그에게 호감을 느끼라'든지 '그에게서 매력을 찾으라'는 뜻이 아닙니다. 이 사실을 진작 알았다면 좋았겠다는 생각이 듭니다. 애를 쓴다고 해서 호감이 생기는 것은 확실히 아니지요.

저 자신을 좋게 생각하거나 호감 주는 인간으로 생각하느냐구요? 글쎄요, 감히 그럴 때도 있긴 하지만(이런 생각은 필시 최악의 순간에 하게 마련입니다), 그것이 곧 저 자신을 사랑하는 이유는 아닙니다. 사실은 오히려 그 반대지요. 저 자신을 사랑하기 때문에 호감 주는 인간으로 여기는 것이지, 제가 원래 호감 주는 인간이기 때문에 사랑하는 것은 아닙니다. 이와 마찬가지로 "네 원수를 사랑하라"[25]는 말씀 또한 그들을 호감 주는 인간으로 생각하라는 뜻이 아닙니다. 이 점은 우리를 크게 안심시켜 줍니다. "원수를 용서하라"는 말씀을, 실제로는 악하기 짝이 없는 인간들을 마치 그렇지 않은 것처럼 여기라는 말로 오해하는 사람들이 꽤 많지요.

한 걸음 더 나아가 봅시다. 제 모습을 가장 선명하게 보는 순간, 저는 제가 호감 주는 인간은커녕 오히려 아주 추한 인간임을 알게 됩니다. 제가 저지른 어떤 짓들은 그야말로 끔찍하고 혐오스럽게 보이기도 합니다. 이와 마찬가지로 우리는 원수들이 저지른 어떤 짓들 또한 혐오하고 미워할 수 있습니다. 그러고 보니 오래 전에 기독교의 스승들이 악한 사람의 행위는 미워하되 그 사람 자체는 미워하지는 말라고 했던 말이 생각나는군요. 그들이 늘 말했듯이 죄는 미워하되 죄인은 미워하지 말라는 것입니다.

---

[25] 마태복음 5장 44절.

오랫동안 저는 이런 구분이 너무 지나쳐서 우습기까지 하다고 생각했습니다. 어떻게 어떤 사람의 행위는 미워하면서 그 사람은 미워하지 않을 수 있다는 말입니까? 그러나 몇 년 후, 제가 평생 동안 그렇게 대해 온 사람이 하나 있다는 사실을 깨닫게 되었습니다. 그 사람은 바로 저 자신이었습니다. 저는 자신의 비겁함이나 자만심이나 탐욕은 그렇게 싫어하면서도 계속 자신을 사랑해 왔습니다. 그것은 조금도 어려운 일이 아니었습니다. 그리고 사실 제가 그런 것들을 미워한 이유는 바로 저 자신을 사랑했기 때문이었습니다. 자신을 사랑했기 때문에, 자신이 그런 짓을 저지르는 종류의 인간밖에 안 된다는 것을 알게 되었을 때 그토록 안타까웠던 것입니다.

결과적으로 기독교는 잔인한 행동이나 배신 행위에 대한 미움을 티끌만큼이라도 줄이라고 말하는 것이 아닙니다. 우리는 마땅히 그런 일을 미워해야 하며, 그런 일에 대해 나쁘다고 했던 말을 단 한 마디도 철회할 필요가 없습니다. 그러나 기독교는 그런 일을 미워할 때, 자기 자신에게서 똑같은 것을 발견했을 때와 똑같은 방식으로 미워하라고 합니다. 즉 그 사람이 왜 그런 짓을 저질러야 했을까 안타까워하면서, 할 수만 있다면 언제 어디에서 어떤 식으로든 치유되어 그의 인간다움을 되찾기를 바라라는 것입니다.

과연 우리가 이렇게 할 수 있는지 시험해 볼 방법이 하나 있습니다. 신문에 아주 흉악한 범죄 기사가 났다고 합시다. 그런데 다음날, 전날의 보도 내용이 전부 사실은 아니라거나 그렇게까지 악한 범죄는 아니라는 식으로 내용이 바뀌었다고 합시다. 그때 '정말 잘됐군. 그렇게까지 나쁜 사람들은 아니라니 다행이야' 라는 생각이 먼저 듭니까, 아니면 김이 샌다는 생각이 들거나 더 나아가 그 범죄자들을 정말 악한으로 취급하는 더없는 즐거움을 빼앗기고 싶지 않은 나머지 전날 실린 기사를 더 믿으려 합니까? 만약 두번째 경우라면 종국에는 마귀가 되는 길에 첫걸음을 내디 딘 것이라고 감히 말할 수 있습니다. 여러분도 아시겠지만, 이것은 검은 것이 좀더 검기를 바라는 마음입니다. 이런 마음이 우리를 지배하게 되면, 나중에는 회색도 검게 보고 싶어할 뿐 아니라 급기야는 흰색까지 검게 보고 싶어하게 됩니다. 그래서 결국에는 모든 것―하나님과 친구들과 우리 자신까지 포함해서―을 어떻게 든지 악하게 보려고 고집하게 될 것이며, 그 짓을 영영 그만두지 못하게 될 것입니다. 순전한 증오의 세계에 영원히 갇혀 버리는 것이지요.

이제 한 걸음 더 나아가 봅시다. 그렇다면 "원수를 사랑하라" 는 것은 그의 잘못을 벌하지 말라는 뜻입니까? 아닙니다. 왜냐하면 자신을 사랑한다는 것은 어떤 벌도 받아들이지 않는다는 뜻이 아니기 때문입니다. 우리는 죽음까지도 받아들일 수 있어야 합니다. 살인을 저질렀을 때 기독교적으로 옳은 행동은 경찰에 자수

해서 사형을 받는 것입니다. 그러므로 그리스도인 판사가 사형을 선고하거나 그리스도인 병사가 적을 죽이는 것은 전적으로 옳은 일이라는 것이 제 의견입니다. 저는 그리스도인이 된 이후에도, 또 전쟁이 일어나기 훨씬 전에도 이렇게 생각해 왔으며, 평화가 찾아온 지금도 여전히 이렇게 생각하고 있습니다.

"살인하지 말지니라"[26]는 계명을 고려한다 해도 마찬가지입니다. 그리스어에는 '죽이다'라는 단어와 '살인하다'라는 단어가 구분되어 있습니다. 그리스도는 이 계명을 세 번 인용하셨는데 그때마다 '살인하다'라는 단어를 쓰셨습니다. 마태복음, 마가복음, 누가복음이 다 그렇습니다. 제가 듣기로는 히브리어 단어도 이와 똑같이 구분된다고 합니다. 성관계가 전부 간음이 아니듯이 사람을 죽이는 것 또한 전부 살인은 아닙니다. 군인들이 세례 요한을 찾아가 자신들이 어떻게 해야 할지 물었을 때, 요한은 군대를 떠나라고 하지 않았습니다.[27] 그리스도가 로마 특무상사─당시 명칭대로라면 '백부장'─를 만나셨을 때도 마찬가지였습니다.[28] 기사(騎士)─선한 대의를 수호하기 위해 무장한 그리스도인─정신은 위대한 기독교 정신 가운데 하나입니다.

전쟁은 무서운 일이며, 저는 제가 알고 있는 한 평화주의자를

---

[26] 출애굽기 20장 13절.
[27] 누가복음 3장 14절.
[28] 마태복음 8장 5-13절.

존경합니다. 비록 그의 생각은 전적으로 잘못되었다고 생각하지만 말입니다. 제가 이해할 수 없는 것은 최근에 나타난 일종의 반(半)평화주의로서, 이것은 싸우긴 싸우되 부끄러운 일을 하듯 침울하게 싸워야 한다는 느낌을 조장하고 있습니다. 이런 느낌은 군복무중인 훌륭한 그리스도인 청년들 중 많은 이들의 권리, 즉 용기에 자연스럽게 따라오게 마련인 일종의 쾌활함과 전념의 정신을 빼앗아가 버립니다.

저는 제1차 세계대전 참전 당시 저와 독일군 젊은이가 동시에 서로를 죽이고 나서 그 다음 순간에 천국에서 다시 만났다면 어떻게 되었을까 가끔 생각해 보곤 합니다. 아마 두 사람 모두 조금도 적의를 품거나 당황해하지 않았을 것 같습니다. 오히려 한바탕 웃음을 터뜨리지 않았을까 싶습니다.

어떤 사람은 말할 것입니다. "원수의 행동을 정죄하고 그에게 벌을 주며 죽일 수도 있다면, 그리스도인의 도덕과 보통 관점의 차이는 무어란 말인가?" 거기에는 하늘과 땅만큼의 차이가 있습니다. 우리 그리스도인들은 인간이 영원히 살 것을 믿는다는 점을 기억하십시오. 정말 중요한 것은 우리의 중심, 즉 영혼의 내부를 천국의 피조물로 만들 수도 있고 지옥의 피조물로 만들 수도 있는 그 작은 흔적이나 꼬인 자국입니다. 따라서 전쟁이나 사형처럼 불가피한 경우 사람을 죽일 수는 있어도, 미워하거나 미워하기를 즐겨서는 안 됩니다. 불가피한 경우 벌을 줄 수는 있어도 그것을 즐겨서는 안 됩니다. 다시 말해서 우리 안에 적의나 복수심이 결코 자리잡지 못하도록 그런 마음을 없애야 한다는 것입니다. 이것은 누구든지 결심만 하면 다시는 이런 마음이 생기지 않는다는 뜻이 아닙니다. 그런 일은 일어날 수 없습니다. 제 말은 이런 마음이 고개를 쳐들 때마다 날마다, 해마다, 평생토록 그것을 쳐 내야 한다는 것입니다.

이것은 어려운 일이지만, 그렇다고 시도할 수조차 없는 일은 아닙니다. 우리는 적을 죽이거나 벌해야 할 때라도 자기 자신에게 품는 마음을 그에게도 품도록—그가 나쁜 사람이 아니기를 바라며 이 세상에서든 다른 세상에서든 치유되기를 바라는 마음을 품도록, 그가 잘되기를 바라는 마음을 품도록—애써야 합니다. 이것이 "원수를 사랑하라"는 성경 말씀에 담긴 뜻입니다. 즉 원수를 사랑하라는 것은 그에게 호감을 가지라거나 그가 근사한 사람이 아닌데도 근사한 사람이라고 말하라는 것이 아니라, 그가 잘되기를 바라라는 것입니다.

이 말씀에 전혀 사랑할 만한 부분이 없는 사람들도 사랑하라는 뜻이 담겨 있다는 점은 저도 인정합니다. 그러나 여러분 자신에게는 사랑할 만한 부분이 있어서 사랑합니까? 여러분이 자신을 사랑하는 것은 단지 그 대상이 여러분 자신이기 때문입니다. 하나님의 뜻은 우리가 모든 자아들을 이와 똑같은 이유로, 또한 이와 똑같은 방식으로 사랑하는 것입니다. 그는 이 일이 어떻게 이루어지는지 보여 주시기 위해 우리 자신의 경우를 통해 쉽게 그 본보기를 얻게 하셨습니다. 그러니까 우리는 이 법칙을 다른 모든 자아들에게도 계속해서 적용해야 합니다.

하나님도 우리를 그렇게 사랑하신다는 점을 생각하면 아마 적용이 더 쉬워질 것입니다. 그는 우리가 가졌다고 생각하는 근사하고 매력적인 자질들 때문에 우리를 사랑하시는 것이 아니라, 다만 우리가 자아라고 불리는 존재들이기 때문에 사랑하십니다. 사실 우리에게는 그것 외에 사랑받을 만한 이유가 전혀 없습니다. 남 미워하기를 너무나 즐기는 나머지 그 죄를 버리는 일을 술이나 담배 끊는 일이나 매한가지로 여기는 우리 같은 피조물들에게는…….

8
가장 큰 죄

이제 기독교 도덕 중에서 다른 도덕과 가장 날카로운 차이를 보이는 부분을 다룰 차례가 되었습니다. 이 세상에 사는 사람이라면 누구도 자유로울 수 없는 악이 하나 있습니다. 그러면서도 다른 사람에게서 그것이 나타나면 누구나 혐오하는 악, 그리스도인 말고는 자신에게도 그런 악이 있다는 것을 생각조차 못하는 악이 있습니다. 저는 사람들이 자기는 성질이 고약하다거나 여자나 술에 약하다거나 심지어 겁쟁이라고 인정하는 말은 들어 보았습니다. 그러나 그리스도인이 아니면서도 이 악이 자신에게 있다고 고백하는 말은 지금껏 들어 본 적이 없는 것 같습니다. 동시에 그리스도인이 아니면서도 다른 사람에게 이 악이 나타날 때 조금이나마 자비를 보여 주는 사람 또한 거의 만나 본 적이 없습니다. 사람들이 이보다 더 싫어하는 악이 없으면서도, 이보다 더 스스로 깨닫지 못하는 악도 없습니다. 이 악이 많이 있는 사람일수록 다른 사람에게 나타나는 이 악을 더 싫어합니다.

제가 말하는 이 악이란 바로 '교만'(Pride), 또는 '자만'(Self-Conceit)입니다. 이와 반대되는 덕목을 기독교 도덕에서는 '겸손'이라고 부르지요. 제가 성도덕에 대해 이야기하면서 성도덕은 기독교 도덕의 중심이 아니라고 했던 것을 기억하실 것입니다. 이제 우리는 드디어 그 중심에 이르렀습니다. 기독교 스승들의 가르침에 따르면 가장 핵심적인 악, 가장 궁극적인 악은 교만입니다. 성적 부정, 분노, 탐욕, 술 취함 같은 것들도 이 악에 비하면 새발의 피에 불과합니다. 악마는 바로 이 교만 때문에 악마가 되었습니다. 교만은 온갖 다른 악으로 이어집니다. 이것은 하나님께 전적으로 맞서는 마음 상태입니다.

제 말이 과장처럼 들립니까? 그렇다면 한번 잘 생각해 보십시오. 조금 전에 저는 교만한 사람일수록 다른 사람의 교만을 더 싫어한다고 말했습니다. 실제로 여러분이 얼마나 교만한지 알 수 있는 가장 손쉬운 방법은 스스로에게 이렇게 묻는 것입니다. "사람들이 나를 무시하거나 알아주지 않거나 쓸데없이 내 일에 참견하거나 은인 행세를 할 때 얼마만큼이나 싫은 마음이 드는가?"

요점은, 각 사람의 교만은 다른 이들의 교만과 경쟁 관계에 있다는 것입니다. 연회장에서 거물급 인사처럼 행세하는 사람을 볼 때 불쾌감을 느끼는 것은 바로 내가 그런 거물급 인사가 되고 싶기 때문입니다. 같은 장사를 하는 사람들끼리는 화합이 잘 안 되는 법입니다. 여러분이 분명히 알아야 할 사실은 다른 악들은 이를테면 다만 우연히 경쟁적이 되는 반면, 교만은 **본질적으로** 경쟁적이라는 것—본성상 원래 경쟁적이라는 것—입니다. 교만은 단순히 무언가를 가지는 것에 만족하지 못하고, 옆사람보다 더 가져야만 만족합니다. 우리는 사람들이 돈 많고 똑똑하고 잘생긴 것을 뽐낸다고 말하지만, 사실은 그렇지 않습니다. 그들은 남보다 더 돈 많고 더 똑똑하고 더 잘생긴 것을 뽐내는 것입니다. 모든 사람이 똑같이 돈 많고 똑똑하고 잘생겼다면 교만할 거리가 없습니다. 여러분을 교만하게 만드는 것은 남과의 비교입니다. 즉 남들보다 우월하다는 데서 오는 즐거움이 사람을 교만하게 만드는 것입니다. 경쟁이라는 요소가 없으면 교만도 없습니다. 그래서 제가 교만은 다른 악들과 달리 본질적으로 경쟁적이라고 말한 것입니다.

두 남자가 한 여자를 좋아할 경우, 성적 충동이 그들을 경쟁으로 몰아갈 수 있습니다. 그러나 그것은 우연일 뿐입니다. 그 두 남자는 각기 다른 여자를 좋아했을 수도 있습니다. 그러나 교만한 사람은 그 여자를 좋아해서가 아니라 단지 자신이 더 나은 사람임을 입증하기 위해 남이 좋아하는 여자를 **빼앗아** 갑니다. 어떤 물건이 모든 이에게 돌아갈 만큼 충분치 못할 경우, 탐욕이 사람들을 경쟁으로 몰아갈 수 있습니다. 그러나 교만한 사람은 자신이 원하는 것 이상을 얻었을 때에도 단지 자기 능력을 과시하기 위해 더 많은 것을 얻고자 합니다. 사람들이 탐욕이나 이기심 탓으로 돌리는 세상의 악들은 사실 거의 모두가 교만의 결과입니다.

돈의 경우를 봅시다. 탐욕은 분명히 더 좋은 집, 더 좋은 휴가, 더 좋은 먹을거리와 마실거리를 위해 돈을 갖고 싶어하게 만듭니다. 그러나 어느 정도까지만 그렇게 만들 수 있을 뿐입니다. 일 년에 1만 파운드를 버는 사람이 2만 파운드를 벌려고 안달하는 이유는 무엇일까요? 더 많은 즐거움을 누리겠다는 탐욕 때문이 아닙니다. 1만 파운드는 누구라도 온갖 사치를 누릴 수 있을 만큼 큰 돈이니까요. 진짜 이유는 교만—다른 부자보다 더 부자가 되고 싶다는 바람, (더 나아가면) 권력욕—에 있습니다. 권력이야말로 교만한 사람이 좋아하는 것입니다. 다른 사람들을 꼭두각시처럼 좌지우지하는 것만큼 우월감을 느낄 수 있는 일은 없습니다.

예쁜 여자가 가는 곳마다 남자들의 마음을 빼앗아 불행을 일으키는 이유가 무엇입니까? 분명히 성적 충동 때문은 아닙니다. 오히려 그런 여자들은 성적으로 냉랭하기가 쉽습니다. 진짜 이유는 역시 교만에 있습니다. 정치 지도자나 국가들이 왜 한없이 욕심을 냅니까? 교만 때문입니다. 교만은 본성상 경쟁적입니다. 그래서 한없이 욕심을 내는 것입니다. 교만한 사람은 자기보다 힘 있고 돈 많고 똑똑한 사람이 전 세계에 단 한 명만 있어도 경쟁자로 여기고 적으로 여깁니다.

그리스도인들의 말이 맞습니다. 세상이 시작된 이래 모든 나라와 가정을 불행하게 만든 주된 원인은 바로 교만입니다. 다른 악들은 그래도 사람들을 맺어 주는 경우가 간혹 있습니다. 여러분은 술 취한 사람들이나 방종한 사람들끼리 사이좋게 지내거나 농담을 주고받거나 우정을 나누는 모습을 본 적이 있을 것입니다. 그러나 교만은 언제나 적대감을 일으킵니다. 사실은 **교만 그 자체가** 적대감입니다. 그것은 사람과 사람 사이의 적대감일 뿐 아니라, 하나님에 대한 적대감이기도 합니다.

여러분은 어떤 면에서든 여러분과 비교할 수 없을 정도로 뛰어난 것이 하나님께 있다는 사실을 발견합니다. 이것을 모르는 사람—따라서 자신은 하나님에 비할 때 아무것도 아니라는 사실을 모르는 사람—은 하나님을 전혀 모르는 사람입니다. 교만한 사람은 하나님을 알 수 없습니다. 교만한 사람은 항상 눈을 내리깔고 사물과 사람을 봅니다. 그렇게 내리깔고 보는 한 자기보다 높이 있는 존재는 결코 볼 수 없습니다.

여기서 한 가지 두려운 질문이 생깁니다. 분명히 교만하기 짝이 없는 사람인데, 자기는 하나님을 믿는다면서 아주 신앙적으로 행세하는 사람을 우리는 어떻게 생각해야 합니까? 감히 말하지만 그들은 상상 속의 하나님을 섬기고 있습니다. 이론적으로는 자기들이 하나님 앞에서 아무것도 아닌 존재임을 인정하지만, 실제로는 이 허깨비 하나님이 자신들을 다른 모든 사람들보다 훨씬 낮게 여기며 인정해 준다고 늘상 생각합니다. 즉 하나님께 상상 속의 겸손을 1페니 어치 지불하고는 동료 인간을 향한 교만은 1파운드 어치나 얻어 내는 것이지요. 저는 그리스도께서 말씀하신 바, 그를 전파하고 그의 이름으로 귀신까지 쫓아냈으면서도 마지막 날에 결국 "나는 너희를 도무지 알지 못한다"는 말을 듣게 될 자들[29]이 바로 이런 사람들이 아닐까 생각합니다.

우리도 언제든지 이런 죽음의 덫에 걸려들 수 있습니다. 그러나 다행히 우리 자신을 시험해 볼 방법이 하나 있습니다. 자신이 신앙생활을 한다는 사실 때문에 스스로 선한 사람으로 느껴질 때는—특히나 자기가 다른 사람보다 낫게 느껴질 때는—확실히 하나님이 아니라 악마를 따르고 있다고 보면 됩니다. 우리가 하나님 앞에 있다는 것을 알아볼 수 있는 진짜 시금석은 '내가 나 자신에 대해 완전히 잊고 있느냐', 또는 '나 자신을 하찮고 더러운 존재로 여기느냐' 하는 것입니다. 물론 이 중에서도 더 좋은 쪽은 자신에 대해 완전히 잊는 것이지요.

모든 악 중에서도 가장 나쁜 악이 우리 신앙생활의 중심부까지 침투할 수 있다는 것은 무서운 일입니다. 그러나 그 이유를 이해하기는 어렵지 않습니다. 덜 나쁜 다른 악들은 사탄이 우리의 동

---

[29] 마태복음 7장 22-23절.

물적 본성을 이용하기 때문에 생기는 것들입니다. 그러나 교만은 동물적 본성을 통해 오는 것이 아닙니다. 그것은 지옥에서 곧장 나옵니다. 교만은 순전히 영적인 악입니다. 그렇기 때문에 다른 악들에 비해 훨씬 더 교묘하고 치명적입니다.

간혹 교만이 비교적 단순한 다른 악들을 저지르는 데 동원될 수 있는 것도 같은 이유 때문입니다. 실제로 선생님들은 바른 행실을 가르치기 위해 아이의 교만, 그들의 표현대로라면 '자존감'에 호소하는 경우가 많습니다. 또 비겁하게 행동하거나 정욕에 휩쓸리거나 성급하게 구는 것은 자기 체면을 깎는 일이라고 생각함으로써, 즉 교만을 통해 그런 유혹을 극복하는 사람들도 많습니다. 악마는 이런 모습을 보면서 비웃습니다. 그는 여러분 안에 교만이라는 독재정권을 세울 수만 있다면, 순결하고 절제하며 용감하게 사는 것쯤은 얼마든지 봐줄 수 있습니다. 암을 유발시킬 수만 있다면 동상이 치료되는 것쯤은 얼마든지 봐줄 수 있듯이 말이지요. 교만은 영적인 암입니다. 그것은 사랑이나 자족하는 마음, 심지어 상식까지 갉아먹습니다.

이야기를 마치기 전에, 몇 가지 있을 법한 오해를 풀어야겠습니다.

(1) 칭찬받고 즐거워하는 것은 교만이 아닙니다. 선생님이 공부 잘했다고 아이의 등을 두드려 줄 때, 사랑하는 남자가 여자에게 아름답다고 말할 때, 그리스도께서 구원받은 영혼에게 "잘했다"

고 말씀하실 때 즐거워하는 것은 당연한 일입니다. 이것은 자기가 원래 칭찬받을 만한 사람이라고 생각해서 즐거워하는 것이 아니라, 자기가 즐겁게 해 주고 싶은(그런 마음을 갖는 것이 당연한) 대상을 즐겁게 해 주었다는 사실 때문에 즐거워하는 것이기 때문입니다. 문제는 '그가 즐거워하니까 됐어'라는 생각이 '이런 일을 하다니 나도 참 굉장해'라는 생각으로 바뀔 때 생깁니다. 자기 자신에게서 오는 기쁨은 커지고 칭찬에서 오는 기쁨은 줄어들수록 여러분의 상태는 악화됩니다. 그러다가 결국 칭찬은 전혀 개의치 않은 채 오로지 자기 자신만 바라보며 기뻐하는 지경에 이르면, 그야말로 최악의 상태에 빠진 것입니다.

허영심이 교만 중에서도 가장 표면에 드러나는 것임에도 불구하고 실상은 가장 미미하며 용서받기 쉬운 죄인 이유가 여기에 있습니다. 허영심 많은 사람들은 칭찬과 박수갈채와 경탄을 지나치게 좋아한 나머지 늘 거기에 매달려 있습니다. 그것도 잘못이긴 하지만, 그래도 천진하며 겸손하다고까지 봐 줄 수 있는(좀 이상한 겸손이긴 하지만) 잘못입니다. 이것은 그가 아직 자화자찬에 완전히 만족하는 사람은 아니라는 사실을 보여 줍니다. 그는 다른 사람들의 가치를 인정하기 때문에 그들이 자기를 봐 주길 바랍니다. 즉 그는 아직 인간적인 것입니다. 정말 흉악하고 악마적인 교만은 다른 사람들을 얕본 나머지 그들이 자신에 대해 무슨 말을 하든 전혀 신경 쓰지 않을 때 찾아옵니다. 물론 남이 우리를 어떻게 생각하든 신경 쓰지 않는 것이 옳을 때가 있고, 심지어 의무적으로 그렇게 해야 할 때도 가끔은 있습니다. 합당한 이유가 있을 경우, 예컨대 남의 말보다 하나님의 생각에 훨씬 더 관심을 기울여야 하는 경우에는 그렇게 해야 하지요.

그러나 교만한 사람은 이와는 다른 이유 때문에 남의 말을 듣지 않습니다. 그는 "저런 어중이떠중이들이 환호하건 말건 무슨 상관이야? 저런 자들의 생각에 무슨 가치가 있다고. 아니 가치가 있다고 해도 그렇지, 나 같은 사람이 풋내기처럼 겨우 칭찬 한마디에 얼굴이 빨개져야 쓰겠어? 나는 인격적으로 충분히 성숙한 사람이야. 내가 이런 일을 한 건 나 자신의 이상―예술적 양심 내지는 가문의 전통이라 해도 좋지만―을 만족시키기 위해서라구. 한마디로 내가 원래 이런 인간이기 때문에 했을 뿐이라는 거지. 그게 사람들 눈에 좋아 보였다면 그러라고 해. 어쨌든 그 사람들은 나한테 아무 의미가 없으니까." 이처럼 정말 철두철미한 교만은 허영을 제어하는 역할을 할 수 있습니다. 조금 전에 말했듯이 마귀는 더 큰 악을 심기 위해 작은 악은 기꺼이 '고쳐' 주기 때문입니다. 우리는 허영심을 갖지 않도록 노력해야 하지만, 그것을 고치겠다고 교만을 불러들여서는 안 됩니다.

(2) 아들이나 아버지나 학교나 부대를 '자랑스러워한다'(is proud of)는 영어 표현이 이런 의미에서 '교만'(pride)의 죄에 해당되느냐는 질문도 나올 수 있습니다. 저는 그 '자랑스러워하는

것'이 정확히 무엇을 의미하느냐에 따라 다르다고 생각합니다. 이 구문은 '애정어린 마음으로 어떤 것에 경탄을 느낀다'는 뜻일 경우가 많습니다. 이러한 경탄이라면 죄와 거리가 멀지요. 하지만 아버지가 유명하다거나 자기 부대가 유명하기 때문에 잘난 척한다는 뜻일 수도 있습니다. 그렇다면 그것은 명백한 잘못입니다. 그렇지만 순전히 자기 자신을 자랑스러워하는 것보다는 그래도 낫습니다. 자기 밖에 있는 어떤 것을 사랑하고 찬양하는 사람은 완전한 영적 파멸에서는 한 걸음 벗어나 있습니다. 하나님보다 다른 것을 더 사랑하고 찬양하는 한 건강하다고 할 수는 없지만 말입니다.

(3) 하나님이 교만을 불쾌하게 여겨서 금지하신다거나 자기 체면을 지키기 위해 겸손을 요구하신다고—마치 하나님 자신이 교만하기 때문에 그러시는 것처럼—생각해서는 안 됩니다. 그는 자신의 체면을 조금도 염려하지 않으십니다. 요점은 여러분이 하나님 자신을 알기 원하신다는 것이며, 여러분에게 하나님 자신을 주기 원하신다는 것입니다.

하나님과 여러분이라는 두 요소가 어떤 식으로든 참으로 만나게 될 때, 여러분은 체면에 대한 어리석은 생각, 평생 여러분을 불안하고 불행하게 만들었던 그 모든 허튼 생각에서 한순간에 벗어남으로써 한없는 안도감을 누리는 가운데 기쁜 마음으로 겸손해집니다. 바로 이런 순간을 주시기 위해 그는 여러분을 겸손하게 만들고자 애쓰시는 것이며, 우리 모두가 걸쳐 입고 바보처럼 우쭐대며 돌아다니고 있는 우습고 추한 가장무도회 의상을 벗기고자 애쓰시는 것입니다.

제가 지금보다 조금만 더 겸손한 사람이었으면 좋겠습니다. 그렇다면 가장무도회 의상을 벗어던질 때―'나 좀 봐 주세요', '나 정말 좋은 사람이죠?' 하는 식의 모든 불안, 겉치레나 허식과 함께 거짓된 자아를 내던져 버릴 때―의 그 안도감과 편안함에 대해 좀 더 많은 이야기를 할 수 있었을 텐데 말입니다. 그러나 잠시 그 근처에만 접근하는 것만으로도 마치 사막에서 시원한 냉수를 한 모금 들이키는 것처럼 얼마나 시원한지 모릅니다.

(4) 만약 여러분이 정말 겸손한 사람을 만난다면 '요즘 사람들이 흔히 겸손하다고 말하는 그런 사람이겠지'라고 생각지 마시기 바랍니다. 그는 "저야 정말 부족한 사람이지요"라는 말을 늘 입에 달고 다니는 느끼하고 역겨운 사람이 아닐 것입니다. 아마도 그가 주는 인상은, **여러분이 그에게 무슨 말을 하든지** 진지한 관심을 가지고 들어 주는 쾌활하고 지적인 사람이라는 것이 전부일 것입니다. 만약 그에게 호감이 생기지 않는다면, 인생을 너무 쉽게 즐기는 것처럼 보이는 데 약간의 질투를 느꼈기 때문이겠지요. 그는 자신의 겸손을 의식하지 않을 것입니다. 아니 아예 자기 자신을 전혀 의식하지 않을 것입니다.

겸손해지고 싶어하는 분들이 있다면, 제가 그 첫걸음을 알려

드릴 수 있을 것 같군요. 그 첫걸음이란 바로 자신이 교만하다는 사실을 깨닫는 것입니다. 이것은 약간 보폭이 큰 걸음이기도 합니다. 적어도 이 한 걸음을 내딛기 전에는 아무 진전도 있을 수 없습니다. 자신은 우쭐대지 않는다고 생각하는 것이야말로 사실은 아주 우쭐대고 있다는 뜻입니다.

9
사랑

이미 말했듯이 기독교의 덕목에는 네 가지 '기본' 덕목과 세 가지 '신학적' 덕목이 있습니다. 그 세 가지 신학적 덕목은 믿음, 소망, 사랑(Charity)입니다. 믿음에 대해서는 다음 두 장에서 다룰 생각입니다. 사랑은 7장에서 부분적으로 다루었지만, 그때는 사랑 중에서도 용서라고 불리는 부분만 집중적으로 이야기했지요. 이번에는 거기에 좀더 덧붙일 이야기를 하고 싶습니다.

첫째로, 이 말의 의미에 대해 생각해 봅시다. 요즘 들어 '사랑'은 단순히 '자선'—가난한 사람에게 무엇을 주는 일—을 가리키는 말이 되었습니다. 그러나 원래 여기에는 더 넓은 의미가 있었습니다(이 말이 어떻게 현대에 이르러 자선을 뜻하는 말이 되었는지는 이해할 만합니다. 사랑을 가진 사람이 하는 일 중에 가장 두드러진 것이 가난한 사람에게 베푸는 일이다 보니, 사람들이 그것을 사랑의 전부인 양 오해하게 된 것이지요. 운율이 시의 가장 두드러진 특징이다 보니 시에는 운율 말고는 아무것도 없는 양 생각하게 되듯이 말입니다). 여기에서 말하는 사랑은 '기독교적 의미의 사랑'을 뜻합니다. 기독교적 의미의 사랑은 감정이 아닙니다. 그것은 감정의 상태가 아니라 의지의 상태로서, 우리 자신에 대해서는 자연적으로 가지고 있지만 남에 대해서는 배워서 익혀야 하는 것입니다.

저는 용서를 다루는 장에서, 우리가 **자신을 사랑한다고 해서 꼭 자신을 좋아한다는 뜻은 아니라고** 지적했습니다. 자신을 사랑한다는 것은 자신이 잘되기를 바란다는 뜻입니다. 그와 마찬가지로 우리의 이웃을 기독교적으로 사랑하는 것과 그들을 좋아하거나 그들에게 애정을 느끼는 것은 아주 다른 일입니다. '호감'이나 '좋아하는 마음'이 절로 생기는 사람이 있는가 하면, 그렇지 않은 사람도 있습니다. 어떤 음식을 좋아하거나 싫어하는 것이 죄도 아니고 덕도 아닌 것처럼, 자연스럽게 누군가를 좋아하는 마음 역시 죄도 아니고 덕도 아님을 아는 것이 중요합니다. 그 감정은 그저 하나의 사실일 뿐입니다. 물론 이런 감정을 어떻게 다루느냐에 따라 죄가 되기도 하고 덕이 되기도 하지만 말입니다.

좋아하는 마음이나 애정이 절로 생기는 사람을 사랑하기는 비교적 쉽습니다. 그러므로 우리의 애정을 북돋는 것—할 수 있는 한 사람들을 많이 '좋아하는 것'—은 우리의 정상적인 의무입니다.(몸에 유익한 음식이나 운동을 좋아하려고 애쓰는 것이 의무이듯이 말이지요). 그렇게 좋아하는 마음 자체가 사랑이기 때문이 아니라 그런 마음이 사랑에 도움을 주기 때문입니다. 그러나 다른 한편으로는 특정한 사람을 좋아하는 마음 때문에 그 외의 사람들을 사랑 없이 대하거나 부당하게 대하지 않도록 아주 예민하게 주의할 필요가 있습니다. 누군가를 좋아하는 마음과 그를 참으로 사랑하는 일이 충돌을 일으키는 경우도 생깁니다. 예를 들어 아이에게 맹목적인 애착을 가진 어머니는 그 자연스러운 애정 때문에 아이를 '망칠' 위험이 있습니다. 즉 자신의 애정 본능을 채우려다가 아이가 나중에 누려야 할 참 행복을 희생시키게 되는 것입니다.

이처럼 대개의 경우에는 자연스럽게 좋아하는 마음이 생길 때 그 마음을 북돋워야 마땅하지만, 그렇다고 해서 가만히 앉아 인위적으로 애정의 감정을 만들어 내려고 애쓰는 것이 곧 사랑하는 길이라고 생각한다면 큰 착각입니다. 어떤 이들은 기질적으로 '냉정'합니다. 그것은 불운한 일이긴 해도 죄는 아닙니다. 소화불량이 죄가 아닌 것과 같지요. 그런 기질을 가졌다고 해서 사랑을 배울 기회가 없거나 사랑을 배워야 하는 의무에서 면제되는 것은 아닙니다.

우리 모두에게 주어진 법칙은 아주 간단합니다. 자신이 이웃을 사랑하나 사랑하지 않나 고민하느라 시간을 낭비하지 마십시오.

그냥 그를 사랑한다 치고 행동하십시오. 그러면 곧 위대한 비밀 하나를 발견할 것입니다. 어떤 사람을 사랑한다 치고 행동하면, 얼마 지나지 않아 진짜로 그를 사랑하게 된다는 비밀 말입니다. 어떤 사람이 싫다고 해서 상처를 주면, 점점 더 그가 싫어집니다. 그러나 싫은 사람이라도 잘 대해 주면, 점점 덜 싫어집니다. 한 가지 예외는 있습니다. 하나님을 기쁘게 하며 사랑의 법을 따르기 위해 잘 대해 주는 것이 아니라, 자기가 얼마나 너그러이 잘 용서해 주는 사람인지를 과시하거나 상대방이 마치 빚진 사람처럼 자기를 찾아와 '감사'를 표하기를 바라는 마음 때문에 잘 대해 주는 경우에는 실망을 면치 못하게 될 것입니다(사람들은 바보가 아닙니다. 그들은 어떤 것이 과시이고 선심인지 금방 알아챕니다). 그러나 그가 단지 하나님이 지으신 자아이기 때문에(우리처럼) 나의 행복을 바라듯 그의 행복을 바라는 마음으로 잘해 준다면, 그때마다 우리는 조금씩 더 그를 사랑하게 될 것이며, 아니면 적어도 덜 싫어하게 될 것입니다.

결과적으로 기독교적인 사랑은 머리 속이 감상(感傷)으로 가득 찬 사람들에게는 아주 냉정해 보일 수 있을 뿐 아니라 애정과 아주 구별되는 것임에도 불구하고, 결국 애정을 낳습니다. 그리스도인과 세상 사람의 차이는, 세상 사람들한테는 애정이나 '좋아하는 마음'만 있고 그리스도인들한테는 '기독교적인 사랑'만 있다는 것이 아닙니다. 세상 사람들은 자신이 '좋아하는' 몇몇 사람들만 친절하게 대합니다. 그러나 그리스도인들은 모든 사람들을 똑같이 친절하게 대하려고 애쓰며, 그렇게 하는 가운데 점점 더 많은 사람들을—처음에는 자기가 좋아하게 되리라 상상조차 못했던 사람들까지 포함해서—좋아하게 된다는 사실을 발견합니다.

똑같은 영적 법칙이 정반대 방향으로 무섭게 작용하기도 합니다. 독일인들은 처음에 유대인들이 미웠기 때문에 학대했을 것입니다. 그러나 나중에는 그들을 학대했기 때문에 점점 더 미워하게 되었습니다. 잔인해질수록 더 미워하게 되고, 미워하게 될수록 더 잔인해지는 법입니다. 이런 악순환은 영원히 계속됩니다.

선과 악은 모두 복리(複利)로 증가합니다. 바로 그렇기 때문에 여러분과 제가 매일 내리는 작은 결정들이 한없이 중요한 것입니다. 오늘 아주 작은 선행을 하는 것은 마치 전략적 요충지를 점령하는 일과 같아서, 몇 달 뒤에 꿈도 못 꾸었던 승리를 가져다 줄 수 있습니다. 반면에 오늘 겉보기에 사소한 정욕에 빠지거나 화를 내는 것은 적에게 고지(高地)나 선로나 교량을 내주는 일과 같아서, 바로 그 길을 통해 적의 공격을 받게 될 수 있습니다.

어떤 저자들은 이 사랑이라는 말을 인간들 사이의 기독교적인 사랑뿐 아니라 인간을 향한 하나님의 사랑과 하나님을 향한 인간의 사랑을 묘사하는 데에도 사용합니다. 그런데 사람들은 인간이 이렇게 하나님을 사랑해야 한다는 데 대해 종종 난색을 표합니다. 자기 마음 속에서는 그런 감정을 찾을 수가 없기 때문입니다. 그러면 어떻게 해야 합니까? 대답은 똑같습니다. 하나님을 사랑한다 치고 행동하십시오. 가만히 앉아 억지로 사랑의 감정을 만들어 내려고 애쓰지 마십시오. "만일 내가 하나님을 진정으로 사랑한다면 무엇을 할까?"라고 스스로에게 물어 보십시오. 그래서 떠오르는 일을 가서 하십시오.

'우리를 향한 하나님의 사랑'은 '하나님을 향한 우리의 사랑' 보다 훨씬 더 편한 마음으로 생각할 수 있는 주제입니다. 끊임없이 경건한 감정만 느끼며 사는 사람은 없습니다. 설사 그렇게 살 수 있다 해도, 감정은 하나님의 주된 관심사가 아닙니다. 하나님을 향한 사랑이든 인간을 향한 사랑이든, 기독교적인 사랑은 의지(will)의 문제입니다. 하나님의 뜻(will)을 행하려고 노력한다면 곧 "주 너희 하나님을 사랑하라"[30]는 계명에 순종하고 있는 것입니다. 하나님이 원하신다면 사랑의 감정을 주실 것입니다. 그러나 우리 스스로 감정을 만들어 낼 수는 없으며, 또 우리에게는 이런 감정을 달라고 요구할 권리도 없습니다.

그러나 잊지 말아야 할 중요한 사실은, 우리의 감정은 있다가도 없어지는 것이지만 우리를 향한 하나님의 사랑은 절대 그렇지 않다는 것입니다. 그 사랑은 우리의 죄나 무관심에 지치는 법이 없습니다. 그 사랑은 우리에게 어떤 대가를 치르게 하는 한이 있

---

30) 마태복음 22장 37-38절.

더라도, 또 하나님께 어떤 대가를 치르게 하는 한이 있더라도, 우리 죄를 치료하겠다는 결심을 완수할 때까지 단 한 걸음도 뒤로 물러서지 않습니다.

10
소망

소망은 신학적 덕목 가운데 하나입니다. 이 말이 뜻하는 바는, 영원한 세계를 계속 바라보는 일은 도피주의나 몽상의 한 형태(어떤 현대인들의 생각처럼)가 아니라 그리스도인이라면 마땅히 가져야 할 자세 중 하나라는 것입니다.

소망을 가진다는 것은 눈에 보이는 이 세상을 떠난다는 뜻이 아닙니다. 역사를 더듬어 보면, 이 세상을 위해 가장 많이 일한 그리스도인들은 바로 다음 세상에 대해 가장 많이 생각했던 이들이었음을 알게 됩니다. 로마 제국이 기독교 국가로 전환하는 데 토대를 놓은 사도들이나 중세를 확립한 위대한 인물들, 노예 제도를 폐지시킨 영국의 복음주의자들이 지구상에 이 모든 흔적을 남길 수 있었던 것은 그들의 마음이 천국에 사로잡혀 있었기 때문입니다. 그러나 대부분의 그리스도인들이 다음 세상에 대해 더 이상 생각하지 않게 되면서, 기독교는 세상에서 그 힘을 잃고 말았습니다.

천국을 지향하면 세상을 '덤으로' 얻을 것입니다. 그러나 세상을 지향하면 둘 다 잃을 것입니다. 이상한 법칙처럼 들릴지 몰라도, 이와 유사한 법칙이 적용되는 예들을 많이 찾아볼 수 있습니다. 건강은 큰 축복이지만, 건강을 직접적이고 주된 목표로 삼는 순간부터 여러분은 노상 어디가 병들지는 않았나 노심초사하며 까다롭게 살피는 사람이 되어 버립니다. 건강은 오히려 다른 것—음식, 운동, 일, 오락, 신선한 공기—을 추구할 때 더 쉽게 얻어지는 법입니다. 마찬가지로 우리가 문명 자체를 주된 목표로 삼는 한, 문명을 구원할 수 없습니다. 우리는 문명 이상의 것을 바라는 법을 배워야 합니다.

'천국'을 바란다는 것은 우리 대부분에게 몹시 어려운 일입니다. 고작해야 '천국에 가면 세상 떠난 친구들을 다시 만날 수 있겠다'고 생각하는 정도지요. 이렇게 천국을 바라기가 어려운 이유 중 하나는 우리가 그 훈련을 받지 못했다는 데 있습니다. 우리가 받은 교육은 전부 이 세상에 마음을 붙들어 놓는 것들이었습니다. 또 다른 이유는 천국을 정말 바라는 마음이 있을 때조차 우리 자신이 그것을 깨닫지 못한다는 데 있습니다. 대부분의 경우 진정으로 자기 마음을 들여다 볼 줄만 안다면, 자신이 이 세상에서 얻을 수 없는 무언가를 바란다는 사실, 그것도 간절히 바란다는 사실을 알 수 있습니다.

　세상에 있는 온갖 것들은 우리가 바라는 것을 주겠다고 약속하지만, 결코 그 약속을 지키지는 못합니다. 처음 사랑에 빠졌거나 처음 이국(異國)을 그려 볼 때, 또는 처음 흥미로운 과목을 배울 때 속에서 솟구치는 갈망은 결혼이나 여행이나 배움으로 채워질 수 없는 갈망입니다. 흔히 말하듯 그 결혼이나 휴가 여행이나 배움이 성공적이지 못할 때에만 그런 것이 아닙니다. 그 결혼이나 여행이나 배움이 최고의 것일 때에도 그렇습니다. 그 갈망을 처음 느낀 순간에는 잡을 수 있을 것 같았는데 결국은 현실 속에서 사라져 버리고 마는 무언가가 있습니다. 여러분은 제가 지금 무슨 말을 하는지 잘 알 것입니다. 아내가 훌륭할 수도 있고, 여행 가서 묵은 호텔이 아름답고 경치가 빼어날 수도 있으며, 화학 연구가 흥미로울 수도 있습니다. 그런데도 무언가 아쉬운 것이 있습니다. 여기에 잘못 대처하는 두 가지 방식과 올바르게 대처하는 방식 한 가지가 있습니다.

　⑴ **어리석은 사람이 택하는 방식**; 이런 사람은 모든 탓을 환경에 돌립니다. 그는 다른 여자를 만나거나 더 호화로운 여행을 하는 등등의 일을 하면 그때야말로 모두가 추구하는 신비한 무언가를 얻을 수 있으리라는 생각으로 평생을 보냅니다. 권태와 불만에 빠져 사는 대부분의 부자들이 이런 부류에 속하지요. 그들은 늘 이번에야말로 '진짜'라고 생각하면서, 그리고 매번 실망을 거

듭하면서, 이 여자에게서 저 여자에게로(이혼 절차를 밟아가며), 이 나라에서 저 나라로, 이 취미에서 저 취미로 옮겨 다니느라 전 생애를 탕진합니다.

(2) **환멸에 빠진 '지각 있는 사람'이 택하는 방식**; 이런 사람은 모든 것이 환상이라는 결론을 일찌감치 내려 버립니다. "어렸을 때는 누구나 그런 감정을 느끼는 법이지. 하지만 내 나이쯤 되면 무지개 끝을 좇는 일 따윈 그만두게 된다구." 그는 현실에 안주한 채 매사에 지나치게 기대하지 않는 법을 배우며, 자신의 표현대로라면 '환상을 좇는 데' 쓰이는 기능을 억누릅니다.

이것은 물론 첫째 방식보다는 훨씬 나은 것으로서, 자신은 더 행복하고 사회에는 해를 덜 끼칩니다. 이런 사람은 남보다 나은 인물인 양 행세하려는 경향이 있지만(그는 자기가 '철부지'라고 부르는 이들에게 다소 우월감을 느끼기 쉽습니다), 대체적으로는 그런 대로 무난하게 지냅니다. 인간이 영원히 사는 존재만 아니라면, 이것이야말로 최선의 선택일 것입니다. 그러나 무한한 행복이란 것이 정말 있어서 우리를 기다리고 있다면 어떻게 되겠습니까? 무지개 끝에 도달하는 일이 정말 가능하다면 어떻게 되겠습니까? 그제야(죽은 후에야) 그런 행복을 누릴 수 있는 기능을 스스로 가정해 놓은 '상식'으로 억눌러 없애 버렸다는 사실을 알게 된다면, 정말이지 애석하기 짝이 없겠지요.

(3) **그리스도인의 방식**; 그리스도인은 이렇게 말합니다. "피조

물이 태어날 때부터 느끼는 욕구가 있다면, 그 욕구를 채워 줄 것 또한 있는 것이 당연해. 아이는 배고픔을 느끼지. 그러니까 음식이란 것이 있잖아. 새끼 오리는 헤엄치고 싶어하지. 그러니까 물이란 것이 있는 거고. 또 사람은 성욕을 느껴. 그러니까 성관계란 것이 있잖아. 그런데 만약 이 세상에서 경험하는 것들로 채워지지 않는 욕구가 내 안에 있다면, 그건 내가 이 세상이 아닌 다른 세상에 맞게 만들어졌기 때문이라는 것이 가장 그럴듯한 얘길 거야. 지상의 쾌락으로 그 욕구를 채울 수 없다고 해서 우주 전체를 가짜로 볼 수는 없어. 아마 지상의 쾌락은 처음부터 이 욕구를 채우기 위해 생긴 게 아니라, 다만 이 욕구를 일깨워 주고 진짜 쾌락이 어떤 건지 암시해 주려고 생긴 걸 거야. 그렇다면 한편으로는 이 지상의 축복들을 반갑잖게 여기거나 무시하지 않도록 조심하면서, 다른 한편으로는 이런 쾌락들이 복사판이나 메아리나 신기루에 불과하다는 걸 잊지 말아야겠지. 진짜 고향을 그리워하는 욕구는 죽은 후에야 채워질 수 있는 것이니만큼, 이것이 사라지지 않도록 잘 지켜야겠다. 이 욕구가 다른 욕구에 짓눌리거나 밀려나지 않게 하자. 나 자신이 그 나라를 향해 나아갈 뿐 아니라 다른 사람들도 그 나라를 향해 나아가도록 돕는 일을 내 삶의 주된 목표로 삼자."

"나는 영원토록 하프나 타면서 살고 싶지는 않다"면서 그리스도인이 가진 '천국'의 소망을 우습게 만들려는 경박한 이들이 있는데, 그런 사람들은 전혀 개의할 필요가 없습니다. 그런 사람들에게는 어른들의 책을 읽는 법도 모르거든 잠자코 있기나 하라고 말해 주면 됩니다. 성경에 나오는 천국의 이미지들(하프, 면류관, 금 등)은 표현할 수 없는 것을 표현하기 위해 상징적으로 동원된 것일 뿐입니다. 여기에 악기가 나오는 것은 현재의 삶에서 황홀감과 무한함을 많은 사람들에게(모든 사람들에게는 아니지만) 그 무엇보다 강렬하게 암시할 수 있는 것이 바로 음악이기 때문입니다. 면류관은 하나님과 영원히 연합된 사람들이 그의 광채와 능력과 기쁨을 함께 누린다는 사실을 암시하기 위해 사용되고 있습니다. 또 금은 시간에 매이지 않는 천국의 영원함과(금은 녹슬지 않으므로) 귀중함을 암시하기 위해 사용되고 있습니다. 이러한 상징들을 문자 그대로 해석하는 사람은, 비둘기처럼 되라는 그리스도의 말씀을 알을 낳으라는 뜻으로 이해하는 사람과 하나도 다를 바가 없습니다.

11
믿음 (1)

이 장에서는 그리스도인들이 '믿음'(Faith)이라고 부르는 것에 대해 이야기해야겠습니다. 그리스도인들은 대략 두 가지 의미 또는 차원에서 믿음이라는 말을 사용하는 것으로 보입니다. 그래서 저도 그 두 가지를 차례대로 다루려 합니다.

첫째로, 믿음은 단순히 '신념'(Belief)—기독교 교리를 사실로 여기거나 받아들이는 것—을 의미합니다. 그야말로 간단하지요. 그러나 사람들을 당황시키는 것—적어도 예전에 저를 당황케 했던 것—은 그리스도인들이 이 첫번째 의미의 믿음을 하나의 덕목으로 여긴다는 사실입니다. 저는 도대체 이것이 어떻게 덕목이 될 수 있느냐고 묻곤 했습니다. 일련의 진술을 믿거나 믿지 않는 것이 도덕, 부도덕과 무슨 상관이 있단 말입니까?

저는 건전한 정신을 가진 사람이 어떤 진술을 받아들이느냐 거부하느냐는 자신이 무엇을 원하느냐에 달린 문제가 아니라 그 증거가 충분하다고 생각하느냐에 달린 문제임이 분명하다고 말하곤 했습니다. 그러니까 누가 그 증거의 충분성을 잘못 판단했다면 그것은 그가 나쁜 사람이라는 뜻이 아니라 그다지 명석하지 못하다는 뜻에 불과합니다. 또 증거가 충분치 않은데도 불구하고 믿으려고 애쓰는 이가 있다면 그저 어리석은 사람으로 간주하면 그만입니다.

글쎄요, 이런 입장 자체는 지금도 변하지 않았다고 생각합니다. 그러나 그때 제가 몰랐던 것—지금도 상당히 많은 사람들이 여전히 모르고 있는 것—이 하나 있습니다. 그 당시에 저는 '인간의 정신이 한번 어떤 것을 사실로 받아들이면, 그것을 재고하게 만드는 대단한 이유가 생기지 않는 한 자동적으로 그 믿음을 견지하게 마련'이라는 가정을 가지고 있었습니다. 사실상 인간의 정신은 이성의 전적인 지배를 받는다고 생각했던 것이지요. 그러나 그렇지 않습니다.

예컨대 제 이성은 마취를 한다고 해서 사람이 질식하는 것은 아니며 잘 훈련된 의사들은 제가 완전히 의식을 잃을 때까지 절대 수술을 시작하지 않는다는 것을 충분한 증거를 통해 완벽하게 확신하고 있습니다. 그런데도 의사들이 저를 수술대 위에 눕혀 놓고 그 끔찍한 마스크를 씌울 때면, 속에서부터 아주 유치한 공포심이 솟구치기 시작합니다. 숨이 막혀 죽을지도 모른다는 생각이 들면서 제대로 마취되기도 전에 칼을 대지는 않을까 하는 무서운 생각이 들지요. 다시 말해서 마취에 대한 믿음을 잃어버리는 것입니다. 이때 제 믿음을 무너뜨리는 것은 이성이 아닙니다. 오히려 정반대로 제 믿음은 이성에 근거해 있습니다. 정작 제 믿음을 무너뜨리는 것은 저의 상상력과 감정입니다. 믿음과 이성이 한편이 되고, 감정과 상상력이 다른 편이 되어 싸움을 벌이는 것이지요.

생각해 보면 이러한 예는 얼마든지 찾을 수 있습니다. 가령 어떤 남자가 아주 충분한 증거를 통해, 자기가 아는 예쁜 아가씨가 거짓말쟁이에다가 비밀을 지킬 줄 모르는 사람이어서 절대 믿어서는 안 된다는 사실을 알고 있다고 합시다. 그런데 정작 그 아가씨를 만나는 순간, 그의 정신은 자기가 알고 있는 사실에 대한 믿음을 잃으면서 '설마 이번에는 그러지 않겠지'라는 생각으로 해서는 안 될 말을 털어놓는 어리석음을 다시 범하고 맙니다. 감각과 감정 때문에 확실히 알고 있는 사실에 대한 믿음이 무너지는 것입니다.

이번에는 수영을 배우고 있는 소년의 경우를 생각해 봅시다. 그의 이성은 사람의 몸은 무엇으로 떠받치지 않아도 물에 가라앉지 않는다는 사실을 아주 잘 알고 있습니다. 지금까지 그는 물에 떠서 수영하는 사람들을 수십 명이나 보아 왔습니다. 그러나 문제는 수영 강사가 잡고 있던 손을 놓은 후 혼자 물 위에 떠 있어야 할 때에도 계속 이 사실을 믿을 수 있느냐—아니면 순간적으로 믿음을 잃고 겁에 질려 가라앉느냐—하는 것입니다.

기독교를 믿을 때에도 같은 일이 일어납니다. 기독교를 믿으라는 것은, 잘 추론해 본 결과 기독교를 믿을 증거의 무게가 충분치 않은데도 무조건 받아들이라는 말이 아닙니다. 믿음은 그렇게 생기지 않습니다. 그런데 어떤 사람의 이성이 일단 그 증거의 무게가 충분하다는 판정을 내렸다고 합시다. 저는 그 후 몇 주 동안 그에게 어떤 일이 일어날 것인지 말씀드릴 수 있습니다. 나쁜 소식이 들리거나 어려움이 생기거나 기독교를 믿지 않는 사람들 틈에 끼여 있을 때면, 느닷없이 이런저런 감정들이 들고일어나 그의 신념에 일종의 전격적인 공격을 감행할 것입니다. 그게 아니라면 여자를 찾고 싶거나 거짓말을 하고 싶거나 자신에 대한 만족감이 들거나 조금만 부정직하면 약간의 돈을 벌 수 있는 기회가 보이는 순간들이 찾아올 것입니다. 즉 기독교가 사실이 아니라면 아주 편했을 상황들이 닥치리라는 것입니다. 그러면 그의 바람과 욕구들이 한꺼번에 들고일어나 또 한 번 전격적인 공격을 해올 것입니다. 이것은 기독교에 반대되는 새로운 이유들이 등장하는 순간들과는 다릅니다. 그런 순간들에 대해서는 따로 직접 다루어야 할 것입니다. 지금은 일시적으로 기독교에 반대되는 기분이 드는 순간들에 대해서만 다루고 있습니다.

제가 여기에서 사용하고 있는 의미의 믿음은, 아무리 기분이 바꾸어도 한번 받아들인 것은 끝까지 고수하는 기술(art)입니다. 기분은 이성의 생각과 상관 없이 변하는 법입니다. 저도 이런 경험을 했습니다. 지금 저는 그리스도인이면서도 모든 것이 도무지 사실이 아닌 듯한 기분이 들 때가 있습니다. 그런데 무신론자 시절에는 기독교가 정말 사실 같은 기분이 들 때가 있었습니다. 이처럼 기분은 여러분의 진정한 자아에 반기를 들게 되어 있습니다. 바로 이런 이유 때문에 믿음이 필수 덕목에 들어가는 것입니다. 기분을 '어디에서 하차시켜야 하는지' 모른다면 건실한 그리스도인이 될 수 없을 뿐 아니라 건실한 무신론자도 될 수 없으며, 그날의 날씨나 소화 상태에 따라 신념이 좌우되는 줏대 없는 인간이 될 수밖에 없습니다. 그렇기 때문에 우리는 믿음의 습관을 들이기 위해 훈련해야 합니다.

믿음의 습관을 훈련하는 첫 단계는 사람의 기분은 바뀌게 마련이라는 사실을 인정하는 것입니다. 그 다음 단계는 기독교를 받아들인 이상 날마다 조금씩이라도 시간을 내서 그 주요 교리들을 찬찬히 정신에 새겨 나가는 것입니다. 매일 기도하며 성경과 경건서적을 읽고 교회에 나가는 일이 그리스도인의 삶에 필수적인 이유가 바로 여기에 있습니다. 우리는 우리가 믿는 바를 지속적으로 상기할 필요가 있습니다. 가만히 내버려 두는데도 정신 속에 살아남을 수 있는 신념은 없습니다. 신념은 계속 북돋워 주어야 합니다. 사실상 믿음을 저버리는 사람 100명 중 정직한 논쟁을 거쳐 추론한 결과 믿음을 버리는 사람이 과연 몇 명이나 되겠습니까? 그저 어쩌다가 믿음을 잃는 사람들이 대부분 아닙니까?

이제 믿음의 두번째 의미, 좀더 고차원적인 의미에 대해 이야기해 봅시다. 이것은 지금껏 제가 다룬 주제 가운데 가장 어려운 것입니다. 저는 겸손의 주제로 되돌아감으로써 여기에 접근하고자 합니다. 여러분은 '겸손해지는 첫 단계는 자기가 교만하다는 사실을 깨닫는 것'이라고 했던 말을 기억할 것입니다. 이제 저는 거기에 '그 다음 단계는 기독교의 덕목들을 실천하기 위해 진지하게 시도해 보는 것'이라는 말을 덧붙이고 싶습니다. 일주일 정도로는 부족합니다. 처음 일주일 동안은 일이 생각대로 잘 풀리는 경우가 많으니까요. 여섯 주 동안 해 보십시오. 그쯤 되면 완전히 원점으로 되돌아갔거나 오히려 그 이하로 추락한 자신의 모습에 부닥치게 될 것이며, 따라서 자신에 대한 진실을 발견하게 될 것입니다.

선을 행하기 위해 치열한 노력을 기울여 보기 전까지는 자기가 얼마나 악한 인간인지 깨닫지 못하는 법입니다. 선한 사람들은 유혹이 어떤 것인지 모를 것이라는 어리석은 생각이 요즘 유행하고 있습니다. 그러나 이것은 명백한 거짓말입니다. 유혹에 맞서 싸워 본 사람만이 유혹의 힘이 얼마나 강력한지 압니다. 독일군의 힘이 얼마나 막강한지 알려면 항복할 것이 아니라 싸워 봐야 합니다. 바람이 얼마나 세찬지 알려면 누워 있을 것이 아니라 바람을 거슬러 걸어가 봐야 합니다. 고작 5분 만에 유혹에 굴복하는 사람은 그 유혹이 한 시간 후에 어떻게 변하는지 알 수가 없습니다. 바로 그렇기 때문에 악한 사람들은 어떤 의미에서 악에 대해 거의 알지 못하는 것입니다. 그들은 늘 악에 굴복하여 그 그늘 아래 삽니다. 그러나 악한 충동과 싸우기 전까지는 결코 그 힘을 알 수 없습니다. 그리스도는 유혹에 무릎 꿇지 않았던 유일한 인간이며, 따라서 유혹을 완전히 파악하고 있는 유일한 인간—유일하게 완벽한 현실주의자(realist)—입니다.

자, 그렇다면 봅시다. 우리가 기독교의 덕목들을 진지하게 실천해 보고자 할 때 알게 되는 중요한 사실은 우리가 실패한다는 것입니다. 그러니 하나님이 우리에게 내신 일종의 시험에서 좋은 점수를 딸 수 있다는 생각은 깨끗이 털어 버려야 합니다. 하나님과 우리의 관계를 일종의 거래로 보는 생각—우리는 우리 편의 계약 사항을 준수할 수 있으며, 따라서 당연히 하나님께도 하나님 편의 계약 사항 준수를 요구할 권리가 있다는 생각—도 깨끗이 버려야 합니다.

제가 보기에 그리스도인이 되기 전 하나님에 대해 막연한 믿음을 가지고 있는 사람은 누구나 이런 시험이나 거래에 관련된 생각을 합니다. 진정한 기독교를 믿을 때 처음 생기는 일은 그런 생각이 산산조각 나는 것입니다. 이렇게 자기 생각이 산산조각 나는 것을 보면서, 자기한테 기독교는 끝났다면서 포기하는 사람들이 있습니다. 그들은 하나님을 아주 단순한 분으로 상상하는 것 같습니다. 사실 하나님은 이 모든 상황을 알고 계십니다. 이런 생각을 산산조각 내는 것은 본래 기독교가 수행하게 되어 있는 일 가운데 하나입니다. 하나님은 여러분이 이 시험에 통과할 점수를 따거나 하나님께 권리 주장을 할 여지가 전혀 없다는 점을 발견하는 이 순간을 기다리십니다.

그럴 때 발견하게 되는 사실이 한 가지 더 있습니다. 여러분이 가진 모든 기능, 즉 생각하는 능력이나 순간 순간 팔다리를 움직이는 능력은 모두 하나님이 주신 것이라는 사실이 그것입니다. 여러분이 삶의 매순간을 전적으로 하나님을 섬기는 데 바치는 것은 어떤 의미에서 원래 그분의 것을 돌려드리는 일입니다. 하나님을 위해 무언가를 하거나 하나님께 무언가를 드리는 것이 어떤 일과 비슷한지 가르쳐 드리겠습니다. 이것은 어린아이가 아버지에게 가서 "아빠, 아빠 생일 선물 사게 6펜스만 주세요"라고 말하는 것과 같습니다. 물론 아버지는 돈을 줄 것이고, 그 돈으로 사 올 아이의 선물을 기쁘게 받을 것입니다. 이것은 아주 착하고 바른 일이지만, 그렇다고 해서 아버지가 이 거래를 통해 6펜스의 이익을 얻었다고 생각할 바보는 없습니다.

사람이 이 두 가지 사실을 발견할 때에야 하나님은 실제로 일을 시작하실 수 있습니다. 그제서야 비로소 진정한 삶이 시작됩니다. 그 사람은 이제 막 잠에서 깨어난 것입니다. 이제 우리는 두번째 의미의 믿음에 대해서 이야기할 준비가 되었습니다.

12
믿음 (2)

　모든 사람이 주의했으면 하는 사항부터 말씀드려야겠군요. 그 주의사항이란 바로 이것입니다. 만약 이 장에서 무슨 말을 하는지도 전혀 모르겠고 궁금하지도 않은 내용을 다루는 것처럼 느껴진다면 그냥 건너뛰십시오. 전혀 마음 쓸 필요 없습니다. 기독교 안에는 그리스도인이 되기 전, 기독교 밖에 있을 때에도 이해할 수 있는 내용들이 있습니다. 그러나 그리스도인의 길을 어느 정도 걷고 난 후에야 이해할 수 있는 내용들도 아주 많습니다. 이런 내용들은 겉보기와 달리 완전히 실제적인 것들입니다. 이것들은 그리스도인의 여정에서 마주치게 되는 특정한 갈림길과 장애물에 대처하는 법을 알려 주는 지침들이므로, 그런 갈림길이나 장애물에 부딪쳐 보지 않은 사람은 이해하지 못하는 것이 당연합니다. 그러니 기독교 서적들을 읽을 때 전혀 이해할 수 없는 내용과 마주친다 해도 전혀 걱정하지 마십시오. 그 부분은 읽지 말고 그냥 넘어가십시오. 아마 몇 년쯤 지나면 그 뜻이 갑자기 이해되는 날이 올 것입니다. 오히려 미리 아는 것이 해가 될 수도 있습니다.

이 모든 것은 그 누구보다 저 자신에게 해당되는 말이기도 합니다. 제가 이 장에서 이야기하고자 하는 내용은 제 수준에 넘치는 것일 수도 있기 때문입니다. 실제로는 도달하지 못한 지점인데도 이미 도달한 것처럼 착각했을 수도 있지요. 그저 성숙한 그리스도인이 제 이야기를 주의 깊게 살펴본 후에 잘못된 부분이 있으면 알려 주시기를 부탁할 뿐입니다. 다른 분들도 제 말을 깎아서 들어 주시기 바랍니다. 제가 옳다고 확신해서 드리는 말이라기보다는 혹시라도 도움이 될까 해서 드리는 말로 들어 주시면 되겠습니다.

이제 저는 두번째 의미의 믿음, 좀더 고차원적인 의미의 믿음에 대해 말하려 합니다. 바로 전에 말했듯이, 이 두번째 의미로서 믿음의 문제는 기독교 도덕을 실천하려고 최선을 다했는데도 실패한 후에야, 또 설사 실천에 성공했다 해도 그것은 원래 하나님의 것을 돌려드린 일에 불과하다는 사실을 발견한 후에야 비로소 대두됩니다. 다시 말해서 자신이 완전히 파산했다는 사실을 발견한 후에야 대두된다는 것입니다. 다시 한 번 말하거니와, 하나님의 관심은 우리의 행동 자체에 있지 않습니다. 그의 관심은 우리가 일정한 특성을 가진 피조물이 되느냐—그의 의도에 맞는 피조물이 되느냐, 일정한 방식으로 그와 관계를 맺는 피조물이 되느냐—에 있습니다.

제가 '다른 피조물들과 일정한 방식으로 관계를 맺는 피조물이 되느냐'라는 말을 굳이 덧붙이지 않은 것은, 여기에 그 뜻이 이미 포함되어 있기 때문입니다. 즉 바퀴 살들이 바퀴 축과 테두리에 제대로 끼워져 있기만 하다면 다른 살과의 간격도 자연히 바르게 조정되는 것처럼, 우리도 하나님과 바른 관계를 맺기만 하면 틀림없이 동료 피조물들과도 바른 관계를 맺게 됩니다.

사람이 하나님을 우리에게 시험지를 내 주는 시험관이나 일종의 거래 상대로 생각하는 한—하나님과 자신을 서로간에 권리를 주장할 수 있는 관계로 생각하는 한—그는 하나님과 바른 관계를 맺을 수가 없습니다. 그는 자기가 어떤 존재이며 하나님이 어떤 분인지에 대해 완전히 오해하고 있는 것입니다. 그는 자신이 완전히 파산했다는 사실을 발견하기 전까지 하나님과 올바른 관계를 시작할 수 없습니다.

여기에서 '발견한다'는 것은 그야말로 새롭게 발견한다는 뜻입니다. 이것은 그냥 습관적으로 하는 말이 아닙니다. 일정한 신앙 교육을 받는 아이라면 얼마 지나지 않아 '우리가 하나님께 드리는 것은 모두 하나님께 받은 것이며, 우리는 그나마 받은 것을 다 드리지 못하고 있다'는 내용을 배울 것입니다. 그러나 제가 말하는 발견이란 그렇게 배우는 것이 아니라 말 그대로 발견하는 것, 즉 그것이 사실임을 경험으로 체득하는 것을 가리킵니다.

그런 의미에서 볼 때 우리가 하나님의 법을 지킬 수 없다는 사실을 발견할 수 있는 유일한 방법은 그것을 지켜 보려고 있는 힘껏 노력해 보는 것(그래서 실패해 보는 것)입니다. 그렇게 하지 않으면, 말로는 뭐라 하든 마음 한 구석에는 '조금만 더 노력하면 다음 번에는 완전히 선해질 수 있을 거야'라는 생각이 늘 숨어 있게 마련입니다. 이처럼 하나님께 돌아가는 길은 어떤 의미에서 도덕적으로 더욱더 열심히 노력하는 것입니다. 그러나 또 다른 의미에서 보면 이런 노력은 우리를 고향으로 인도해 주지 못합니다. 이 모든 노력은 하나님을 향하여 "당신이 이 일을 하셔야 합니다. 저는 못합니다"라고 고백하게 되는 그 지극히 중대한 순간까지만 우리를 인도해 갈 수 있습니다.

그렇다고 해서 "나는 그 순간에 도달했을까?"라는 질문은 던지지 마시기 바랍니다. 털썩 주저앉아 자기 속을 들여다보면서 그 지점에 얼마나 가까이 왔나 확인하려 들지 마십시오. 그러면 잘못된 길로 들어서게 됩니다. 우리 삶에서 정말로 중요한 일들은 대개 우리가 모르는 사이에 일어납니다. "와! 지금 내 키가 크고 있어"라고 말하는 사람은 없습니다. 나중에 뒤돌아보고 나서야 비로소 어떤 일이 일어났는지 깨닫고, '이게 바로 키가 자란다는 거로구나' 하고 인식하게 되는 것이지요. 아주 단순한 일에서도 그렇습니다. 예컨대 언제 잠이 오나 초조하게 신경 쓰는 사람은 밤새도록 잠 못 들 가능성이 큽니다.

또한 제가 말하는 이런 일은 성 바울이나 존 번연의 경우처럼 꼭 급작스럽게만 일어나는 것은 아닙니다. 너무나 점진적으로 진행되는 바람에 이 일이 몇 시에 일어났는지, 심지어 어느 해에 일어났는지조차 꼬집어 말할 수 없는 경우도 많습니다. 중요한 것은 변화의 본질 그 자체이지, 변화가 일어날 때의 느낌이 어떠했느냐가 아닙니다. 중요한 것은 자신의 노력을 의지하던 상태에서 자신에게 완전히 절망하고 모든 것을 하나님께 맡기는 상태로 변화되었다는 사실 그 자체입니다.

'하나님께 맡긴다'는 표현이 오해를 불러일으킬 수 있다는 점은 저도 알지만, 그 문제는 잠깐 내버려 두기로 합시다. 한 그리스도인이 하나님에게 모든 것을 맡긴다는 것은 그리스도를 전적으로 신뢰한다는 뜻입니다. 즉 그리스도께서 사람으로 태어나 십자가에 못박혀 죽기까지 실천하신 완전한 순종의 삶을 자기 역시 어떻게 해서든지 살게 해 주신다는 사실을 신뢰한다는 뜻입니다. 그리스도를 더 닮아 가게 해 주신다는 사실, 또 어떤 의미에서는 자기의 부족함을 채워 주신다는 사실을 신뢰하는 것이지요. 그리스도인들의 표현대로 그는 자신의 '아들 됨'에 우리를 참여시켜 주실 것이며, 우리를 그분 자신과 같은 '하나님의 아들'로 만들어 주실 것입니다. 이 말들이 의미하는 바에 대해서는 제4부에서 좀더 깊이 다룰 생각입니다. 이것은 그리스도께서 어떤 것을 거저 주신다는 말로도 표현될 수 있습니다. 아니 그는 모든 것을 거저 주십니다. 그리스도인의 전체 삶은 어떤 의미에서 바로 이 놀라운 제안을 받아들이는 것입니다.

그러나 문제는 자기가 지금껏 해 온 모든 일과 할 수 있는 모든 일이 아무것도 아님을 인정하는 지점에 이르기까지가 어렵다는 것입니다. 우리는 하나님께서 우리의 좋은 점만 보시고 나쁜 점은 눈감아 주시기를 바랍니다. 다시 말하지만 어떤 의미에서는 유혹을 이기려는 노력을 포기하기 전에는—항복하기 전에는—유혹을 이길 수 없습니다. 그러나 '노력을 포기하는' 방식과 이유가 합당하려면 그전에 최선을 다해 노력해야 합니다.

그런데 또 다른 의미에서 볼 때 모든 것을 그리스도께 맡긴다는 것은 노력을 포기한다는 뜻이 아닙니다. 신뢰하는 사람의 충고를 따르지 않는다는 것은 있을 수 없는 일입니다. 자신을 그에게 맡겼다면 그에게 순종하기 위해 노력하는 것이 당연한 순서입니다. 그러나 이때는 전과는 다른 새로운 방식으로, 즉 전만큼 안달하지 않으면서 노력하게 됩니다. 여러분은 이제 구원받기 위해서가 아니라, 구원이 이미 시작되었기 때문에 이런 일들을 하는 것입니다. 즉 행위에 대한 보상으로 천국에 가기를 바라서 이런 일들을 하는 것이 아니라, 천국의 희미한 첫 빛줄기를 마음으로 이미 맛보았기 때문에 자연히 이렇게 행동하고 싶은 마음이 생겨서 이런 일들을 하게 된다는 것이지요.

  그리스도인들은 자신들을 천국으로 인도하는 것이 선한 행위냐, 그리스도를 믿는 믿음이냐를 두고 자주 논쟁을 벌여 왔습니다. 저는 이 어려운 문제에 대해 무어라고 말할 권한이 없습니다만, 그래도 제가 보기에는 이런 논쟁이 가위의 양날 중 어느 것이 더 필요한가를 따지려는 일이 아닌가 싶습니다. 이미 말했듯이 사람은 도덕적인 노력을 진지하게 기울여 봐야만 항복할 수 있습니다. 그리고 그리스도를 믿어야만 그 절망에서 구원받을 수 있습니다. 그러면 바로 그 믿음으로부터 반드시 선한 행동이 나오게 되어 있습니다.

  과거에 입장이 다른 그리스도인들은 두 가지 패러디[31]를 만들어 서로를 비난했습니다. 이 두 패러디는 진리를 더욱 분명히 드러내 주지요. 그 중 한 편의 그리스도인은 다음과 같이 주장한다는 비난을 받았습니다. "오로지 중요한 건 선한 행위이다. 최고로 선한 행위는 사랑이다. 최고의 사랑은 돈을 바치는 것이다. 돈을 바치기에 최고로 좋은 곳은 교회다. 그러니 우리에게 1만 파운드를 내라. 그러면 우리가 당신의 뒤를 봐 주겠다." 물론 이 헛소리에 대한 대답은 "그런 동기로 베푸는 선행, 천국을 돈으로 살 수 있다는 생각으로 베푸는 선행은 선행이 아니라 장삿속 투기일

---

31) parody. 잘 알려진 표현이나 인물 등을 우습고 과장되게 모방하는 것.

뿐"이라는 것입니다.

반면에 또 다른 한편의 그리스도인들은 이렇게 주장한다는 비난을 받았지요. "오로지 중요한 건 믿음이다. 따라서 믿음만 있다면 무슨 짓을 하든 상관 없다. 친구여, 마음껏 죄를 짓고 즐겨라. 그래도 그리스도께서는 하등 문제 삼지 않으실 것이다." 이 헛소리에 대한 대답은 "당신이 믿음이라고 부르는 것이 그리스도의 말씀에 조금이라도 주목하는 일과 아무 상관이 없다면, 그것은 믿음이 아니라—그리스도를 믿거나 신뢰하는 것이 아니라—그에 대한 몇몇 이론을 머리로만 받아들인 것일 뿐"이라는 것입니다.

성경은 한 놀라운 구절 안에 이 두 가지를 통합함으로써 문제를 마무리짓습니다. 그 구절의 전반부는 "두렵고 떨림으로 너희 구원을 이루라"[32]고 되어 있습니다. 이것만 보면 마치 모든 것이 우리와 우리의 선행에 달려 있는 것 같습니다. 그런데 후반부는 이렇게 이어집니다. "너희 안에서 행하시는 이는 하나님이시니." 이 구절은 마치 하나님이 모든 것을 하시므로 우리는 아무 할 일이 없다고 말하는 것 같습니다. 이렇게 모순되게 보이는 구절들이야말로 기독교에 거부감을 느끼게 하는 부분이 아닌가 싶습니다.

그러나 저는 이 사실이 당황스럽긴 해도 전혀 의외로 느껴지진

---

32) 빌립보서 2장 12-13절.

않습니다. 여러분도 알다시피 우리는 지금 하나님과 인간이 함께 일할 때 정확히 어디까지가 하나님의 일이고 어디까지가 인간의 일인지 칼로 자르듯 철저하게 구분하려 들고 있습니다. 물론 처음에는 두 사람이 함께 일할 때처럼 "그는 이 일을 하고 나는 저 일을 한다"고 말할 수 있을 것 같은 생각도 들지요. 그러나 이런 생각은 금방 무너지고 맙니다. 하나님은 그런 분이 아닙니다. 그는 여러분 밖에 계실 뿐 아니라 여러분 안에도 계시는 분입니다. 설사 하나님의 몫과 인간의 몫이 무엇인지 이해할 수 있다 해도, 그 내용을 인간의 언어로 적절하게 표현할 수 있다고는 생각지 않습니다. 그런데도 그것을 억지로 표현하려다 보니 교파마다 제각기 다른 주장을 하게 된 것이지요. 그러나 여러분은 선행의 중요성을 크게 강조하는 교회도 믿음의 필요성을 이야기하며, 믿음을 크게 강조하는 교회 또한 선행을 권면한다는 사실을 발견할 수 있을 것입니다. 제가 할 수 있는 이야기는 여기까지입니다.

기독교가 처음에는 온통 도덕 얘기만 하고 의무와 규칙과 죄와 덕(德)에 관한 말만 하는 것 같아도, 결국은 이 모든 것을 통해 도덕 너머의 것으로 우리를 이끌어 간다는 데에는 모든 그리스도인들이 동의하리라 생각합니다. 농담할 때가 아니라면 이런 것들이 한낱 얘깃거리도 못 되는 나라에 대해 우리는 어렴풋이나마 알고 있습니다. 거기 사는 사람들은 마치 거울이 빛으로 가득하듯 우리가 선이라고 불러야 할 것으로 가득 차 있습니다. 그러나 그들은 그것을 '선'이라고 부르지 않습니다. 달리 무어라고도 부르지 않습니다. 그것에 대해 생각하지도 않습니다. 다만 그것이 흘러나오는 근원을 바라보느라 여념이 없을 뿐입니다. 그러나 이것은 이 세상의 바로 바깥에 있는 단계에 불과합니다. 그 너머 아주 멀리까지 내다볼 수 있는 사람은 없습니다. 저보다 멀리 볼 수 있는 사람이야 물론 많지만 말입니다.

4 인격을 넘어서,
또는 삼위일체를 이해하는 첫걸음

1
만드는 것과 낳는 것

모든 이들이 제4부에서 다루려는 내용은 빼는 게 좋겠다는 경고를 해 주었습니다. 그들은 한결같이 "일반 독자들은 신학을 원하지 않아. 일반 독자들한테는 평범하고 실제적인 종교 이야기를 해야 한다구"라고 말했지요. 저는 그들의 충고를 받아들이지 않습니다. 일반 독자들이 그렇게 우둔한 사람들이라고는 생각지 않는 탓입니다. 신학은 '하나님에 관한 학문'이며, 하나님에 대해 생각하고자 하는 사람이라면 누구나 그에 대해 가능한 한 가장 명확하고 정확한 개념들을 얻고 싶어한다는 것이 제 생각입니다. 여러분은 어린아이가 아닙니다. 그런데 왜 어린아이 취급을 받아야 합니까?

그러나 한편으로는 왜 신학이라면 고개부터 내젓는 사람들이 있는지 이해할 만합니다. 한번은 영국 공군 부대에서 신앙 강연을 한 적이 있었는데, 꽤 고집 있어 보이는 한 노(老) 장교가 일어서더니 이렇게 말했습니다. "나한테는 전부 쓸모없는 얘기요. 잘 들으시오, 나도 신앙인이오. 나는 하나님이 계시다는 걸 알고 있소. 그분을 느끼기도 했지. 어느 날 밤 혼자 사막에 있을 때였는데, 정말 신비했소. 그렇기 때문에 선생이 하나님에 대해 말하는 그 깔끔하지만 하찮은 교리와 공식들을 믿지 않는다는 거요. 진짜를 경험한 사람한테 그런 건 다 시시하고 사소하고 현학적이며 실제적이지 못한 말로 들릴 뿐이니까!"

저도 어떤 점에서는 그 장교의 말에 동의합니다. 저는 그가 사막에서 정말 하나님을 경험했으리라고 생각합니다. 그런 체험을 한 사람이 기독교의 신조들을 접한다는 것은 그야말로 실제 세계가 덜 실제적인 세계로 바뀌는 일과 같을 것입니다. 해변에서 진짜 대서양을 본 사람이 집에 돌아와 대서양 지도를 볼 때 실제 세계가 덜 실제적인 세계로 바뀌듯이, 눈앞에서 넘실대던 파도가 한낱 색칠한 종이 조각으로 바뀌듯이 말이지요.

그러나 바로 여기에 중요한 점이 있습니다. 지도가 색칠한 종이 조각에 불과하다는 것이 아무리 사실이라 해도, 여러분이 지도에 관해 기억해야 할 사실이 두 가지 있습니다. 첫째는, 그 지도가 수백 수천 명의 사람들이 진짜 대서양을 항해하면서 발견한 사실에 토대를 두고 있다는 사실입니다. 이처럼 그 지도의 이면에는 해변에서 바다를 본 당신의 경험 못지않게 생생한 경험의

덩어리가 자리잡고 있습니다. 또한 당신의 경험은 바다를 고작 한 번 흘낏 본 것이 전부지만, 지도는 서로 다른 경험들이 한데 모여 만들어진 것입니다.

둘째는, 여러분이 어딘가 가고자 할 때는 지도가 절대적으로 필요하다는 사실입니다. 여러분이 해변을 거니는 데 만족한다면 지도를 보느니 해변에서 직접 바다를 보는 편이 훨씬 재미있을 것입니다. 그러나 대서양을 건너 미국에 가고 싶다면 해변을 거니는 것보다는 지도를 보는 편이 훨씬 유용할 것입니다.

신학은 지도와 같습니다. 단순히 기독교 교리를 배우고 거기에 대해 생각하는 데서만 멈춘다면, 그 장교의 사막 경험보다 생생하지도 않고 흥미롭지도 못할 것입니다. 교리는 하나님이 아닙니다. 일종의 지도일 뿐입니다. 그러나 그 지도는 정말 하나님을 만났던 수백 명의 경험—여기에 비하면 여러분과 제가 혼자 경험하는 흥분이나 경건한 감정들은 아주 초보적이고 혼란스러운 것에 지나지 않습니다—에 토대를 두고 있습니다.

또한 여러분이 더 먼 곳에 가고자 한다면 반드시 지도를 써야 합니다. 아시다시피 사막에서 그 장교에게 일어난 일은 분명 흥미진진한 실제 경험이긴 하지만 열매는 없습니다. 사실 이것이야말로 막연한 종교—자연 속에서 하나님을 느끼는 식의 것들—가 사람들의 마음을 끄는 이유입니다. 그런 종교에는 흥분만 있을 뿐 결과가 없습니다. 해변에서 파도를 구경할 때처럼 말이지요.

그런 식으로 대서양을 연구한다고 해서 뉴펀들랜드에 갈 수 없는 것처럼, 꽃이나 음악에서 하나님의 존재를 느끼는 것만으로는 영원한 생명을 얻을 수 없습니다. 바다에 가 보지 않고 지도만 들여다본다고 해서 어디에 갈 수 있는 것은 아닙니다. 그러나 지도 없이 무조건 바다에 나가는 것 또한 그리 안전한 일은 못 되지요.

다시 말해서 신학은 실제적인 것입니다. 오늘날에는 특히 더 그렇습니다. 예전에는 사람들의 교육 수준도 낮았고 토론도 흔치 않았으므로 하나님에 대해 간단한 개념 몇 가지만 알아도 괜찮았습니다. 그러나 지금은 사정이 다릅니다. 누구나 글을 읽고 토론을 듣는 시대가 되었습니다. 따라서 여러분이 신학에 귀를 기울이지 않는다는 것은 하나님에 대해 아무 개념도 가지고 있지 않다는 뜻이 아닙니다. 오히려 잘못된 개념—여러 가지가 뒤섞인 해롭고 낡은 개념—을 너무 많이 가지고 있다는 뜻입니다. 오늘날 새로운 것인 양 자랑스레 내보이는 개념들의 상당수는 진짜 신학자들이 수세기 전에 이미 검토하여 폐기한 것들입니다. 그러므로 현대 영국에 유행하는 종교를 믿는다는 것은 곧 퇴보를 의미합니다. 오늘날 지구가 평평하다고 믿는 것처럼 말이지요.

이 현상을 잘 살펴볼 때, 요즘 유행하는 기독교의 개념이란 결국 '예수 그리스도는 위대한 도덕적 스승으로서 그의 권고를 따른다면 더 나은 사회 질서도 확립할 수 있고 전쟁의 재발도 막을 수 있다'는 것 아닙니까? 자, 잘 들어 보십시오. 이것 자체는 맞는 말입니다. 그러나 기독교의 전체 진리에는 훨씬 못 미치는 말로서, 실제적인 가치는 전혀 없습니다.

우리가 그리스도의 권고를 따른다면 더 행복한 세상에서 살게 된다는 말은 정말 맞습니다. 아니 그리스도까지 갈 것도 없지요. 플라톤이나 아리스토텔레스나 공자의 말만 따라도 지금보다 훨씬 더 잘 살 것입니다. 하지만 그래서 어쨌다는 것입니까? 우리는 위대한 스승들의 말을 한 번도 따른 적이 없습니다. 그런데 지금이라고 해서 따를 것 같습니까? 다른 스승은 따르지 않아도 그리스도는 따를 것 같습니까? 그가 가장 훌륭한 스승이기 때문에? 아니, 오히려 그렇기 때문에 더 따르지 못할 것입니다. 초보적인 교훈도 지키지 못하는 터에 어떻게 더 수준 높은 교훈을 지키겠습니까? 기독교가 또 하나의 좋은 권고에 불과하다면 아무 가치가 없습니다. 좋은 충고라면 지난 4천년 간 부족함 없이 들어 왔으니까요. 거기에 하나가 더 추가된다고 해서 달라질 것은 없습니다.

그러나 진짜 기독교 서적들을 읽어 보면, 이런 대중적 기독교와 전혀 다른 내용을 말하고 있음을 즉시 알게 됩니다. 그 책들은 그리스도가 하나님의 아들이라고(그 말이 무슨 뜻이든 간에) 말합니다. 그 책들은 그를 믿는 자들 또한 하나님의 아들이 된다고(그 말이 무슨 뜻이든 간에) 말합니다. 또한 그리스도가 죽음으로써 우리를 죄에서 구원했다고(그 말이 무슨 뜻이든 간에) 말합니다.

이런 말들이 어렵다고 불평할 필요는 없습니다. 기독교는 다른 세계, 우리가 만지고 듣고 보는 이 세상 이면의 무언가에 대해 말한다고 스스로 주장하기 때문입니다. 그 주장이 거짓이라면 모르겠지만, 만약 사실이라면 기독교가 하는 말은 당연히 어려울 수밖에—적어도 같은 이유로 현대 물리학이 어려운 것만큼—없습니다.

기독교의 주안점들 중에서도 가장 충격적인 것은 우리가 그리스도께 붙어 있기만 하면 '하나님의 아들이 된다'는 말입니다. 어떤 이는 "이미 우리는 하나님의 아들이 아닌가요? 하나님의 아버지 되심은 기독교의 주된 개념 중 하나가 아닙니까?"라고 묻습니다. 물론 어떤 의미에서는 우리가 이미 하나님의 아들인 것이 분명합니다. 우리를 존재하게 하시고 사랑하시며 돌보신다는 점에서 그는 우리의 아버지 같은 분이지요. 그러나 성경이 '하나님의 아들이 된다'고 말하는 데에는 틀림없이 무언가 다른 의미가 있습니다. 그리고 그 의미는 우리를 신학의 중심부에 직면시킵니다.

기독교 신조 가운데 하나는 그리스도가 하나님의 아들로 '창조되신 것이 아니라 나셨다'는 것입니다. 거기에는 '모든 세계가 창조되기 전에 아버지에게서 나셨다'는 말이 덧붙어 있습니다. 이 말은 그리스도께서 사람으로 세상에 오셨을 때 동정녀의 아들로 태어나셨다는 사실과는 아무 관계가 없음을 분명히 아시겠지요? 지금 우리는 동정녀 탄생에 대해 생각하고 있지 않습니다. 우리는 자연이 창조되기 전, 시간이 시작되기 전에 일어났던 어떤 일에 대해 생각하고 있습니다. '모든 세계가 창조되기 전에' 그리스도는 창조되신 것이 아니라 나셨습니다. 이 말이 무슨 뜻입니까?

현대 영어에서는 **낳다**(begetting)나 **태어나다**(begotten)라는 말을 쓰지 않지만 그 뜻은 누구나 알고 있습니다. 낳는다는 것은 아버지가 된다는 뜻이고, 창조한다는 것은 만든다는 뜻이지요. 이 두 단어의 차이는 이런 것입니다. 여러분이 낳는 것은 여러분과 같은 종류에 속한 것입니다. 즉 사람은 사람의 아이를 낳고, 비버는 비버 새끼를 낳으며, 새는 새 새끼로 부화될 알을 낳습니다. 그러나 여러분이 만드는 것은 여러분과 다른 종류에 속한 것입니다. 즉 새는 둥지를 만들고, 비버는 댐을 만들며, 사람은 라디오를 만듭니다. 물론 사람은 라디오보다는 더 자기를 닮은 것, 이를테면 조상(彫像)을 만들 수 있습니다. 실력 있는 조각가라면 정말 사람과 흡사한 조상도 만들 수 있을 것입니다. 물론 그렇다 해도 그 조상이 진짜 사람이 될 수는 없지요. 조상은 숨을 쉬거나 생각할 수 없습니다. 조상은 그저 사람과 흡사하게 생겼을 뿐입니다. 그것은 살아 있는 존재가 아닙니다.

이것이 우리가 첫번째로 분명히 알아야 할 사실입니다. 하나님은 하나님을 낳습니다. 사람이 사람을 낳듯이 말입니다. 하나님은 하나님을 창조하시지 않습니다. 사람이 사람을 만들 수 없듯이 말입니다. 그렇기 때문에 사람은 그리스도가 하나님의 아들인 것과 같은 의미에서 하나님의 아들이 될 수 없습니다. 사람은 어떤 점에서 하나님을 닮았지만 하나님과 같은 종류에 속한 존재는 아닙니다. 사람은 오히려 하나님의 조상이나 초상화에 가깝습니다.

조상은 사람의 모양을 하고 있긴 하지만 살아 있지는 않습니다. 마찬가지로 사람은 하나님의 '모양'을 하고 있으며 하나님과 비슷한 점은 있지만(이제 곧 설명하려는 의미에서 볼 때), 하나님의 생명과 똑같은 종류의 생명은 가지고 있지 않습니다. 사람이 하나님을 닮은 점 첫번째를 먼저 살펴봅시다. 사실 하나님이 만드신 모든 것에는 어느 정도 하나님과 비슷한 점들이 있습니다. 우주는 광대하다는 점에서 하나님과 비슷합니다. 물론 우주의 광대함은 하나님의 광대함과 종류가 다르지만, 그 광대함에 대한 일종의 상징, 또는 그 광대함을 영적이지 않은 용어로 바꾸어 놓은 번역판이라고 할 수 있습니다. 물질은 에너지를 가지고 있다는 점에서 하나님과 비슷합니다. 물론 물질 에너지 역시 하나님의 능력과는 그 종류가 다르지만 말입니다. 식물의 세계는 살아 있다는 점에서 하나님과 비슷합니다. 하나님은 '살아 계신 하나님'이니까요. 그러나 이러한 생물학적 의미의 생명 또한 하나님 안에 있는 생명과는 종류가 다릅니다. 이것은 하나님의 생명에 대한 일종의 상징 또는 그림자에 지나지 않지요.

동물에 이르면 생물학적 생명 외에도 다른 닮은 점들이 발견됩니다. 예컨대 곤충의 맹렬한 활동성이나 번식력은 아주 희미하게나마 하나님의 멈추지 않는 활동성과 독창성을 닮았습니다. 또 고등 포유동물들에게는 본능적인 애정의 초기 형태가 보입니다. 물론 하나님 안에 있는 사랑과 똑같은 것은 아닙니다. 그러나 비슷합니다. 풍경화는 평평한 종이에 그린 것이지만, 그럼에도 불구하고 실제 풍경과 '비슷한' 것처럼 말입니다. 가장 고등한 동물인 인간에 이르면 우리가 아는 한 가장 완전하게 하나님과 닮은 점이 나타납니다(어쩌면 다른 세계에 인간보다 더 하나님을 닮은 피조물이 있을지도 모르지만, 우리로서는 알 수 없는 일이지요). 인간은 살아 있을 뿐 아니라 사랑하며 추론합니다. 이처럼 생물학적 생명은 인간에 이르러 우리가 아는 바 최고 수준에 도달합니다.

그러나 인간이 자연적으로는 얻을 수 없는 것이 있는데, 그것은 바로 영적인 생명―하나님 안에 있는 생명으로서 생물학적 생명과 다른 생명, 그보다 더 위에 있는 생명―입니다. 우리는 두 가지 다 '생명'이라고 부릅니다. 그렇다고 해서 두 생명을 같은 종류로 생각한다면, 우주의 '광대함'과 하나님의 '광대함'을 같은 종류로 생각하는 것이나 다름없는 잘못을 저지르는 것입니다. 사실 생물학적 생명과 영적인 생명 사이에는 너무나 중대한 차이가 있기 때문에, 저는 이 두 가지를 각각 다른 이름으로 부르려 합니다. 자연을 통해 우리에게 오는 생물학적인 종류의 생명, 늘 소모되고 쇠퇴하는 성질이 있어서 공기나 물이나 음식 등을 통해 끊임없이 자연의 보조를 받아야만 유지되는 생명은 **바이오스**(Bios)입니다. 영원 전부터 하나님 안에 있는 영적인 생명, 자연 세계 전체를 만들어 낸 생명은 **조에**(Zoe)입니다. **바이오스**는 어떤 그림자나 상징처럼 **조에**를 닮았다는 것이 사실입니다. 그러나 그 유사성은 사진과 풍경 혹은 조상과 사람 사이에 나타나는 유사성과 같은 종류의 것입니다. 그러므로 사람이 **바이오스**를 가졌다가 **조에**를 갖게 된다는 것은 석상이 진짜 사람으로 변하는 것만큼이나 큰 변화가 아닐 수 없습니다.

  이것이 정확히 기독교가 말하는 바입니다. 이 세상은 위대한 조각가의 작업실이고, 우리는 그 조각가가 만든 조상들입니다. 그런데 지금 이 작업실에는 우리 중 일부가 언젠가 생명을 얻으리라는 소문이 떠돌고 있습니다.

2
삼위이신 하나님

지난 장에서 우리는 낳는 것과 만드는 것의 차이를 살펴보았습니다. 사람은 아이를 낳지만 조상(彫像)은 만듭니다. 하나님은 그리스도를 낳으시지만 사람은 만드십니다. 그러나 이것은 하나님에 대한 한 가지 사실, 즉 '성부 하나님이 낳으신 존재는 그와 똑같은 종류의 존재, 즉 하나님'이라는 사실만을 설명한 것에 불과합니다. 이 점에서만 보면 인간인 아버지가 아들을 낳는 일과 비슷하지요. 그러나 아주 비슷하다고는 할 수 없습니다. 그래서 이 점에 대해 조금 더 설명하고자 합니다.

요즘 보면 "나는 하나님을 믿지만 인격적인 하나님을 믿는 건 아니야"라고 말하는 사람들이 상당히 많습니다. 즉 그들은 모든 것의 배후에 있는 신비스러운 존재는 인격 이상의 존재여야 한다고 생각하는 것입니다. 요새는 그리스도인들도 이런 생각에 꽤 동의하고 있습니다. 그러나 인격을 뛰어넘는 존재가 과연 어떤 존재인가에 관한 개념을 제시해 줄 수 있는 이들은 오직 그리스도인들밖에 없습니다. 다른 사람들은 말로는 하나님이 인격을 뛰어넘는 존재라고들 하지만, 실제로는 비인격적인 존재, 즉 인격 이하의 존재로 생각하고 있습니다. 만약 여러분이 초인격적인 존재, 인격 이상의 존재를 찾는다면, 기독교의 개념과 다른 개념 사이에서 망설일 필요가 없습니다. 초인격적인 신의 개념을 가진 종교는 오직 기독교 하나뿐이니까요.

또 어떤 이들은 인간의 영혼은 이생을 거친 후, 또는 여러 생을 거친 후 하나님께 '흡수된다'고 생각합니다. 그런데 그들의 설명을 가만히 들어보면, 한 물질이 다른 물질에 흡수되듯이 우리 존재가 하나님께 흡수된다고 생각하는 듯합니다. 그들은 이 일이 마치 물 한 방울이 바다 속에 흘러들어가는 일과 같다고 말합니다. 물론 물 한 방울의 운명은 그것으로 끝나 버립니다. 만약 우리에게 일어나는 일도 이와 같다면, 우리의 존재는 하나님께 흡수되는 동시에 사라지고 말겠지요. 그리스도인들은 인간의 영혼이 하나님의 생명 속에 이끌려 들어가면서도 어떻게 제 모습 그대로 남아 있을 수 있는지—아니 사실은 전보다 훨씬 더 자기다워질 수 있는지—설명할 수 있는 개념을 가진 유일한 사람들입니다.

미리 말씀드렸듯이 신학은 실제적인 것입니다. 우리의 존재 목적은 이처럼 하나님의 생명 속에 이끌려 들어가는 것입니다. 그 생명에 대해 잘못된 개념을 가지고 있을수록 우리 삶의 목적은 성취되기가 어렵습니다. 그러니 이제부터 잠깐 동안 제가 드리는 말씀을 좀더 주의깊게 들어 주셨으면 합니다.

아시다시피 여러분은 공간 안에서 세 가지 방식—앞뒤, 좌우, 위아래—으로 움직일 수 있습니다. 모든 방향은 이 세 가지 중 한 방향이거나 이 세 가지가 절충된 방향입니다. 우리는 이 세 가지를 3차원이라고 부릅니다. 자, 보십시오. 1차원만 사용하면 직선밖에 그릴 수 없습니다. 2차원까지 사용하면 도형, 이를테면 정사각형을 그릴 수 있습니다. 그런데 이 정사각형은 직선 네 개로 이루어져 있습니다. 한 걸음 더 나아가 볼까요? 여러분이 3차원까지 사용하면 이른바 입체, 예컨대 주사위나 각설탕 같은 정육면체를 만들 수 있습니다. 그런데 이 정육면체는 정사각형 여섯 개로 이루어져 있습니다.

요점을 아시겠습니까? 1차원의 세계는 직선입니다. 2차원의 세계에서는 직선도 그릴 수 있지만 여러 직선으로 도형도 만들 수 있습니다. 3차원의 세계에서는 도형도 만들 수 있지만 여러 도형으로 입체도 만들 수 있습니다. 다시 말하면 좀더 현실에 가깝고 복잡한 차원으로 올라간다고 해서 그보다 단순한 차원에 있는 것들을 아주 버리는 것은 아니라는 말입니다. 여러분은 여전히 그것들을 가지고 있으면서, 동시에 새로운 방식으로—단순한 차원에서는 상상할 수 없었던 방식으로—결합시킬 수 있습니다.

하나님에 대한 기독교의 설명에도 같은 원칙이 적용됩니다. 인간적인 차원은 단순하며 어느 정도는 비어 있다고 할 수 있습니다. 인간적인 차원에서 한 인격은 한 존재이며, 두 인격은 별개의 두 존재입니다. 2차원에서(이를테면 종이 위에서) 한 정사각형은 한 도형이고, 두 정사각형은 별개의 두 도형인 것처럼 말이지요. 신적인 차원에도 인격체들이 있습니다. 그러나 그 인격체들은 그 차원에서 살지 않는 사람은 상상조차 할 수 없는 새로운 방식으로 결합되어 있습니다. 즉 여러분은 하나님의 차원에서 세 인격인 동시에 하나인 존재를 보게 됩니다. 정육면체가 하나의 정육면체인 동시에 여섯 개의 정사각형인 것처럼 말이지요.

물론 지금 우리로서는 그런 존재를 완전히 이해할 수 없습니다. 2차원만 인식하도록 만들어진 존재는 정육면체를 제대로 상상할 수 없는 것과 같습니다. 그러나 일종의 희미한 이해는 얻을 수 있습니다. 그때 우리는 난생 처음으로 초인격적인 존재—인격 이상의 존재—에 대해 어렴풋하나마 구체적인 개념을 얻게 됩니다. 이 개념은 우리 혼자서는 도저히 짐작해 낼 수 없는 것이지만, 일단 듣고 보면 '왜 미리 짐작 못 했을까' 싶을 정도로 우리가 이미 알고 있는 것들과 잘 들어맞습니다.

여러분은 "세 인격(三位)이면서 동시에 하나인 존재를 상상할 수 없다면, 그런 존재에 대해 이야기해 보았자 무슨 소용이 있을까?"라고 묻고 싶겠지요. 맞습니다. 그런 이야기는 해 보았자 소용이 없습니다. 중요한 것은 실제로 이 삼위일체 하나님의 생명 속에 이끌려 들어가는 일이며, 그 일은 언제라도—여러분이 원한다면 당장 오늘밤에라도—시작될 수 있습니다.

제가 말하고 싶은 것은 이것입니다. 한 평범하고 순진한 그리스도인이 무릎을 꿇고 기도하고 있습니다. 그는 하나님을 만나고 싶습니다. 그러나 그리스도인인 그는 지금 이런 기도를 하게 하신 분 또한 하나님이심을, 즉 자기 속에 계신 하나님이심을 알고 있습니다. 또한 하나님에 대한 모든 참된 지식은 하나님이셨다가 인간이 되신 그리스도를 통해 온다는 것, 바로 그 그리스도께서 지금 자기 옆에서 기도를 돕고 계시며 자기를 위해 기도하고 계시다는 사실도 알고 있습니다. 지금 어떤 일이 일어나고 있는지 아시겠지요. 하나님은 지금 이 사람이 기도하고 있는 대상—그가 도달하고자 하는 목표—입니다. 또한 그가 기도하도록 밀어주고 있는 주체—원동력—이기도 합니다. 동시에 이 사람이 그 목표를 향해 나아가는 길 내지는 다리이기도 합니다. 이처럼 한 평범한 사람이 기도하고 있는 평범한 작은 침실 안에서도 삼위일체 하나님의 삼중적인 생명 전체가 실제로 움직이고 있습니다. 지금 이 사람은 좀더 높은 종류의 생명—제 표현대로라면 **조에**, 또는 영적인 생명—속으로 들어 올려지고 있습니다. 그는 하나님에 의해 하나님 안에 이끌려 들어가고 있는 동시에, 여전히 자기 자신으로 남아 있습니다.

신학은 이렇게 시작됩니다. 사람들은 막연하지만 하나님에 대해 알고 있었습니다. 그런데 어느 날 스스로 하나님이라고 주장하는 인간이 나타났습니다. 그런데 그는 미치광이로 쉽게 치부해 버릴 만한 사람이 아니었습니다. 그는 사람들에게 믿음을 주었습니다. 사람들은 분명히 그가 죽은 것을 목격했음에도 불구하고 다시 그를 만날 수 있었습니다. 그 후에 작은 모임 내지는 공동체를 이룬 그들은 하나님이 어떤 방식으로든 자기들 안에도 계신다는 사실을 깨달았습니다. 그분은 그들을 인도해 주셨고, 전에는 할 수 없었던 일들을 하게 해 주셨습니다. 이 모든 일을 살펴본 끝에 그들은 '삼위일체 하나님'이라는 기독교의 정의(定義)에 도달했습니다.

이 정의는 우리가 만들어 낸 것이 아닙니다. 신학은 어떤 의미에서 경험 과학입니다. 단순한 종교들은 사람이 만들어 낸 것들입니다. 제가 신학을 '어떤 의미에서' 경험 과학이라 한 것은, 신학이 어떤 점에서는 다른 경험 과학들과 비슷하지만 모든 점에서 그렇지는 않다는 뜻입니다. 여러분이 바위를 연구하는 지질학자라면 스스로 바위를 찾아 나서야 합니다. 바위는 제발로 찾아오는 법도 없고, 여러분을 피해 도망치는 법도 없습니다. 주도권은 전적으로 여러분에게 있습니다. 바위는 여러분을 도울 수도 없고 방해할 수도 없습니다. 그러나 여러분이 동물학자로서 자연 서식

지에 사는 야생 동물의 사진을 찍고자 한다고 합시다. 이것은 바위를 연구하는 일과 조금 다릅니다. 야생 동물들 역시 제발로 찾아오지는 않겠지만, 여러분을 피해 도망칠 수는 있습니다. 아주 살금살금 다가가지 않는 한 전부 도망쳐 버리겠지요. 이 경우에는 그 동물들에게도 아주 조금이나마 주도권이 주어질 여지가 있습니다.

한 단계 더 높여 봅시다. 여러분이 어떤 사람을 알고 싶어한다고 합시다. 그가 단호하게 여러분의 접근을 거절할 경우, 여러분은 그를 알 길이 없습니다. 그를 알려면 먼저 그의 신뢰를 얻어야 합니다. 이 경우에 주도권은 양측에 똑같이 주어집니다. 두 사람 다 원하지 않으면 친구가 될 수 없습니다.

여러분이 하나님을 알고자 할 때, 그 주도권은 전적으로 하나님께 있습니다. 하나님이 자신을 보여 주시지 않는 한 우리는 무슨 수를 써도 그를 찾을 수 없습니다. 실제로 하나님이 자신을 더 많이 보여 주시는 사람들이 있는데, 이것은 하나님이 그들을 편애하시기 때문이 아닙니다. 마음과 됨됨이가 온통 잘못되어 있는 사람에게는 하나님도 자신을 보여 주실 수 없습니다. 햇빛은 편애라는 것을 할 수 없음에도 불구하고, 깨끗한 거울에 비치는 밝기만큼 더러운 거울에 환히 비칠 수 없는 것과 같습니다.

달리 표현하면, 다른 과학에서 사용하는 도구는 여러분의 외부에 있는 것들(현미경이나 망원경처럼)인 반면, 하나님을 볼 수 있는 도구는 여러분 자신이라고 할 수 있습니다. 사람의 자아가 깨끗하고 밝지 못하면, 하나님의 모습 또한 더러운 망원경 렌즈로 보는 달처럼 흐려 보일 수밖에 없습니다. 끔찍한 민족들의 종교 역시 끔찍한 이유가 여기에 있습니다. 그들은 더러운 렌즈를 통해 하나님을 보고 있는 것입니다.

하나님은 참다운 사람에게만 자신을 있는 모습 그대로 보여 주실 수 있습니다. 여기에서 참다운 사람이란 단순히 선한 개인들을 가리키는 말이 아니라, 한 몸 안에 연합되어 서로 사랑하고 서로 도우며 서로에게 하나님을 보여 주는 사람들을 가리키는 말입니다. 그것이 하나님이 원래 의도하신 사람들의 모습입니다. 한 악단에 모여 있는 연주자들이나 한 몸에 속한 신체 기관들 같은 모습 말이지요.

따라서 하나님을 배우기에 정말 적합한 도구는 다함께 하나님을 기다리는 그리스도인 공동체입니다. 즉 그리스도인의 모임은 이 과학 연구를 위한 기술 장비—실험도구—인 셈입니다. 바로 그렇기 때문에 기독교 전통의 대체물이라며 몇 년에 한 번씩 기발하고 단순한 종교를 제멋대로 만들어 들고 나오는 사람들이 시간만 낭비할 수밖에 없는 것입니다. 이것은 도구라고는 낡아빠진 쌍안경 하나 달랑 있는 사람이 진짜 천문학자들의 연구 결과를 모조리 바로잡겠다고 나서는 것이나 다름없는 짓입니다. 그가 똑똑한 사람일 수는 있습니다. 몇몇 천문학자들보다는 더 똑똑할 수도 있겠지요. 그러나 그는 승산 없는 짓을 하고 있습니다. 그 사람에 관한 기억들은 2년만 지나도 잊혀지겠지만, 진정한 천문학은 여전히 건재할 것입니다.

기독교가 우리가 만들어 낸 것이라면 지금보다 훨씬 단순했을 것입니다. 그러나 기독교는 만들어 낸 것이 아닙니다. 우리는 단순성이라는 점에서는 새로이 종교를 창안해 내는 사람들과 경쟁할 수 없습니다. 어떻게 경쟁이 가능하겠습니까? 우리는 '사실'을 다루는 데 말입니다. 물론 신경 써야 할 '사실'이 없는 사람들은 얼마든지 단순해질 수 있겠지만 말입니다.

3
시간과 시간 너머

책을 읽을 때 절대 '건너뛰면' 안 된다는 것은 아주 어리석은 생각입니다. 분별 있는 사람은 자기에게 쓸모 없는 부분이 나올 때 거침없이 건너뜁니다. 이 장에서 제가 하려는 이야기는 어떤 독자들에게는 도움이 되겠지만, 어떤 독자들에게는 쓸데없이 복잡하게만 들릴 것입니다. 후자에 속하는 독자는 이 장에 개의치 말고 다음 장으로 넘어가시기를 권합니다.

지난 장에서 기도라는 주제를 잠깐 언급했는데, 여러분이나 제가 그 내용을 잊기 전에 흔히 기도의 개념과 관련해서 어려워하는 부분을 다루었으면 합니다. 어떤 사람은 제게 그 어려움을 이렇게 표현하더군요. "하나님을 믿는 건 별 문제가 아닙니다. 그런데 제가 도저히 소화할 수 없는 건 하나님이 어떻게 수백만 명의 기도를 동시에 듣느냐 하는 점입니다." 저는 이런 생각을 가진 사람들이 꽤 많다는 것을 알게 되었습니다.

자, 먼저 주목해야 할 점은 그 **동시에**라는 말에 함정이 있다는 것입니다. 우리 대부분은 하나님께는 시간이 무한히 많으니만큼, 아무리 기도하는 사람이 많아도 한 사람씩 차례대로 나아가기만 한다면 다 들으실 수 있으리라고 생각합니다. 그러니까 결국 문제는, 하나님이 어떻게 이 수많은 일을 한꺼번에 해치우시느냐 하는 데 있는 셈입니다.

그러나 이것은 우리에게나 해당되는 이야기입니다. 우리에게는 삶이 한 순간씩 다가옵니다. 한 순간이 지나가야 다음 순간이 다가올 수 있으며, 각 순간은 아주 짧습니다. 이것이 바로 '시간'입니다. 물론 여러분이나 저는 이러한 시간의 연속―과거, 현재, 미래의 진행―이야말로 우리에게 다가오는 삶의 당연한 방식일뿐 아니라 모든 사물이 실제로 존재하는 방식이라고 생각하지요. 그리고 전 우주와 하나님 또한 우리처럼 언제나 과거에서 미래로 움직인다고 생각하려 듭니다. 그러나 많은 학자들은 거기에 동의하지 않습니다. 시간 속에 살지 않는 존재들도 있다는 개념을 처음 소개한 이들은 신학자들이었습니다. 후에 철학자들이 그것을 받아들였고, 지금은 과학자들 중에도 그렇게 생각하는 이들이 있습니다.

하나님이 시간에 매여 살지 않으신다는 것은 거의 확실합니다. 하나님의 삶은 연속되는 순간들로 이루어지지 않습니다. 오늘 밤

10시 30분에 100만 명의 사람들이 동시에 기도한다 해도, 하나님은 우리가 '10시 30분'이라고 부르는 짧은 순간에 그 모든 기도를 들으실 필요가 없습니다. 하나님께 10시 30분—그리고 태초 이래의 모든 순간—은 언제나 '현재'입니다. 바꾸어 말하면 하나님께는 불길에 휩싸여 추락하는 비행기 속에서 조종사가 드리는 그 찰나의 기도를 들으실 여유가 영원무궁히 있는 것입니다.

이해하기 어려운 말이라는 것을 압니다. 꼭 들어맞는 예는 아니지만 비슷한 예를 하나 들어 보겠습니다. 제가 지금 소설을 쓰고 있다고 합시다. 저는 "메리는 책을 내려놓았다. 그 순간 문 두드리는 소리가 들렸다!"는 문장을 쓰려고 합니다. 이때 소설 속에 설정된 가상의 시간 속에 사는 메리의 경우, 책을 내려놓는 일과 문 두드리는 소리를 듣는 일 사이에는 시간 간격이 전혀 없습니다. 그러나 메리의 창조자인 저는 그 가상의 시간 속에 살고 있지 않습니다. 그러니까 첫 문장을 먼저 써 놓고 두번째 문장을 쓰기 전 세 시간 동안 메리에 대해 계속 생각할 수 있습니다. 저는 마치 메리가 소설 속의 유일한 등장인물인 양 얼마든지 메리만 생각할 수 있지만, 제가 그렇게 보낸 시간은 메리의 시간(소설 속의 시간)에는 전혀 나타나지 않습니다.

물론 이것은 완벽한 예가 아닙니다. 그러나 제가 사실로 믿고 있는 바를 어렴풋하게나마 보여 줄 수는 있습니다. 작가가 소설 속 가상의 시간에 쫓기지 않는 것처럼 하나님도 우주의 시간 흐름에 쫓기지 않으십니다. 하나님께서는 우리 한 사람 한 사람을 돌보실 여유가 무한히 있습니다. 그분은 우리를 뭉뚱그려 대하실 필요가 없습니다. 그분은 여러분 한 사람 한 사람이 그가 만든 유일한 존재인 양, 그 각각의 사람과 함께 하십니다. 그리고 그리스도는 여러분 하나 하나가 세상에 존재하는 유일한 인간인 양, 그 각각의 사람을 위해 죽으셨습니다.

제가 든 예가 하나님의 경우에 맞지 않는 부분은 이런 것입니다. 작가가 하나의 시간 흐름(소설의 시간 흐름)에서 벗어나려면 또 다른 시간 흐름(현실 속의 시간 흐름)으로 들어가야 합니다. 그러나 제가 믿는 바 하나님은 어떤 시간 흐름에도 매여 있지 않으십니다. 그의 삶은 우리의 삶처럼 한 순간씩 똑딱 똑딱 흘러가지 않습니다. 말하자면 하나님께서는 지금이 아직 1920년이면서 벌써 1960년인 것입니다.[33] 하나님의 삶은 곧 하나님 자신입니다.

시간을 우리가 곧장 따라가야 하는 직선이라고 한다면, 하나님은 그 직선이 그려진 종이 전체라고 할 수 있습니다. 우리는 그 직선의 일부를 한 걸음씩 밟아갑니다. 우리는 A를 지나야 B에 갈 수 있으며 B를 지나야 C에 갈 수 있습니다. 그러나 하나님은 위에서, 밖에서, 또는 사방에서 이 직선 전체를 품고 계시며 이 모든 것을 보고 계십니다.

---

33) 이 책은 1952년에 출간되었다.

이 개념은 기독교가 가지고 있는 몇 가지 표면상의 어려움을 해결해 주는 만큼, 애써 이해할 가치가 있습니다. 제가 그리스도인이 되기 전에 기독교를 반대한 이유는 다음과 같은 것이었습니다. 그리스도인들은 어디에나 계시며 전 우주를 운행하시는 영원한 하나님께서 한 번 인간이 되신 적이 있다고 했습니다. 저는 "그렇다면 하나님이 아기였을 때나 자고 있을 때 우주는 어떻게 계속 운행될 수 있었단 말인가? 모든 것을 아시는 하나님이 어떻게 동시에 '내게 손을 댄 자가 누구냐?'[34]고 제자들에게 묻는 한 인간이 될 수 있단 말인가?"라고 반박했지요.

결국 함정은 **시간**과 관련된 말 속에 있다는 것을 여러분도 알아챘을 것입니다. "아기였을 **때**……", "어떻게 **동시에**……?" 다시 말해서 저는 하나님이신 그리스도의 삶 역시 시간 속에 있으며, 팔레스타인에서 인간 예수로 살았던 기간은 그 시간의 일부였다고—나의 군복무 기간이 내 전 생애의 일부를 차지하듯이—가정했던 것입니다. 아마 우리 대부분이 이렇게 생각할 것입니다. 우리는 인간이 되기 전의 기간을 거쳐 마침내 인간이 되어 살다가 후에 그처럼 인간으로 살았던 과거를 회상하며 사는 하나님의 모습을 떠올립니다. 그러나 이런 생각은 십중팔구 사실과 일치하지 않습니다. 팔레스타인에 살았던 그리스도의 삶과 모든 시공간을

---

34) 누가복음 8장 45절

뛰어넘는 하나님으로서의 삶을 시간 관계 속에 끼워맞출 수는 없습니다. 연약함과 잠과 무지라는 인간적 경험과 본성이 어떤 방식으로든 하나님의 신적인 삶 속에 포함되어 있다는 것은, 정말이지 시간을 초월한 진리라고 해야 할 것입니다.

우리의 관점에서는 하나님 안에 있는 이 인간의 삶이 세상 역사의 한 특정한 기간(A.D. 1년부터 십자가 처형 때까지) 동안 이루어진 것처럼 보입니다. 그래서 하나님 자신의 실존 역사에서도 한 기간을 차지하는 것처럼 착각합니다. 그러나 하나님께는 역사가 없습니다. 하나님은 지극히 완전한 실재이시므로 역사가 있을 수 없습니다. 역사가 있다는 것은 자기 실재의 일부는 잃었고(이미 과거 속으로 사라졌으므로) 일부는 얻지 못했다는(아직 미래에 있으므로) 뜻, 즉 있는 것이라곤 오로지 현재라는 찰나뿐인데 그 현재조차 '지금은 현재'라는 말을 채 끝내기도 전에 사라져 버리고 만다는 뜻입니다. 하나님은 자신을 그런 존재로 생각하지 못하게 하십니다. 사실은 시간에 매여 사는 우리조차 늘상 그런 존재로 언급되는 일은 피하고 싶을 것입니다.

하나님이 시간 속에 매여 있다고 믿을 때 등장하는 어려움이 또 하나 있습니다. 하나님을 믿는 사람이라면 누구나 '하나님은 우리가 내일 할 일을 알고 계신다'고 믿습니다. 그러나 하나님이 정말 내가 내일 할 행동을 알고 계신다면, 나에게는 그와 다르게 행동할 자유가 없는 것 아닙니까? 이것 역시 하나님을 우리처럼 시간 흐름에 매여 사는 존재로 생각하기 때문에, 즉 하나님은 앞일을 미리 안다는 점에서만 우리와 다르다고 생각하기 때문에 생기는 어려움입니다.

자, 그것이 정말 사실이라면, 정말 하나님이 우리의 행동을 **예견**하신다면, 우리에게 행동의 자유가 있다고 보기는 대단히 힘들 것입니다. 그러나 하나님을 시간의 흐름 밖, 그 위에 계신 분으로 생각해 보십시오. 그렇다면 그는 우리가 '내일'이라고 부르는 날도 '오늘'처럼 보실 수 있습니다. 그에게는 모든 날이 '지금'입니다. 그는 여러분이 어제 한 일을 기억하시는 것이 아니라 지금 보고 계십니다. 여러분에게는 어제가 이미 지나가 버렸지만 하나님께는 지나가지 않았기 때문입니다. 그는 당신이 내일 할 일을 예견하시는 것이 아니라 지금 보고 계십니다. 여러분에게는 내일이 아직 오지 않았지만 하나님께는 이미 왔기 때문입니다. 지금 이 순간 자신이 하고 있는 일을 하나님이 아신다고 해서 자유롭지 못하다고 생각할 사람은 아무도 없습니다. 그는 바로 이런 방식으로 당신이 내일 할 행동을 아시는 것입니다. 그는 이미 내일에 계시면서 당신을 지켜보시는 것일 뿐입니다. 그러므로 어떤 의미에서는 당신이 행동하기 전까지는 어떤 행동을 할지 모르신다고도 할 수 있습니다. 그러나 당신이 그 행동을 하는 순간, 하나님께는 이미 '지금'이 됩니다.

제게는 이 개념이 상당한 도움이 되었습니다. 그러나 여러분에게는 도움이 안 된다면, 그냥 잊어버리십시오. 이것은 위대하고 현명한 그리스도인들이 계속 견지해 온 개념으로서 기독교와 충돌하는 면이 전혀 없다는 점에서 '기독교적인 개념'입니다. 그러나 성경이나 기독교 신조에 들어 있는 내용은 아닙니다. 그러니 이 개념을 받아들이지 않는다 해도, 아니 이 문제에 대해 전혀 생각하지 않는다 해도 좋은 그리스도인이 되는 데에는 아무 지장이 없습니다.

4
좋은 전염

이번 장은 다음과 같은 그림을 그려 보는 것으로 시작할까 합니다. 책상 위에 책이 두 권 있는데, 한 권이 다른 책 위에 얹혀 있는 모습을 상상해 보십시오. 이때 위 책을 위에 있게 해 주는 것—즉 지탱해 주는 것—은 분명 아래 책입니다. 이를테면 위 책이 책상 표면에 닿지 않고 2인치쯤 위에 있을 수 있는 것은 아래 책이 떠받쳐 주고 있기 때문입니다.

아래 책을 A, 위 책을 B라고 합시다. A의 위치는 B의 위치에 원인을 제공합니다. 맞습니까? 그렇다면 이제 그 두 책이 원래부터 계속 이런 위치에 있었다고—물론 현실적으로는 불가능한 일이지만 하나의 예로서 그럴 수 있다고—상상해 봅시다. 이 경우에도 B의 위치는 언제나 A의 위치에서 나온 결과라고 할 수 있을 것입니다. 그러나 B가 이런 위치에 있기 전에 A가 먼저 이런 위치에 있었다고 할 수는 없습니다. 다시 말해서 원인이 먼저 있고 결과가 다음에 나타난 것이 아니라는 말입니다. 물론 대개는 원인이 **먼저** 있어야 결과가 나타납니다. 오이를 먼저 먹어야 그 후에 체하는 것처럼 말이지요. 그러나 모든 원인과 결과가 다 그런 것은 아닙니다. 제가 왜 이 점을 중시하는지 곧 알게 될 것입니다.

앞에서 저는 정육면체가 하나의 입체인 동시에 여섯 개의 정사각형이듯, 하나님은 하나인 동시에 삼위인 존재라고 했습니다. 그런데 이 삼위가 서로 어떻게 연관되는지를 설명하려면, 그 사이에 마치 선후 관계가 있는 것처럼 들리는 말들을 쓰지 않을 수 없습니다.

우리는 삼위의 첫째 위를 성부(Father), 둘째 위를 성자(Son)라고 부릅니다. 그리고 첫째 위가 둘째 위를 낳는다(beget), 또는 생산한다(produce)고 말합니다. 여기에서 **만든다**가 아니라 **낳는다**는 표현을 쓰는 것은, 첫째 위가 생산하는 것이 그 자신과 같은 존재이기 때문입니다. 성부는 이런 의미에서 우리가 쓸 수 있는 유일한 말입니다. 그러나 불행히도 이 말은 성부가 성자보다 먼저 존재했던 것 같은—인간의 경우 아버지가 아들보다 먼저 존재하는 것처럼—인상을 줍니다. 그러나 사실은 그렇지 않습니다. 성부와 성자 사이에는 선후 관계가 없습니다. 어떻게 하나가 다른 것보다 먼저 존재하지 않으면서도 그 근원이나 원인이나 기원이 될 수 있는지에 대한 설명을 중시한 이유가 여기에 있습니다. 성부가 존재하기 때문에 성자가 존재합니다. 그러나 성자를 낳기 전 성부만 계셨던 시간은 단 한 순간도 없습니다.

아마 이렇게 설명하면 가장 좋을 듯합니다. 조금 전에 저는 책 두 권을 상상해 보라고 했고, 여러분 대부분 제 말대로 하셨을 것입니다. 즉 여러분은 상상하는 행위를 했고, 그 결과 머리 속에 그림 하나를 얻었습니다. 이때 상상하는 행위는 원인이고 머리 속 그림은 결과입니다. 그러나 그렇다고 해서 상상하는 행위가 먼저 있었고, 그 후에 그림이 그려진 것은 아닙니다. 상상하는 그 순간, 이미 그림은 그려져 있었습니다. 물론 그 그림을 계속 머리 속에 떠올리고 있는 것은 여러분의 의지입니다. 그러나 그 의지적 행위와 머리 속 그림은 정확하게 같이 시작해서 정확하게 같이 끝납니다. 따라서 어떤 영구적인 존재가 영구적으로 어떤 것을 상상하고 있다면, 그 행위는 영구적으로 하나의 그림을 산출해 낼 것입니다. 그리고 그 그림은 상상하는 행위와 똑같이 영원할 것입니다.

이와 마찬가지로 등불에서 빛이, 난로에서 열이, 정신에서 생각이 흘러나오는 것처럼, 이를테면 성자도 성부에게서 영구히 흘러나온다고 생각하면 됩니다. 성자는 성부의 자기 표현—성부가 하시는 말씀—입니다. 그런데 성부가 말씀하시지 않은 순간은 단 한 번도 없었습니다. 이쯤에서 무언가 짐작되는 것이 있지 않습니까?

빛이나 열 같은 묘사는 자칫 성부와 성자가 두 인격이 아니라 두 물체인 듯한 인상을 줄 수 있습니다. 결국 '아버지(성부)와 아들(성자)'이라는 신약성경의 묘사야말로 우리가 그 대체물로 만들어 낸 그 어떤 묘사보다 훨씬 더 정확하다는 점이 드러났습니다. 성경에 나오는 말들을 제쳐두고 다른 것을 찾으면 언제나 이런 결과가 나타나게 되어 있습니다. 물론 몇 가지 특정한 사실을 분명히 설명하기 위해서 잠깐 동안 다른 묘사를 빌릴 수는 있지요. 그러나 그 경우에도 반드시 성경으로 되돌아가야 합니다. 하나님을 잘 묘사하는 법은 당연히 우리보다 하나님이 더 잘 아십니다. 그는 '아버지와 아들'의 관계야말로 우리가 생각할 수 있는 그 어떤 관계보다 첫째 위와 둘째 위의 관계에 가깝다는 것을 아십니다. 무엇보다 중요한 점은 이것이 사랑의 관계라는 사실입니다. 성부는 성자를 기뻐하시고, 성자는 성부를 공경하십니다.

여기서 잠시 이 사실이 갖는 실제적 중요성에 주목해 봅시다. 어떤 부류의 사람이든 "하나님은 사랑이심이라"[35]는 성경 말씀을 인용하기 좋아합니다. 그러나 그들은 하나님 안에 적어도 두 인격이 있지 않는 한 "하나님은 사랑이심이라"는 말은 무의미할 수밖에 없다는 사실을 모르는 것 같습니다. 사랑이란 한 인격체가

---

35) 요한1서 4장 8절.

다른 인격체에게 품는 것입니다. 하나님이 한 분이시라면, 세상이 창조되기 전까지는 사랑이셨을 수가 없습니다. 물론 세상 사람들은 우리와 아주 다른 뜻에서 하나님은 사랑이라고 하는 것입니다. 그 말의 진짜 속뜻은 '사랑은 하나님'이라는 것이지요. 즉 사랑의 감정이 어디에서 어떻게 생기든, 또 무슨 결과를 낳든 상관없이 무조건 존중해야 한다는 뜻에서 하는 말입니다. 물론 사랑의 감정을 존중해야 할 수도 있지요. 그러나 이것은 그리스도인들이 "하나님은 사랑이심이라"고 할 때의 뜻과는 확연히 다른 것입니다. 그리스도인은 생생하면서도 역동적인 사랑의 활동이 하나님 안에서 계속되고 있으며 이 활동이 모든 것을 창조해 냈다고 믿습니다.

아마 이것이 기독교와 다른 종교의 가장 중대한 차이점일 것입니다. 즉 기독교의 하나님은 정적인 존재가 아니라—심지어 한 인격체로만 그치는 분이 아니라—역동하며 약동하는 활동, 생명, 일종의 드라마에 가까운 분이라는 것입니다. 경건치 못한 표현이 될지 모르겠지만, 그는 일종의 춤에 가까운 분입니다. 성부와 성자의 연합은 그 연합 자체를 또 하나의 인격체라고 해도 될 만큼 생생하고 구체적으로 이루어집니다.

받아들이기 어려운 이야기인 줄 알지만, 이렇게 한번 생각해 봅시다. 아시다시피 사람들은 가족이나 클럽이나 노동조합으로 모일 때, 그 가족이나 클럽이나 조합의 '정신'에 대해 이야기합니다. 이처럼 그들이 '정신'에 대해 이야기하는 것은 각 개인이 함께 모였을 때는 각기 따로 있을 때와 다른 특정한 방식으로 말하고 행동하기 때문입니다.[36] 마치 일종의 공동 인격이라도 생겨난 것처럼 말입니다. 물론 그것이 진짜 인격체는 아닙니다. 인격체와 비슷할 뿐이지요. 그런데 이 부분에 하나님과 우리의 차이가 있습니다. 성부와 성자의 생명이 결합될 때는 진짜 인격체, 즉 삼위일체 하나님 중 제3위 하나님이 실제로 나오시기 때문입니다.

이 셋째 위를 신학용어로는 '성령', 또는 하나님의 '영'이라고 합니다. 이것(또는 이분)이 다른 두 하나님보다 다소 모호하고 막연하게 느껴진다고 해서 염려하거나 놀랄 필요는 없습니다. 제 생각에는 이렇게 될 수밖에 없는 이유가 있습니다. 여러분은 그리스도인의 삶을 살면서 대개는 **성령을** 바라보지 않습니다. 성령은 항상 **여러분을 통해** 움직이십니다. 성부가 여러분 앞 '저기' 계시는 분이고 성자가 여러분 옆에서 기도를 도우시며 여러분을 하나님의 아들로 바꾸시는 분이라면, 성령은 여러분 안 또는 뒤에 계시는 분입니다. 아마 제3위부터 시작해서 거꾸로 생각하는 편이 오히려 더 이해하기 쉬운 사람도 있을 것입니다. 하나님은 사랑이시며, 그 사랑은 인간을 통해—특별히 그리스도인 공동체를

---

[36] 물론 이런 집단적인 행동은 개인적인 행동보다 나을 때도 있고 못할 때도 있습니다. —지은이 주

통해—역사합니다. 그러나 이 사랑의 영은 영원 전부터 성부와 성자 사이에 있어 온 사랑입니다.

자, 그렇다면 이 모든 것은 과연 중요한 문제일까요? 이 세상 그 무엇보다 중요한 문제입니다. 이 삼위 하나님의 생명이 보여주는 춤, 드라마, 또는 양식(pattern) 전체는 우리 각자의 생명 속에 재현되어야 합니다. 바꾸어 말하면 우리 각 사람은 그 양식 속에 들어가야 하고 그 춤에 참여해야 합니다. 그 외에 행복해질 수 있는 길은 없습니다. 아시다시피 나쁜 것뿐 아니라 좋은 것도 전염됩니다. 따뜻해지려면 불 가까이 가야 합니다. 몸을 적시려면 물 속에 들어가야 합니다. 기쁨과 능력과 평화와 영원한 생명을 얻으려면 그것을 가진 존재에게 가까이 가야 하며, 더 나아가 그 속으로 들어가야 합니다. 이것들은 하나님이 아무한테나 나누어 주시는 상품 같은 것이 아닙니다. 실재의 중심에서 솟구쳐 올라오는 능력과 아름다움의 거대한 분수입니다. 그 분수에 가까이 다가가는 사람은 물보라에 젖을 것이고, 다가가지 않는 사람은 여전히 메마른 상태에 머물 것입니다. 하나님과 연합한 사람이 어떻게 영원히 살지 않을 수 있겠습니까? 하나님과 분리된 사람이 어떻게 시들어 죽지 않을 수 있겠습니까?

그렇다면 어떻게 해야 하나님과 연합할 수 있을까요? 어떻게 해야 삼위 하나님의 생명 속에 들어갈 수 있을까요?

여러분은 제가 제4부 1장에서 **낳는 것**과 **만드는 것**의 차이에 대해 말한 내용을 기억할 것입니다. 우리는 하나님이 낳으신 존재가 아니라 만드신 존재입니다. 즉 자연 상태 그대로 있을 때 우리는 하나님의 자녀가 아니라 조상(이를테면)일 뿐입니다. **조에**, 즉 영적인 생명은 우리에게 없습니다. **바이오스**, 즉 얼마 못 가서 소모되어 사라질 생물학적 생명만 있을 뿐입니다.

  기독교가 제시하는 것은 이것입니다. 하나님이 그 뜻대로 하시도록 자신을 그분께 맡기는 사람은 그리스도의 생명에 동참하게 됩니다. 만든 생명이 아니라 낳은 생명, 언제나 있었고 언제나 있을 생명을 나누어 갖는 것입니다. 그리스도는 하나님의 아들이십니다. 그러므로 그의 생명에 동참하면 우리도 하나님의 아들이 됩니다. 우리는 그가 성부를 사랑하시듯 성부를 사랑할 것이며, 그러면 성령이 우리 안에서 일어나실 것입니다. 그리스도는 자신이 가진 이 생명을 사람들에게 퍼뜨리기 위해—제 표현대로라면 '좋은 전염'을 시키기 위해—사람이 되어 이 세상에 오셨습니다. 모든 그리스도인은 작은 그리스도가 되게 되어 있습니다. 우리가 그리스도인이 되는 목적은 오직 이것 하나뿐입니다.

5
고집센 장난감 병정들

하나님의 아들은 사람들을 하나님의 아들 되게 하시려고 사람이 되셨습니다. 인류가 하나님을 거역하고 원수 편이 되지 않았다면 어떻게 되었을지 우리는—적어도 저는—모릅니다. 아마 모든 인간이 태어날 때부터 '그리스도 안에' 살면서 하나님의 아들이 가진 생명을 나누어 가졌겠지요. **바이오스**, 즉 자연적 생명은 당연히 창조되지 않은 생명인 **조에** 속으로 즉시 이끌려 올라갔을 것입니다. 그러나 이것은 추측일 뿐입니다. 여러분과 저의 관심사는 바로 지금의 상황이 어떠한가 하는 것입니다.

우리의 현재 상태는 이렇습니다. 지금 이 두 종류의 생명은 서로 다를 뿐 아니라(이 두 생명은 처음부터 달랐습니다), 더 나아가 실제적인 적대 관계에 있습니다. 우리 각 사람 안에 있는 자연적 생명은 자기 중심적인 것으로서, 남들이 다 자기만 다독여 주고 감탄해 주길 바라며, 다른 생명들을 이용하며 전 우주를 착취하려 듭니다. 특히 이 생명은 혼자만 있고 싶어합니다. 즉 자기보다 더 좋거나 강하거나 높은 것, 그래서 상대적으로 자기를 왜소하게 만드는 것이라면 무엇이든지 피하려 합니다. 지저분하게 자란 사람이 목욕을 두려워하듯이, 이 생명은 영적인 세계의 빛과 공기를 두려워합니다. 어떤 의미에서 이것은 아주 당연한 현상입니다. 자연적 생명은 영적 생명에게 일단 붙잡히면 이 모든 자기중심성과 아집이 끝장난다는 걸 알기 때문에, 그런 사태를 피해 보려고 이를 악물고 손톱을 세워 가며 싸울 준비를 하는 것입니다.

어렸을 때 장난감들이 살아난다면 얼마나 재미있을까 생각해 본 적이 있습니까? 여러분이 정말 장난감에게 생명을 불어넣을 수 있다고 해 봅시다. 그래서 양철 병정을 진짜 작은 사람으로 바꾼다고 상상해 보는 것입니다. 그렇게 하려면 장난감의 양철을 사람의 살로 바꾸어야 합니다. 그런데 그 양철 병정이 그것을 싫어한다고 생각해 보십시오. 그 장난감 병정은 사람의 살에는 관심이 없습니다. 그의 눈에는 오직 자기 양철이 망가지는 것처럼 보일 뿐입니다. 그는 여러분이 자기를 죽이려 한다고 생각합니다. 그래서 어떻게 해서든지 여러분을 저지하려 합니다. 그렇게 하는 한 그는 사람이 되지 못할 것입니다.

여러분이라면 그 양철 병정에게 어떻게 할지 모르겠군요. 하나님이 우리에게 하신 일은 이것입니다. 즉 하나님 안에 있는 둘째 위격인 성자가 몸소 사람이 되신 것입니다. 그는 진짜 사람—키도 자라고 몸무게도 나가며 자기 머리색도 있고 특정한 언어로 말하는 진짜 사람—으로 세상에 태어나셨습니다. 전 우주를 창조했으며 모든 것을 알고 있는 영원한 존재가 사람이 되셨을 뿐 아니라 아기가 되셨고, 그보다 먼저는 한 여성의 몸 안에서 **태아**가 되신 것입니다. 이것이 어떤 일인지 실감하고 싶다면, 여러분 자신이 달팽이나 게가 되면 어떨까 생각해 보시기 바랍니다.

성자가 사람이 되신 결과, 여러분은 모든 사람이 원래 갖추었어야 할 모습을 실제로 갖춘 한 인간, 어머니에게 물려받은 '창조된'(created) 생명이 '태어난'(begotten) 생명으로 완전하고도 완벽하게 변화된 한 인간을 만날 수 있게 되었습니다. 자연적 인간은 그분 안에서 신의 아들 속으로 완전히 들어올려졌습니다. 인성(humanity)은 이 한 사례 안에서 이를테면 완성에 도달했습니다. 즉 그리스도의 생명으로 바뀐 것입니다. 그는 우리의 모든 곤경은 자연적 생명이 어떤 의미에서 '죽는다'는 데서 비롯된다는 것을 아셨기 때문에, 번번이 자신의 인간적 욕망을 죽이는 길—가난, 가족들의 오해, 가까운 친구의 배신, 치안대의 야유와 학대, 고문과 처형—을 택하셨습니다. 그분 안에 있는 인성은 신의 아들됨과 연합되어 있었으므로, 그는 이렇게 죽임을 당한 후에—어떤 의미에서는 날마다 죽임을 당한 후에—다시 살아나셨습니다.

그 때 하나님만 다시 살아난 것이 아니라 그리스도 안에 있는 인간도 같이 살아났습니다. 이것이 요점입니다. 우리는 처음으로 진정한 인간을 보게 되었습니다. 한 양철 병정—다른 장난감 병정들처럼 진짜 양철로 만든병정—이 놀랍게도 완전하게 살아났습니다.

이제 우리는 양철 병정의 예가 들어맞지 않는 지점에 이르렀습니다. 실제로 양철 병정이나 조상이 생명을 얻는다 해도, 그 일은 나머지 병정이나 조상들에게 아무 영향도 끼칠 수 없습니다. 그것들은 각기 별개의 존재들이기 때문입니다. 그러나 인간은 그렇지 않습니다. 인간도 각자 따로 다니니까 별개의 존재처럼 보이기는 하지요. 하지만 그것은 우리가 현재의 순간만을 볼 수 있게 만들어진 탓입니다. 만약 우리가 과거도 볼 수 있다면 사정은 당연히 달라질 것입니다. 어떤 인간이든 어머니의 일부였던 때가 있고, 더 전에는 아버지의 일부였던 때가 있으며, 조부모의 일부였던 때가 있기 때문입니다. 우리가 하나님처럼 인류를 시간 안에 쫙 펼쳐놓고 볼 수만 있다면, 인류는 제각각 흩어져 있는 무수한 점으로 보이는 것이 아니라 점점 성장해 가는 단일체—가지를 무성히 뻗은 나무처럼—로 보일 것입니다. 즉 각 개인이 제각각 연결되어 있는 모습으로 보인다는 것이지요. 그뿐만이 아닙니다. 각 개인은 서로간에 분리되어 있지 않은 것처럼 하나님과도 분리되어 있지 않습니다. 세상의 모든 남녀노소가 이 순간 감각을 느끼며 숨을 쉬고 있는 것은 오직 하나님께서 '붙잡고 계시기' 때문입니다.

따라서 그리스도가 사람이 되신 일은 여러분 중 하나가 양철 병정이 되는 일과 다릅니다. 이 일은 마치 전 인류에게 늘 작용하고 있던 무언가가 어느 시점부터 새로운 방식으로 작용하기 시작한 일과 같습니다. 그 시점부터 시작된 효력은 인류 전체로 퍼져 나갑니다. 그 효력은 그리스도 이후에 태어난 사람들뿐 아니라 그리스도 이전에 살았던 사람들에게도 미치며, 그리스도에 대해 전혀 듣지 못했던 사람들에게까지 미칩니다. 마치 물컵 속에 무언가가 한 방울 떨어져, 그 물 전체의 맛과 색깔을 바꾸어 놓는 것과 같습니다. 물론 어떤 예를 든다 해도 이 일을 완벽하게 설명할 수는 없습니다. 결국 하나님 같은 분은 아무도 없으며, 그가 하시는 일과 같은 일은 아무것도 없기 때문입니다. 그 일을 완벽하게 짐작해 내기란 거의 불가능합니다.

그렇다면 그리스도께서 인류 전체에 끼친 효력이란 무엇입니까? 그 효력이란 바로 이런 것입니다. 하나님의 아들이 되는 일, 창조된 존재에서 태어난 존재로 변화되는 일, 일시적인 생물학적 생명에서 시간을 초월한 '영적' 생명으로 바뀌는 일이 우리에게 일어났습니다. 원칙적으로 인류는 이미 '구원받았습니다.' 물론 우리 각 사람은 그 구원을 자기 것으로 삼아야 합니다. 그러나 정말 어려운 일—우리 스스로 도저히 할 수 없는 부분—은 이미 이루어졌습니다. 이제는 우리 힘으로 영적인 생명을 향해 올라가려고 애쓸 필요가 없습니다. 그 생명은 이미 인류에게 내려왔습니다. 그 생명으로 충만히 차 있는 분, 하나님이면서도 인간이신 분에게 우리 자신을 드러내기만 하면, 그가 우리를 위해 우리 안에서 그 일을 행하실 것입니다. 제가 '좋은 전염'에 대해 했던 말을 기억하십시오. 우리 인류 중 한 사람이 이 새로운 생명을 가지고 있습니다. 그에게 가까이 다가가기만 하면 우리에게도 그 생명이 옮아 올 것입니다.

물론 이 일은 다른 방식으로도 얼마든지 표현될 수 있습니다. 그리스도가 우리 죄 때문에 죽으셨다고도 할 수 있습니다. 우리가 했어야 할 일을 그리스도께서 대신 하셨으므로 성부께서 우리를 용서하셨다고도 할 수 있습니다. 어린 양의 피로 우리가 씻음 받았다고도 할 수 있습니다. 그리스도가 죽음을 이기셨다고도 할 수 있습니다. 이것들은 전부 맞는 말입니다. 그러니 이 중에서 마음에 와닿지 않는 문구는 내버려 두고, 마음에 와닿는 문구를 취하면 됩니다. 그러나 부디 어떤 문구를 취하든 간에, 여러분과 같지 않은 문구를 쓴다는 이유로 다른 이들에게 싸움을 걸지는 마시기 바랍니다.

6
두 가지 부연 설명

오해를 피하기 위해, 지난 장의 내용에 대해 두 가지 부연 설명을 덧붙이고자 합니다.

⑴ 어떤 지각 있는 비판적 독자가 제게 편지를 보내, 하나님이 '장난감 병정들'이 아니라 아들을 원하신다면 처음부터 아들을 많이 **낳으면** 되지 왜 굳이 장난감 병정들을 먼저 **만든** 다음 굳이 그토록 어렵고 고통스런 과정을 거쳐 생명을 주느냐고 질문한 적이 있습니다. 그 답의 일부분은 아주 쉽지만, 다른 일부분은 인간의 지식을 뛰어넘습니다.

쉬운 부분부터 말해 봅시다. 인류가 오래 전에 하나님께 등을 돌리지 않았다면, 피조물에서 아들로 변화되는 과정이 그토록 어렵거나 고통스럽지는 않았을 것입니다. 인류가 하나님께 등을 돌릴 수 있었던 것은 하나님이 자유 의지를 주셨기 때문입니다. 그리고 이처럼 하나님이 인류에게 자유 의지를 주신 것은, 자동 인형에 불과한 존재는 사랑할 수 없으며, 따라서 무한한 행복이 무엇인지 알 수 없기 때문입니다.

어려운 부분은 이것입니다. 모든 그리스도인이 동의하듯이, 완전한 원래 의미에서 볼 때 '하나님의 아들'은 오직 한 분뿐입니다. 이에 대해 "하지만 많았을 수도 있지 않은가?"라고 굳이 묻는다면, 헤어나올 수 없는 수렁에 빠질 수밖에 없습니다. '······이었을 수도 있다'(could have been)는 것이 과연 하나님께 쓸 수 있는 말입니까? 유한한 것에 대해서는 지금의 상태와 '달랐을 수도 있다'고 할 수 있습니다. 지금의 상태는 이전의 어떤 요소가 달라질 경우 달라지고, 그 제2의 요소는 제3의 요소가 달라질 경우 달라지는 식의 일들이 계속 이어질 수 있지요(인쇄공이 빨간 잉크를 썼다면 지금 이 면에 실린 글자들은 다 빨개졌을 것이고, 또 그 인쇄공은 빨간 잉크를 쓰라는 지시를 받았을 경우에 빨간 잉크를 사용했을 것입니다. 이를테면 이런 식의 일이 계속 이어질 수 있다는 것입니다).

그러나 하나님에 대해—즉 가장 밑바닥에 있는 초석(礎石), 다른 모든 사실을 떠받치고 있는 가장 근본적인 '사실'에 대해—"지금과 달랐을 수도 있지 않은가?"라고 묻는 것은 말이 안 되는 일입니다. 그 '사실'은 현재 그 모습이 전부이며, 더 이상 논의할 여지가 없습니다. 그러나 이런 얘기까지 하지 않더라도, 성부가 영원

전에 여러 아들을 낳는다는 그 개념 자체에 벌써 문제점이 있습니다. 여럿이 되려면 어떤 식으로든 서로 달라야 합니다. 두 개의 동전은 모양이 같습니다. 그런데 어떻게 두 개가 됩니까? 차지하고 있는 공간과 함유하고 있는 원자가 다르기 때문입니다. 다시 말해서 이 두 동전을 서로 다른 것으로 보려면, 공간과 물질이라는 요소를 끌어들여야 합니다. 즉 '자연' 내지는 창조된 우주를 끌어들여야 한다는 것이지요. 저는 공간이나 물질을 끌어들이지 않고서도 성부와 성자가 구별된다는 사실을 얼마든지 이해할 수 있습니다. 성부는 낳은 분이고 성자는 나신 분이니까요. 성자에 대한 성부의 관계는 성부에 대한 성자의 관계와 다릅니다. 그런데 만일 하나님께 여러 아들들이 있다면, 그들은 성부에 대해서나 서로에 대해서 동일한 관계를 맺고 있을 것입니다. 그런데 어떻게 다를 수가 있습니까?

물론 처음에는 이런 문제점이 눈에 뜨이지 않습니다. 사람들은 여러 명의 '아들들'이라는 개념도 가능하다고 생각하지요. 그러나 더 면밀하게 생각해 볼 때 제가 발견하는 것은, 그 아들들이 일종의 공간 안에 함께 서 있는 모습을 막연하게라도 상상해야만 이런 개념이 가능하다는 점입니다. 다시 말해서 겉으로는 우주가 만들어지기 전의 존재들에 대해 생각하는 것 같지만, 실제로는 우주의 그림을 슬쩍 그려 놓은 다음 그 존재들을 그 우주 안에 세워 두었기 때문에 이런 개념이 가능하다는 것이지요. 그렇게 우주를 그려 놓지 않은 채 성부가 '천지창조 전에' 낳으신 여러 아들들에 대해 생각하려 들면 아무 생각도 떠오르지 않습니다. 개념은 사라지고 말들만 어른거릴 뿐이지요(자연—공간과 시간과 물질—은 이렇게 '여럿'을 만들기 위해 창조된 것이 아닐까요? 먼저 우주 안에 여러 피조물을 만든 다음 영을 불어넣는 방법이 아니고서는 영원한 영을 여럿 만들 길은 없는 것이 아닐까요? 물론 이건 모두 추측일 뿐입니다만).

(2) 인류 전체가 어떤 의미에서 하나의 단일체—나무 같은 하나의 거대한 유기체—라는 개념을, 개인적 차이는 중요치 않다거나 탐이나 노비나 케이트 같은 실제 인물보다는 계급이니 종족 같은 집단이 더 중요하다는 사상과 혼동해서는 안 됩니다. 사실 이 두 가지는 정반대 되는 것입니다. 같은 유기체에 속한 것들도 아주 다를 수 있고, 같은 유기체에 속하지 않은 것들도 아주 비슷할 수 있습니다. 동전 여섯 개는 별개의 것들이면서도 아주 비슷합니다. 반면에 코와 폐는 아주 다르지만, 둘 다 제 몸의 일부로서 같은 생명을 공유해야만 살아 있을 수 있지요. 기독교는 인간 개개인을 단순히 어떤 모임에 속한 구성원이나 목록에 나열된 항목으로 보는 것이 아니라, 한 몸의 기관들—자기만의 역할을 수행하는 서로 다른 존재들—로 봅니다.

여러분의 자녀나 학생, 심지어 이웃들을 당신의 판박이로 만들고 싶은 마음이 들거든, 그것은 하나님의 뜻이 결코 아니라는 사실을 기억하십시오. 여러분과 그 사람들은 각기 다른 기관으로서 각기 다른 역할을 감당하게 되어 있습니다. 반대로 다른 사람의 어려움을 보고서도 "내가 상관할 바가 아니지" 하며 무관심하고 싶은 마음이 들거든, 그가 여러분과 다른 존재이면서도 동시에 같은 유기체의 일부임을 기억하십시오. 그가 여러분과 같은 유기체에 속해 있다는 사실을 잊을 때 여러분은 개인주의자가 됩니다. 반면에 그가 여러분과 다른 기관이라는 것을 잊을 때, 각자의 차이를 무시하고 모든 사람을 획일화시키고자 할 때, 여러분은 전체주의자가 됩니다. 그리스도인은 전체주의자가 되어서도 안 되고 개인주의자가 되어서도 안 됩니다.

이 두 가지 중 무엇이 더 그릇된 생각인지 말하고 싶은 마음이 굴뚝같습니다. 아마 여러분도 그럴 것입니다. 그러나 이것은 악마의 술책입니다. 악마는 그릇된 사상을 세상에 퍼뜨릴 때 항상 짝을 지어—정반대 생각끼리—퍼뜨립니다. 그리고 그 중에 무엇이 더 나쁜지 생각하는 데 많은 시간을 낭비하도록 부추기지요. 그 이유는 물론 아시겠지요? 악마는 우리가 어느 한쪽을 특별히 더 싫어하게 만들어서 그 반대쪽으로 조금씩 끌고가려는 것입니다. 그러나 우리는 속지 맙시다. 우리는 오직 목표만을 바라보면서 그릇된 두 생각 사이에 난 길을 똑바로 걸어가야 합니다. 그 중 하나에 더 관심을 둘 필요가 없습니다.

7
가장(假裝)합시다

이 장 역시 두 가지 그림 내지는 두 가지 이야기를 떠올리는 것으로 시작해도 되겠습니까? 한 가지는 누구나 읽었을 법한 이야기 《미녀와 야수》입니다. 기억하시겠지만, 한 아가씨가 어쩔 수 없는 이유로 괴물과 결혼해야 했습니다. 그래서 결혼을 했지요. 아가씨는 사람에게 하듯 괴물에게 입을 맞추었습니다. 그러자 아가씨한테는 너무나 다행스럽게도 괴물은 청년으로 변했고, 두 사람은 행복하게 잘 살았습니다. 또 한 가지는 늘 가면을 쓰고 살아야 했던 한 남자의 이야기입니다. 이 가면은 그 남자의 얼굴을 원래보다 더 잘생겨 보이게 했습니다. 남자는 이것을 수년 간 써야 했지요. 그런데 어느 날 가면을 벗고 보니, 얼굴이 가면의 모습으로 바뀌어 있었습니다. 그는 정말 미남이 되었습니다. 위장(僞裝)이 현실이 되어 버린 것이지요.

저는 이 두 이야기가 이번 장의 내용을 설명하는데 도움이 된다고(물론 좀 터무니없는 방식이긴 하지만) 생각합니다. 지금까지 저는 사실—하나님은 어떤 분이시며 무슨 일을 하셨는가—을 설명했습니다. 이제부터는 실천—그러면 우리는 무엇을 해야 하는가—에 대해 이야기하고 싶습니다. 우리가 살펴본 이 모든 이론에는 어떤 효력이 있습니까? 이 이론들은 당장 오늘밤부터 효력을 발휘할 수도 있습니다. 이 책을 여기까지 읽은 사람이라면 한 번쯤 기도할 마음을 먹을 정도의 관심은 가지고 있을 것입니다. 그럴 때 다른 기도를 할 수도 있겠지만, 아마 주기도문으로 기도하기가 가장 쉽지 않을까 합니다.

주기도문의 첫 문장은 "하늘에 계신 **우리 아버지여**"입니다. 무슨 뜻인지 아시겠습니까? 이것은 아주 정직하게 말해서, 여러분이 지금 하나님의 아들 행세를 한다는 뜻입니다. 조잡하게 표현해서 **그리스도로 분장했다**는 뜻이지요. 이렇게 말해도 괜찮다면, 여러분은 가장(假裝)하고 있는 것입니다. 이 첫 문장의 뜻을 깨닫는 순간, 여러분은 자기가 하나님의 아들이 아니라는 사실 또한 깨닫게 될 것이기 때문입니다. 여러분은 성부와 한 마음 한 뜻을 품고 계시는 '그' 하나님의 아들과 같을 수가 없습니다. 여러분은 자기 중심적인 두려움과 소원, 욕심, 질투, 자만 등 망할 수밖에 없는 것들을 모아 놓은 꾸러미입니다. 이런 사람이 그리스도로 분장한다는 것은 어떤 점에서 대단히 파렴치한 짓이 아닐 수 없습니다. 그런데 이상한 사실은 그리스도 자신이 이렇게 하라고 명령하셨다는 것입니다.

그는 왜 이런 명령을 하셨을까요? 도대체 다른 사람처럼 가장해서 좋을 일이 뭐가 있다는 것입니까? 아시다시피 인간적인 차원만 살펴보아도 두 가지 종류의 가장이 있습니다. 하나는 나쁜 것으로서, 진짜를 밀어내는 가장입니다. 실제로는 돕지 않으면서 돕는 척할 때처럼 말이지요. 그러나 좋은 가장도 있는데, 이것은 진짜로 나아가는 가장입니다. 친밀감을 보여야 할 사람한테 친밀감이 생기지 않을 때 가장 흔히 쓸 수 있는 최선의 방책은, 마치 자기가 실제보다 더 친절한 사람인 양 친밀한 태도와 행동을 보이는 것입니다. 그러면 우리 모두가 이미 경험한 바처럼 얼마 후 전보다 큰 친밀감이 정말 생겨납니다. 어떤 소질을 실제로 기르려면 그 소질이 벌써 생긴 양 행동해야 하는 경우가 아주 많습니다. 그래서 아이들의 놀이가 그토록 중요한 것입니다. 아이들은 군인 놀이, 가게 놀이 등을 하면서 어른 행세를 합니다. 그 가운데 근육이 단단해지고 이해력이 늘어남으로써, 이 어른 흉내는 아이들의 본격적인 성장을 돕게 되지요.

자, 여러분은 '지금 나는 그리스도로 분장하고 있다'는 사실을 깨닫는 순간이야말로 그 가장이 가장에서는 좀더 멀어지고 현실에는 좀더 가까워질 수 있는 순간임을 알게 될 것입니다. 여러분이 정말 하나님의 아들이라면 결코 허용치 않았을 생각들이 몇 가지 떠오를 수 있습니다. 그렇다면 그것들을 버리십시오. 지금은 기도할 것이 아니라 아래층으로 내려가 편지를 쓰거나 아내의 설거지를 도와야 한다는 생각이 들 수도 있습니다. 그렇다면 가서 그렇게 하십시오.

일이 어떻게 되어 가는 것인지 아시겠지요. 이렇게 하는 순간, 사람이면서(여러분처럼) 하나님이신(그의 아버지처럼) 하나님의 아들 그리스도가 실제로 여러분 옆에서 여러분의 가장을 현실로 바꾸기 시작하십니다. 그저 양심의 소리에 따르는 것에 불과한 일을 제가 엉뚱하게 부풀리고 있는 것이 아닙니다. 물론 양심에 물어서 답을 얻을 수도 있지요. 그러나 스스로 그리스도로 분장하고 있다는 사실을 의식할 때 얻는 답은 그 답과 다릅니다. 양심상으로 볼 때에는 딱히 잘못이라고 할 수 없지만 그리스도처럼 되려고 진지하게 노력할 경우에는 허용할 수 없는 것들(특히 마음속에 있는 것들)이 아주 많습니다. 이제 여러분에게는 단순히 무엇이 옳고 그르냐가 문제 되지 않습니다. 여러분은 좋은 의미에서 한 인격체에게 전염되려고 애쓰는 중이기 때문입니다. 이것은 정해진 규칙을 지키는 일보다는 초상화를 그리는 일에 더 가깝습니다. 이상한 것은 어떤 점에서는 초상화를 그리기가 규칙을 지키기보다 어렵지만, 또 다른 점에서는 오히려 훨씬 쉽다는 것입니다.

진짜 하나님의 아들이 여러분 곁에 계십니다. 그는 여러분을 자신과 같은 존재로 바꾸기 시작하셨습니다. 이를테면 자신과 같은 생각과 생명, 즉 **조에**를 '넣어 주고' 계신 것이며, 양철 병정을 살아 있는 인간으로 바꾸고 계신 것입니다. 그러나 여러분 안에서 이 변화를 싫어하는 부분은 계속 양철로 남아 있을 것입니다.

물론 자신은 이와 아주 다른 경험을 했다고 느끼는 사람도 있을 것입니다. "보이지 않는 그리스도가 나를 도와 준다고 느낀 적은 한 번도 없었어요. 오히려 사람들의 도움을 자주 받았지요"라고 말할 수도 있습니다. 그러나 이런 사람은 제1차 세계대전 때 "우리 식구들은 맨날 토스트만 먹으니까 빵은 떨어져도 상관없어요"라고 말한 여자와 다를 바가 없습니다. 빵이 없으면 토스트도 없습니다. 그리스도의 도움이 없으면 사람의 도움도 없습니다. 그는 온갖 방법으로 우리에게 역사하십니다. 우리가 '신앙생활'로 여기는 부분을 통해서만 역사하시는 것이 아닙니다. 자연을 통해서도, 우리의 몸을 통해서도, 책을 통해서도, 때로는 **반기독교적으로** 보이는(그 당시로서는) 경험들을 통해서도 역사하십니다. 습관적으로 교회에 나가던 젊은이가 사실은 자신이 기독교를 믿지 않는다는 사실을 정직하게 인정하고 교회에 그만 다니기로 할 경우—부모를 속썩이기 위해서가 아니라 정말 정직해지고 싶어서 이렇게 할 경우—그리스도의 영은 그전 어느 때보다 그에게 더 가까이 계실 수 있습니다.

그러나 그리스도는 무엇보다 먼저 사람을 통해 일하십니다. 사람은 다른 사람에게 그리스도를 비추어 주는 거울, 또는 그리스도를 전해 주는 '운반인'입니다. 때로는 자기도 모르는 사이에 이런 역할을 할 때도 있지요. 자신은 '좋은 전염'을 경험하지 못했으면서 다른 사람에게는 옮겨 주는 경우도 있습니다. 예컨대 저는 비그리스도인들의 도움으로 그리스도인이 되었습니다. 그러나 대개는 그리스도를 아는 이들이 다른 이들에게 그분을 전해 주게 되지요. 이것이 바로 교회, 즉 서로에게 그리스도를 보여 주는 그리스도인 전체가 그토록 중요한 이유입니다. 그리스도인 두 명이 함께 그리스도를 따를 때, 기독교는 그들이 각자 따로 있을 때보다 두 배로 커지는 것이 아니라 열여섯 배로 커진다고 할 수 있습니다.

그러나 잊지 말아야 할 사항이 하나 있습니다. 아기가 처음 어머니의 젖을 먹을 때에는 젖 주는 사람이 어머니인 줄 모르는 게 당연합니다. 우리도 처음 사람의 도움을 받을 때에는 그 뒤에 계신 그리스도를 못 보는 게 당연합니다. 그러나 언제까지나 아기로 머물 수는 없습니다. 우리는 자신에게 정말 도움을 주시는 분이 누구인지 알아보는 수준까지 나아가야 합니다. 그렇게 안 된다면 낭패가 아닐 수 없습니다. 그러면 결국 사람을 의지하게 될 테니까요. 사람을 의지하면 곧 실망하게 마련입니다. 아무리 훌륭한 사람도 실수를 합니다. 그리고 다 죽습니다. 우리는 우리를 도와 준 이들에게 감사해야 하며 그들을 존경하고 사랑해야 합니다. 그러나 어떤 인간에게도 절대로, 절대로 믿음 전체를 걸지는 마십시오. 설령 그가 세상에서 가장 훌륭하고 현명한 사람이라 할지라도 그렇게는 하지 마십시오. 모래를 가지고 할 수 있는 멋진 일들이 많습니다. 그러나 그 위에 집을 짓는 일만큼은 해서는 안 됩니다.

이제 우리는 신약성경이 늘 하는 말이 무슨 뜻인지 이해하기 시작했습니다. 신약성경은 그리스도인이 '다시 태어나는 일'에 대해 말하고 있습니다. '그리스도로 옷 입는 일'에 대해, '그리스도의 형상이 우리 안에 이루어지는 일'과 '그리스도의 마음을 품는 일'에 대해 말하고 있습니다.[37]

그리스도인들이 그리스도의 말씀을 읽고 실천하려고 노력하는 것—플라톤이나 마르크스의 글을 읽고 실천하려고 노력하는 것처럼—에 불과한 일을 참 거창하게도 표현한다고 생각지 마십시오. 여기에는 그 이상의 의미가 있습니다. 이것은 실제 인격체인 그리스도께서 바로 지금 여기, 여러분이 기도하고 있는 그 방에 오셔서 일하신다는 뜻입니다. 이것은 2천년 전에 죽은 한 훌륭한 인물에 관련된 문제가 아닙니다. 이것은 여러분과 똑같은 산 사람이자 세상을 창조한 분과 똑같은 하나님이 직접 찾아와 여러분

---

[37] 요한복음 3장 3절, 로마서 13장 14절, 갈라디아서 4장 19절, 빌립보서 2장 5절.

의 자아에 간섭하시는 일입니다. 여러분 안에 있는 자연적인 옛 자아를 죽이고 그 자신의 자아로 바꾸시는 일입니다.

그는 처음에는 잠깐 잠깐 이 일을 하십니다. 그 다음에는 좀더 오랜 기간을 들여 이 일을 하시지요. 그리고 이 모든 과정이 잘 진행되면 마침내 여러분을 완전히 다른 존재로, 새로운 작은 그리스도로, 규모는 작지만 하나님의 생명과 똑같은 생명을 가진 존재로 영원히 바꾸어 놓으십니다. 그리하여 그의 능력과 기쁨과 지식과 영원함에 동참케 하십니다.

여기에서 우리가 발견하는 사실이 두 가지 있습니다.

⑴ 우리는 우리의 구체적인 죄의 행동들뿐 아니라 우리의 죄성 자체에 주목하게 됩니다. 자기가 한 짓만 보고 놀라는 것이 아니라 아예 자기 자신에게 놀라기 시작한다는 것입니다. 조금은 어렵게 들릴 수 있는 말이니만큼 제 경우를 예로 들어 보겠습니다. 저녁 기도 시간에 하루 동안 지은 죄를 하나 하나 더듬어 볼 때, 십중팔구 가장 선명하게 생각나는 죄는 사랑하지 않은 죄입니다. 저는 부루퉁하게 굴거나 딱딱거리거나 빈정거리거나 윽박지르거나 호통을 쳤습니다. 그 즉시 떠오르는 변명은, 갑자기 생각지도 못하게 화를 돋우는 바람에 그랬다는 것이지요. 방심하고 있던 터라 마음을 가다듬을 여유가 없었다는 것입니다. 이것은 정상 참작의 이유는 될 수 있습니다. 고의적으로 미리 계획해서 그렇게 하는 것보다야 분명히 덜 나쁜 짓일 것입니다. 그러나 달리

생각하면 방심한 상태에서 나오는 행동이야말로 제가 정말 어떤 사람인지 확실히 보여 주는 가장 좋은 증거 아니겠습니까? 위장할 시간의 여유 없이 금세 튀어나오는 반응이야말로 가장 확실한 진실 아니겠습니까?

지하실에 쥐가 있을 때에는 갑자기 들어가 봐야 잘 볼 수 있는 법입니다. 갑자기 들어갔다고 해서 없던 쥐가 생기는 것은 아닙니다. 다만 쥐들이 숨을 틈이 없어지는 것뿐이지요. 마찬가지로 갑자기 화를 돋우는 일이 생겼기 때문에 좋았던 성질이 갑자기 못되지는 것은 아닙니다. 다만 그 갑작스러운 상황이 내 못된 성질을 드러내 주었을 뿐입니다. 지하실에 늘 쥐가 있어도 들어갈 때 소리를 지르고 시끄럽게 굴면 불을 켜기 전에 다 숨어 버리게 마련입니다. 제 영혼의 지하실에는 분명히 분노와 복수심이라는 쥐가 늘 살고 있습니다. 그런데 그 지하실은 나의 의식적인 의지가 미치지 못하는 곳입니다. 겉으로 드러나는 행동은 어느 정도 통제할 수 있습니다. 그러나 기질은 직접적인 통제권 밖에 있습니다.

전에 말했듯이 우리가 어떤 사람이냐가 무엇을 하느냐보다 훨씬 더 중요하다면—우리가 무엇을 하느냐는 주로 우리가 어떤 사람이냐를 보여 주는 증거로서 중요한 것이라면— '나에게 가장 필요한 변화는 나 자신의 직접적이고 의지적인 노력으로 결코 일으킬 수 없는 변화'라는 결론이 나옵니다. 이것은 저의 선행에도 적용됩니다. 그 중에 올바른 동기에서 나온 행동이 과연 얼마나 되겠습니까? 여론에 대한 두려움이나 과시욕에서 나온 행동은 얼마나 되겠습니까? 상황만 달랐다면 악행의 동기가 될 수도 있었을 일종의 고집이나 우월감에서 나온 행동은 또 얼마나 되겠습니까? 저는 직접적인 도덕적 노력으로 새로운 동기를 만들어 낼 수 없습니다. 그리스도인으로서 처음 몇 단계의 삶을 거쳐 보면, 우리 영혼에 정말 필요한 일들은 오직 하나님만 하실 수 있다는 사실을 깨닫게 됩니다. 그리고 이런 깨달음은 지금까지 제가 사용해 온 표현에 어떤 오해의 소지가 있는지를 보여 줍니다.

(2) 지금까지 저는 마치 우리가 모든 일을 다 하는 것처럼 말했습니다. 물론 실제로 모든 일을 다 하시는 분은 하나님입니다. 우리가 하는 일이란 기껏해야 그 일이 일어나도록 허용하는 것뿐입니다. 어떤 의미에서 가장하고 있는 분은 하나님이라고 할 수 있습니다. 말하자면 삼위일체 하나님께서 자기 중심성과 욕심과 불평과 반항심 가득한 이 인간이라는 동물을 보시면서 이렇게 말씀하신다는 것이지요. "이 자들을 단순한 피조물이 아니라 우리 아들이라고 생각하자. 그리스도가 인간이 되었으니, 이 자들도 인간이라는 점에서는 그와 비슷하다. 영적으로도 그와 비슷하다고 생각하자. 사실은 그렇지 않지만 그런 척하자. 이 가장이 현실이 되도록 그렇게 하자."

하나님은 여러분을 마치 작은 그리스도 보듯 하십니다. 그리고 그리스도는 여러분 곁에서 여러분을 진짜 작은 그리스도로 바꾸어 가십니다. 하나님이 위장하신다는 이 개념이 처음에는 좀 이상하게 들릴 수도 있습니다. 하지만 이것이 정말 이상한 일입니까? 이것이야말로 차원이 높은 존재가 자기보다 낮은 존재를 끌어올리는 방법 아닙니까? 어머니는 아기가 진짜 말을 배우기 전인데도 마치 말할 줄 아는 아기를 대하듯이 함으로써 말을 가르칩니다. 또 우리는 개를 '거의 사람' 취급 하지요. 그렇게 하기 때문에 결국은 개가 정말 '거의 사람'에 가까워지는 것입니다.

8
기독교는 쉬울까, 어려울까?

지난 장에서 우리는 '그리스도로 옷 입는다', 또는 진짜 하나님의 아들이 되기 위해 일단 하나님의 아들인 것처럼 '분장한다'는 기독교의 개념에 대해 생각해 보았습니다. 저는 이것이 그리스도인이 해야 할 많은 일 가운데 하나가 아니라는 점을 분명히 하고 싶습니다. 이것은 일류 그리스도인을 만들기 위한 특별 훈련이 아닙니다. 이것은 기독교의 전부입니다. 기독교가 줄 수 있는 것은 오직 이것뿐입니다. 그래서 저는 기독교가 일반적 개념에서 '도덕'이나 '선량함'과 어떻게 다른지 짚어 보고자 합니다.

그리스도인이 되기 전에는 보통 다음과 같은 생각을 갖고 있게 마련입니다. 우리는 다양한 욕구와 관심사를 가진 평범한 자아를 출발점으로 삼습니다. 그리고 이 자아와 다른 무언가—'도덕'이나 '바른 행동'이나 '사회적 안녕'—가 이 자아에 대해 권리를 주장할 수 있다는 점, 즉 자아의 욕구에 간섭할 권리를 주장할 수 있다는 점을 인정하지요. '선량하다'는 것은 그 권리 주장에 승복한다는 뜻입니다. 평범한 자아가 이른바 '그릇된' 것을 원할 수도 있습니다. 그럴 때는 자아가 원하는 것을 포기해야 합니다. 평범한 자아는 이른바 '옳은' 일을 원치 않을 수도 있습니다. 그럴 때는 자아가 원치 않는 것이라도 해야 하지요. 우리는 이런 요구들을 다 채우고 난 후에 이 불쌍한 자연적 자아에게도 얼마간의 기회와 시간이 주어져서, 하고 싶은 일들을 하며 삶을 누릴 수 있기를 희망합니다. 이를테면 정직한 납세자의 심정과 아주 비슷한 것입니다. 세금을 꼬박꼬박 내긴 하지만, 그래도 먹고 살 만한 돈은 남기를 바라 마지않는 납세자의 심정 말입니다. 이것은 자연적인 자아를 출발점으로 삼고 있기 때문에 생기는 일입니다.

이런 식으로 생각하는 한, 그 결과는 둘 중 하나일 것입니다. 즉 선량해지기를 포기하게 되든지, 아주 불행한 사람이 되는 것이지요. 자, 보십시오. 자연적 자아에 대한 양심의 요구를 다 충족시키려다 보면 남아나는 것이 없습니다. 양심은 따르면 따를수록 더 많은 것을 요구할 것입니다. 이처럼 매번 굶주리고 구속받으며 괴롭힘을 당하다 보면, 자연적 자아도 점점 더 화가 나겠지요. 그래서 결국 선량해지기를 포기하든지, 늘 불만에 싸여 투덜거리면서 이른바 '남을 위해 사는' 사람—자신을 마치 순교자처럼 생각하면서 남들이 이런 희생을 왜 항상, 또 좀더 몰라주는지 이상히 여기는 사람—이 되는 것입니다. 이렇게 되면 솔직한 이기주의자보다 함께 살기가 훨씬 더 힘든 골칫거리가 되어 버립니다.

기독교의 방식은 다릅니다. 더 어려우면서도 더 쉽지요. 그리스도는 말씀하십니다. "나에게 전부를 다오. 나는 너의 시간이나 돈이나 일을 원치 않는다. 나는 '너'를 원한다. 나는 너의 자연적 자아를 괴롭히러 온 것이 아니라 죽이러 왔다. 미봉책은 필요 없다. 나는 여기저기 나뭇가지를 쳐 내는 게 아니라 나무 자체를 아예 뽑고 싶다. 이를 뚫거나 씌우거나 막는 게 아니라 아예 뽑고 싶다. 너의 자연적 자아 전부를, 네가 악하다고 생각하는 욕망이나 죄 없는 욕망을 가리지 말고 전부 내게 넘겨다오. 그러면 그 대신 새 자아를 주마. 내 자아를 주마. 그러면 내 뜻이 곧 네 뜻이 될 것이다."

이 방식은 우리 노력으로 모든 것을 감당하는 앞서의 방식보다 더 어렵기도 하고 더 쉽기도 합니다. 여러분도 이미 알고 계시겠지만, 그리스도 자신 역시 그리스도인의 삶을 아주 어려운 것으로 설명하실 때도 있었고 아주 쉬운 것으로 설명하실 때도 있었습니다. 그는 "자기 십자가를 지라"고 하십니다.[38] 다르게 표현하

---

38) 마태복음 16장 24절.

면 그리스도인의 삶은 집단수용소에서 죽도록 맞는 일과 비슷하다는 것입니다. 그런데 또 다른 때는 "내 멍에는 쉽고 내 짐은 가볍다"고 하십니다.[39] 그는 이 두 가지를 다 말씀하십니다. 그리고 우리는 이 두 말씀 다 참되다는 것을 알 수 있습니다.

선생님들은 반에서 가장 게으른 아이가 결국은 가장 힘들게 공부하게 된다고 말합니다. 그 뜻은 이런 것입니다. 여러분이 두 아이에게 기하학 정리를 설명할 때, 수고할 준비가 되어 있는 아이는 그 내용을 이해하기 위해 노력할 것입니다. 그러나 게으른 아이는 그냥 외어 버리려 들 것입니다. 당장 노력이 덜 드니까요. 그러나 여섯 달쯤 지나 시험을 치를 때가 되면, 게으른 아이는 성실한 아이가 단 몇 분 만에 이해하고 재미있어하는 내용을 공부하기 위해 몇 시간씩 들여가며 고역을 치러야 합니다. 그렇기 때문에 게으름을 피우면 결국 더 많이 공부하게 되어 있다는 것입니다.

다른 경우를 생각해 봅시다. 전쟁터에 나가거나 등산을 하다 보면 큰 담력을 발휘해야 할 일들이 있습니다. 그런데 결과적으로 보면 위험한 일이 닥쳤을 때 그 일을 하는 것이 가장 안전한 길입니다. 당장 겁이 나서 피하면, 몇 시간 후에는 훨씬 더 큰 위험에 처하게 마련이지요. 비겁하게 굴면 결국 가장 큰 위험을 만

---

39) 마태복음 11장 30절.

나게 되어 있습니다.

마찬가지입니다. 여러분의 자아 전부—여러분의 소원과 경계심 모두—를 그리스도께 넘겨 드리는 것은 너무나 두려운 일일 뿐만 아니라 불가능에 가까운 일입니다. 그래도 지금 우리 모두가 애쓰고 있는 일보다는 훨씬 쉬운 일입니다. 지금 우리가 애쓰고 있는 일은 이른바 '자아'를 지키면서 개인의 행복을 인생의 최고 목표로 삼는 동시에 '선량'해지는 것입니다. 자신의 생각과 마음은 제멋대로 굴게 내버려 두면서—돈이나 쾌락이나 야망에 빠지게 내버려 두면서—동시에 정직하고 순결하며 겸손한 사람이 되기를 바라는 것이지요. 그러나 그리스도는 결코 이렇게 할 수 없다고 정확하게 경고하셨습니다. 그의 말씀처럼 엉겅퀴는 무화과 열매를 맺을 수 없습니다.[40] 만일 제가 풀씨만 뿌려진 밭이라면 절대 밀을 생산할 수 없습니다. 풀을 깎아 짧게 할 수는 있겠지요. 그래도 저에게서는 풀만 자랄 뿐 밀이 자랄 수는 없습니다. 밀을 생산하고 싶으면 흙 표면이 아니라 더 깊숙한 곳에서 변화가 일어나야 합니다. 완전히 갈아엎어져서 새 씨가 뿌려져야 합니다.

바로 그렇기 때문에 대개의 경우 예상치 못하는 곳에서 그리스도인의 삶을 방해하는 진짜 문제에 부딪치는 것입니다. 그것은 매일 아침 눈을 뜨는 바로 그 순간 찾아옵니다. 그 순간 그날의

---

40) 마태복음 7장 16절.

모든 소원과 희망이 맹수처럼 달려들지요. 따라서 매일 아침 가장 먼저 해야 할 일은 그것들을 모조리 밀어내는 것입니다. 다른 음성에 귀를 기울이고, 다른 관점을 받아들이며, 좀더 크고 강하고 고요한 생명이 흘러들어오게 하는 것입니다. 이 일은 날마다 계속되어야 합니다. 우리는 안달복달하며 야단법석을 떠는 자연적 자아에서 물러서야 합니다. 그 세찬 바람에서 벗어나야 합니다.

처음에는 이렇게 할 수 있는 순간이 불과 얼마 안 됩니다. 그러나 그런 짧은 순간들을 통해 새로운 종류의 생명이 우리의 전신으로 퍼져 나갑니다. 왜냐하면 그분은 이렇게 함으로써 일해야 할 부분에서 제대로 일하실 수 있기 때문입니다. 이 차이는 겉에만 칠해지는 페인트와 속까지 흡수되는 염료의 차이나 같습니다. 그리스도는 이상주의에 불과한 말씀을 하신 적이 없습니다. 그가 "너희도 온전하라"[41]고 하실 때는 말 그대로 정말 온전하라는 것, 온전히 치료받을 마음을 먹으라는 것입니다. 이것은 어려운 일입니다. 그러나 우리가 오로지 추구하는 일종의 절충안을 따르기는 더 어렵습니다. 아니, 사실은 아예 불가능하지요. 알이 부화해서 새가 되는 것은 어려운 일일 수 있습니다. 그러나 알이 나는 법을 배우려 드는 것은 더 어려운 일일 뿐만 아니라 보기에도 우스

---

41) 마태복음 5장 48절.

운 광경이 될 것입니다. 지금 우리는 알과 같습니다. 우리는 언제까지나 평범하고 보기 좋은 알로 머물 수 없습니다. 부화하든지 썩든지 둘 중에 하나가 될 수밖에 없습니다.

앞에서 했던 말을 한 번 더 반복할까요? 이것이 기독교의 전부입니다. 다른 것은 없습니다. 이 점에 대해 혼동하는 사람들이 많습니다. 우리는 교회에 다른 목적—교육, 건축, 선교, 예배—이 많다고 생각하기 쉽습니다. 국가에 여러 목적—군사적, 정치적, 경제적 목적 등등—이 있다고 생각하기 쉽듯이 말이지요. 그러나 국가의 목적은 어떤 점에서 우리 생각보다 훨씬 간단합니다. 국가는 단지 사람들이 세상에서 누리는 평범한 행복을 보호하며 증진시키기 위해 존재합니다. 불을 쬐며 얘기를 나누는 남편과 아내, 술집에서 다트 놀이를 하는 두 친구, 자기 방에서 책을 읽거나 정원에서 땅을 파는 남자들을 위해 존재하는 것입니다. 그런 순간들을 늘리고 연장시키며 보호하는 데 도움이 되지 않는다면, 법률도, 의회도, 군대도, 법원도, 경찰도, 경제도 전부 시간 낭비에 불과합니다.

마찬가지로 교회는 오직 사람들을 그리스도께 이끌어 작은 그리스도로 만들기 위해 존재합니다. 이 일을 하지 않는다면 교회 건물도, 성직자도, 선교도, 설교도, 심지어 성경 자체도 시간 낭비에 불과합니다. 하나님이 인간이 되신 목적은 단 하나뿐입니다. 이 우주 역시 다른 목적을 위해 창조되었을 가능성이 거의 없습니다. 성경은 전 우주가 그리스도를 위해 만들어졌으며, 모든 것이 그 안에 함께 모인다고 말합니다.[42] 이 일이 전 우주적으로 어떻게 실현될는지 아는 사람은 아무도 없을 것입니다. 우리는 지구와 수백만 마일 떨어진 곳에 무엇이 살고 있는지(혹시라도 살고 있는 것이 있다면) 모릅니다. 아니 지구 안에서조차 인간 외에 다른 것들에게는 이 일이 어떻게 이루어질는지 전혀 모르고 있습니다. 이것은 당연한 일입니다. 우리에게 보여 주신 것은 오직 우리 자신에 대한 계획뿐이니까요.

저는 가끔씩 다른 것들에게 이 일이 어떻게 일어날는지 그려 보기를 즐깁니다. 저는 인간이 고등동물들을 사랑하며 다른 어떤 것보다 인간과 닮게 만들 때, 그 동물이 어떤 의미에서 '인간' 안으로 이끌려 들어가는 모습을 볼 수 있다고 생각합니다. 심지어 무생물이나 식물도 인간이 연구하고 사용하며 귀히 볼 때 '인간' 안으로 이끌려 들어가는 듯한 느낌을 받습니다. 만약 다른 세계에 지적인 피조물들이 존재한다면, 그들 역시 자기들의 세계에서 이런 일을 할 수 있겠지요. 지적인 피조물들이 그리스도 안으로 이끌려 들어가면서 이런 식으로 다른 모든 것들을 함께 데리고 들어갈 수 있겠다는 생각도 합니다. 물론 확실히 알 수는 없는 일이지요. 그저 추측해 볼 뿐입니다.

---

42) 에베소서 1장 10절, 골로새서 1장 16-17절.

그러나 우리 인간들이 어떻게 그리스도 안으로 이끌려 들어갈 수 있는지, 그리하여 우주의 젊은 군주가 성부께 드리는 놀라운 선물의 일부가 될 수 있는지—그분 자신이 선물이므로 그 안에 들어 있는 우리 역시 선물이 되는 것이지요—에 대해서는 이미 들어서 알고 있습니다. 우리는 오직 이 일을 위해 창조되었습니다. 또한 성경에는 우리가 그 안에 이끌려 들어갈 때 자연 속에 있는 많은 것들 역시 제자리를 찾을 것이라는 낯설지만 흥분되는 암시가 많습니다. 마침내 악몽은 끝나고, 아침이 밝아올 것입니다.

9
대가를 계산하기

지난 장에서 말한 우리 주님의 말씀 "너희도 온전하라" 때문에 걱정하는 분들이 상당히 많았습니다. 이 말의 뜻을 '네가 온전해지지 않으면 도와 주지 않겠다'로 오해한 분들이 있었던 것 같습니다. 그렇다면 결코 온전해질 수 없는 우리에게는 아무 희망이 없지요. 그러나 저는 그런 뜻으로 생각지 않습니다. 저는 이 말씀을 '내가 유일하게 도울 일은 너를 완벽하게 만드는 것이다. 너는 그 이하를 바랄 수도 있다. 그러나 나는 그 이하에 만족하지 않겠다'는 뜻으로 생각합니다.

예를 들어 보겠습니다. 어렸을 때 저는 종종 이를 앓곤 했는데, 그때마다 어머니께 가면 통증을 없애는 약을 주실 테고 그러면 잘 잘 수 있다는 것을 알고 있었습니다. 그런데도 저는 통증이 아주 심해지기 전까지는 어머니께 가지 않았습니다. 제가 가지 않은 이유는 이것이었습니다. 어머니는 틀림없이 제게 아스피린을 주실 것입니다. 그러나 그것 말고 다른 조치도 취하시리라는 것을 저는 알고 있었습니다. 다음 날 아침이면 어김없이 치과에 데려가신다는 것을 말이지요. 저는 제가 원하는 것만 얻고 원치 않는 것은 피할 재간이 없었습니다. 저는 당장 아픈 것만 면하고 싶었습니다. 그러나 이를 완전히 고칠 각오를 하지 않고는 아픔을 면할 길이 없었습니다. 저는 치과의사들이 어떤 사람들인지 알고 있었습니다. 그 의사들은 아직 아프지 않은 이들까지 모조리 찾아 내 손볼 것입니다. 제 생각에 그들은 긁어 부스럼을 만드는 사람들로서, 하나를 주면 열을 달라 할 사람들이었습니다.

이런 표현을 써도 된다면, 우리 주님은 바로 이런 치과의사 같은 분입니다. 그는 여러분이 하나를 드리면 열을 달라 하실 것입니다. 많은 이들이 부끄러운 죄(자위행위나 비겁한 행동처럼)나 매일의 삶을 망치는 죄(나쁜 성질이나 과음처럼)를 고치려고 그를 찾습니다. 물론 그는 그것들을 고쳐 주실 것입니다. 그러나 결코 거기에서 멈추지 않으실 것입니다. 여러분은 거기까지만 고쳐 주시기를 원할 수도 있습니다. 그러나 일단 그분을 끌어들인 이상, 완전하게 치료받지 않을 길이 없습니다.

그렇기 때문에 주님은 사람들에게 그리스도인이 되기 전에 먼저 "대가를 계산하라"고 경고하신 것입니다.[43] 그는 말씀하십니다. "잘 듣거라. 일단 너희가 나를 받아들이기만 하면 너희를 온전하게 만들어 주겠다. 너희 자신을 내 손에 맡기는 순간, 내 목적은 오직 너희를 온전하게 만드는 그것뿐이다. 그 밖의 것도 안 되고 그 이하도 안 된다. 너희에게는 자유 의지가 있으니 원한다면 나를 밀어낼 수도 있다. 그러나 나를 밀어내지 않겠다면, 내가 이 일을 끝까지 해 내리라는 점을 명심하거라. 너희가 세상에서 어떤 고통을 대가로 치러야 하든지, 죽은 후에 어떤 알 수 없는 정화의 과정을 거쳐야 하든지, 또 내가 어떤 대가를 치러야 하든지 간에, 너희가 말 그대로 온전해지기까지—내 아버지께서 나를 기뻐하신다고 하셨듯이[44] 너희한테도 아무 망설임 없이 "내가 너희를 기뻐한다"고 말씀하실 수 있을 때까지—나는 결코 쉬지 않을 것이며 너희도 쉬게 내버려 두지 않을 것이다. 나는 이렇게 할 수 있고 이렇게 할 것이다. 그 이하의 것에는 결코 만족하지 않겠다."

그러나 이와 똑같이 중요한 측면이 있는데, 그것은 이 '돕는 자'가 궁극적으로는 절대적인 온전함에 못 미치는 것에 만족하지 않으시지만, 그럼에도 불구하고 가장 간단한 의무를 지키기 위해 내일 여러분이 시도하는 그 미미하고 서투른 노력을 아주 기뻐하신다는 것입니다. 위대한 기독교 작가인 조지 맥도널드(George

---

43) 누가복음 14장 28-33절.
44) 마태복음 3장 17절.

MacDonald)가 말했듯이, 어린 아들이 첫 걸음을 떼는 모습을 보고 기뻐하지 않을 아버지는 없습니다. 그러나 다 자랐는데도 씩씩하고 남자답게 성큼성큼 걷지 못하는 모습을 보고 만족할 아버지 또한 없습니다. 이 작가는 말했습니다. "하나님을 기쁘게 하기는 쉽지만, 만족시키기는 어렵다."

실제적인 결론은 이것입니다. 여러분은 한편으로, 하나님이 온전함을 요구하시기는 하지만 적어도 지금은 착하게 살려고 하다가 잘 안 되어 낙심하거나 실패했다고 해서 낙심할 필요가 없다는 점을 알아야 합니다. 그는 여러분이 넘어질 때마다 일으켜 주실 것입니다. 그는 여러분의 노력으로는 온전함 근처에도 갈 수 없다는 사실을 너무나 잘 알고 계십니다. 그러나 다른 한편으로는, 지금 여러분을 인도하기 시작하신 하나님의 최종 목적지는 절대적인 온전함이라는 것을 처음부터 분명히 알아야 합니다. 여러분을 그 목적지로 이끌어 가시는 하나님을 막을 세력은 전 우주에 오직 여러분 자신뿐입니다. 온전해지는 것이야말로 여러분이 존재하는 목적입니다.

이 점을 깨닫는 것은 아주 중요합니다. 이 점을 깨닫지 못하는 한, 일정한 지점이 지난 후부터는 뒤로 물러나 하나님을 거부하기 시작할 가능성이 아주 큽니다. 골칫거리였던 한두 가지 죄를 그리스도께서 극복하게 해 주시고 나면, 이제 자기는 꽤 선량해졌다고(겉으로야 이렇게 말하지 않겠지만) 생각하는 경향이 우리 대부분에게 있는 것 같습니다. 자기가 바랐던 일은 이미 이루어졌으니, 이제는 떠나 주시면 감사하겠다는 것이지요. 그것은 이를테면 이렇게 말하는 것과 같습니다. "저는 성인(聖人)까지 될 생각은 없습니다. 그저 행동 바른 보통 사람이 되고 싶을 뿐이지요." 우리는 이것을 겸손으로 생각합니다.

그러나 이것은 치명적인 오해입니다. 물론 우리는 그분의 의도처럼 온전한 존재가 되기를 바란 적도 없고 그렇게 만들어 달라고 구한 적도 없습니다. 그러나 문제는 우리가 어떤 존재가 되길 바랐느냐가 아니라 하나님이 우리를 만드실 때 어떤 존재로 만들고자 하셨느냐입니다. 발명가는 그분이며, 우리는 발명품에 불과합니다. 화가는 그분이며, 우리는 그림에 불과합니다.

그렇다면 그가 우리를 어떤 모습으로 만들고자 하셨는지 어떻게 알 수 있을까요? 아시다시피 그분은 우리를 과거의 모습과 너무나 다르게 만들어 놓으셨습니다. 오래 전, 우리는 태아로서 어머니 몸 속에 있으면서 여러 단계를 거쳤습니다. 한때는 식물과 비슷했고, 한때는 물고기와 비슷했습니다. 우리는 후기 단계에 이르러서야 사람의 아기와 비슷해졌습니다. 그런데 만약 그 초기 단계에 우리에게 의식이 있었다면, 아마 식물이나 물고기같이 생긴 상태에 만족했을 것입니다. 구태여 아기가 되기를 바라지 않았으리라는 것이지요. 그러나 그때도 하나님은 자신의 계획이 어떤 것인지 알고 계셨으며, 그 계획을 이루기로 작정하고 계셨습니다.

이와 같은 일이 더 높은 차원에서 지금 일어나고 있습니다. 우리는 이른바 '보통 사람'에 머무는 데 만족할 수도 있습니다. 그러나 그는 아주 다른 계획을 이루기로 작정하고 계십니다. 그 계획 앞에서 뒷걸음질치는 것은 겸손이 아닙니다. 그것은 게으름이고 비겁함입니다. 그 계획에 승복하는 것은 자만이나 과대망상증이 아닙니다. 그것은 순종입니다.

이러한 진리의 양면을 달리 표현할 수도 있습니다. 한편으로 우리는 어떤 도움 없이 자기 노력만으로는 단 24시간도 '바른' 사람으로 살 수 없다는 사실을 잊지 말아야 합니다. 하나님이 도와 주시지 않으면 단 한 명도 엄청난 죄에서 벗어날 길이 없습니다. 또한 우리는 다른 한편으로, 하나님은 역사상 가장 위대한 성인들의 거룩함과 영웅적 면모 이상의 것을 우리 각 사람 안에 만들어 내고야 말겠다고 작정하셨다는 사실을 알아야 합니다. 이 일은 이생에서 완성되지 못할 것입니다. 그러나 하나님은 우리가 죽기 전에 가능한 한 그 목적지 가까이 데려가고자 하십니다.

인생에 힘든 시기가 닥치더라도 놀라지 말아야 할 이유가 여기에 있습니다. 그리스도께 나아간 후 꽤 잘 지내고 있는 것 같을 때(몇몇 나쁜 습관들을 고쳤다는 뜻에서) '이제는 당연히 만사가 잘 풀려나가겠지'라는 생각을 흔히 하게 됩니다. 그러다가 문제—병, 재정적인 어려움, 새로운 종류의 유혹—가 생기면 금방 실망에 빠지고 말지요. 못되게 살던 예전이라면 자기를 회개시키기 위해 이런 일이 필요하다고 생각할 수도 있습니다. 그런데 지금은 왜 이런 일이 생겨야 합니까? 하나님이 우리를 더 높은 수준으로 끌고 가시고자 하기 때문에 생깁니다. 하나님은 이전에는 꿈도 못 꾸었을 만큼 큰 용기와 인내와 사랑을 발휘해야 할 상황으로 우리를 이끄십니다. 우리한테는 이 모든 일이 불필요해 보입니다. 그러나 하나님께서 우리를 재료 삼아 얼마나 엄청난 것을 만들어 내실지 눈꼽만큼도 모르기 때문에 그렇게 보이는 것일 뿐입니다.

조지 맥도널드의 비유를 하나 더 빌려와야 할 것 같군요. 여러분 자신이 살아 있는 집이라고 상상해 보십시오. 하나님이 오셔서 그 집을 다시 지으려 하십니다. 처음에는 그가 하는 일이 이해가 될 것입니다. 그는 하수구를 고치고 지붕에 새는 곳들을 막는 등의 일들을 하십니다. 이런 것들은 필요한 일이므로 놀랄 필요가 없습니다. 그런데 얼마 안 가 집을 마구 때려 부수기 시작하는데, 지독하게 아플 뿐 아니라 도무지 이해할 수가 없습니다. 도대체 그는 무슨 짓을 하고 계신 것입니까? 그는 여러분의 생각과 영 다른 집을 짓고 계십니다. 여기에는 한쪽 벽을 새로 세우고 저기에는 바닥을 더 깔고 탑을 새로 올리고 마당을 만드십니다. 여러분은 보기 좋은 작은 오두막집을 생각했습니다. 그런데 그는 궁전을 짓고 계십니다. 그는 친히 그 궁전에 살 작정이십니다.

너희도 온전하라는 명령은 이상주의적인 과장이 아닙니다. 불가능한 것을 하라는 명령도 아닙니다. 그는 지금 우리를 그 명령에 순종할 수 있는 존재로 만들어 가고 계십니다. 그는 성경에서 우리를 '신'이라고 하셨고, 그 말씀을 이루실 것입니다.[45] 그가 이 일을 하시도록 맡기기만 한다면—우리가 원한다면 못 하시게 막을 수도 있습니다—아무리 연약하고 더러운 인간이라도 남신과 여신으로, 지금으로서는 도무지 상상할 수 없을 만큼 힘과 기쁨과 지혜와 사랑으로 약동하는 눈부시게 빛나는 불멸의 존재로, 그분 자신의 다함없는 능력과 즐거움과 선함을 완벽하게 반사하는(물론 하나님보다는 작은 규모지만) 티없이 맑은 거울로 만드실 것입니다. 그 과정은 길며 부분적으로는 아주 고통스러운 것이겠지만, 거기에 도달하는 것이야말로 우리가 존재하는 목적입니다. 그 이하는 없습니다. 그의 말씀 그대로입니다.

---

45) 요한복음 10장 34절.

10
호감 주는 사람이냐, 새 사람이냐

    그의 말씀 그대로입니다. 그의 손에 자신을 맡기는 사람들은 그가 온전하신 것처럼—사랑과 지혜와 기쁨과 아름다움과 불멸성에서 온전하신 것처럼—온전해질 것입니다. 이 변화는 이생에서 완성되지 않을 것입니다. 죽음도 그들을 다루시는 과정의 중요한 일부이기 때문입니다. 죽기 전에 어디까지 변하느냐는 그리스도인들마다 각각 다릅니다.

    지금쯤 사람들이 종종 제기하는 질문을 다루는 게 좋을 것 같군요. "기독교가 진리라면 왜 모든 그리스도인이 모든 비그리스도인보다 더 호감을 주지 못하는 것인가?" 이 질문의 이면에 깔린 생각은 한편으로는 지극히 타당하지만, 다른 한편으로는 전혀 타당하지 않습니다. 기독교로 회심했는데도 겉으로 드러나는 행동이 조금도 나아지지 않았다면—전과 똑같이 속물적이거나 악의

적이거나 시기심이 많거나 야심이 크다면—대개의 경우 그 '회심'이 그 사람의 머리 속에서만 일어난 일은 아닌지 의심해 볼 필요가 있다고 생각합니다. 회심한 사람은 자기 신앙이 좀 나아졌다는 생각이 들 때마다 이 질문을 스스로에게 던져 보아야 합니다. 실제 행동에 진보가 없다면 '종교'에 아무리 좋은 감정과 새로운 통찰과 더 큰 흥미가 생겼다 해도 아무 의미가 없습니다. 체온계의 눈금이 계속 올라가고 있는 한 아무리 환자의 '기분'이 좋아졌다 해도 아무 소용이 없듯이 말입니다.

이런 의미에서 볼 때, 바깥 세상이 눈에 보이는 결과를 보고 기독교를 판단하는 것은 전적으로 옳은 일입니다. 그리스도께서도 결과를 보고 판단하라고 하셨습니다.[46] 나무는 열매를 보고 알 수 있는 법입니다. 요즘 식으로 말하자면 푸딩은 먹어 봐야 안다는 것이지요. 바깥 세상은 우리 그리스도인들이 그릇된 행동을 하거나 실수하는 것을 볼 때, 기독교를 못 믿을 종교로 치부해 버립니다. 전시 포스터에 "경솔한 말의 대가는 목숨"이라는 문구가 있었습니다. "경솔한 삶의 대가는 말"이라는 것 또한 똑같이 맞는 표현입니다. 우리가 경솔하게 살면 바깥 세상에게 말거리를 주게 됩니다. 기독교의 진리 자체에 의심의 말을 던질 빌미를 제공하는 것이지요.

---

46) 마태복음 7장 16-20절.

그러나 눈에 보이는 결과를 요구하는 바깥 세상의 태도에는 아주 비논리적인 부분도 있습니다. 세상 사람들은 그리스도인이 된 사람은 마땅히 전보다 나아져야 한다고 요구하는 데서 그치지 않습니다. 전 세계를 두 진영—그리스도인과 비그리스도인—으로 정확히 양분해 놓고 볼 때, 첫째 진영에 속하는 사람이 둘째 진영에 속하는 사람보다 어느 때든지 확실히 더 호감을 주어야만 기독교를 믿겠다는 것입니다. 이런 요구는 다음과 같은 몇 가지 근거에서 타당치 못합니다.

(1) 현실 세계의 상황은 그들의 생각보다 훨씬 복잡합니다. 세상은 100퍼센트 그리스도인과 100퍼센트 비그리스도인으로 이루어져 있지 않습니다. 그리스도인으로 자처하는 사람들 중에도 서서히 신앙을 버리고 있는 이들이 있습니다(상당히 많지요). 개중에는 성직자들도 있습니다. 또 그리스도인으로 자처하지는 않지만, 서서히 그리스도인이 되어 가고 있는 사람들도 있습니다. 그리스도에 대한 기독교의 교리를 완전히 수용하지는 않지만 그에게 강하게 끌린 나머지 자기 생각보다 더 깊은 의미에서 이미 그의 소유가 되어 있는 사람들도 있지요. 다른 종교를 믿지만 하나님의 은밀한 영향을 받아 자기 종교 중에서도 기독교와 일치하는 부분에만 집중함으로써, 자기도 모르는 사이에 그리스도께 속하게 되는 사람들도 있습니다. 예컨대 선한 의지를 가진 불교도가 불교의 다른 가르침은 뒷전에 밀어둔 채(말로는 믿는다고 하면서도), 자

비에 대한 가르침에만 점점 더 집중하게 될 수도 있습니다. 그리스도께서 오시기 전에는 이런 이교도들이 꽤 많았을 것입니다. 식별력이 없어서 서로 모순되는 믿음들이 뒤엉켜 있는 사람들도 물론 상당히 많지요.

따라서 그리스도인과 비그리스도인을 집단 대 집단으로 나누어 판단하는 것은 그다지 유용한 태도가 못 됩니다. 개와 고양이, 또는 남자와 여자는 명확한 구분이 가능하므로 집단 대 집단의 비교가 어느 정도 유용하지요. 개가 고양이로 변하는 경우는 (서서히든 갑자기든) 없으니까요. 사람들이 그리스도인 일반과 비그리스도인 일반을 비교할 때는, 대개 자기가 개인적으로 알고 있는 구체적인 인물이 아니라 소설이나 신문에서 얻은 막연한 개념만을 생각하게 마련입니다. 그러나 나쁜 그리스도인과 좋은 무신론자를 비교하고 싶다면 실제로 만났던 구체적인 인물 두 사람을 놓고 생각해야 합니다. 이런 식으로 구체적으로 꼬집어 생각하지 않으면 시간만 낭비하게 됩니다.

(2) 구체적으로 꼬집어 생각해서, 가상의 그리스도인과 가상의 비그리스도인이 아니라 구체적인 이웃 두 사람을 놓고 이야기한다고 합시다. 이때에도 우리는 정확한 질문을 던질 수 있도록 주의해야 합니다. 만약 기독교가 참되다면 다음과 같은 결과가 나타나야 합니다. (a) 그리스도인이라면 누구나 그리스도인이 되지 않았을 경우보다 더 호감을 주는 사람이 되어야 합니다. (b) 그리

스도인이 된 사람이라면 누구나 전보다 더 호감을 주는 사람이 되어 있을 것입니다.

이와 마찬가지로, 만약 화이트스마일 회사의 치약 광고가 참되다면 다음과 같은 결과가 나타나야 합니다. (a) 이 치약을 쓰고 있는 사람은 누구나 이 치약을 쓰지 않는 경우보다 더 좋은 치아를 가지고 있을 것입니다. (b) 이 치약을 쓰기 시작하는 사람은 누구나 치아가 전보다 더 좋아질 것입니다. 그러나 현재 화이트스마일 치약을 쓰고 있는(또한 부모님께 시원치 않은 이를 물려받은) 제가 치약이라고는 구경도 못한 건강한 흑인 청년만큼 고운 이를 갖지 못했다는 이유만으로 이 광고가 참되지 못하다고 말할 수는 없습니다.

그리스도인인 베이츠 양의 말씨가 불신자인 딕 퍼킨보다 불친절할 수는 있습니다. 그러나 그것만으로 기독교가 정말 효과가 있는지 여부를 말할 수는 없습니다. 문제는 베이츠 양이 그리스도인이 아니었다면 지금 말씨가 어땠을까, 또 딕이 그리스도인이 되었다면 지금 어떻게 되었을까 하는 데 있습니다. 베이츠 양과 딕은 자연적 원인과 성장배경이 서로 다르며, 따라서 기질도 서로 다릅니다. 기독교는 그들만 허용한다면 이 두 기질 다 새롭게 관리해 주겠다고 합니다.

이때 여러분이 마땅히 제기할 수 있는 질문은, 이렇게 새로운 관리를 허용했을 때 과연 진보가 있겠느냐는 것입니다. 베이츠 양의 기질보다 딕 퍼킨의 기질이 관리하기에 '더 편하다'는 것은 누구나 아는 사실입니다. 그러나 그것은 중요하지 않습니다. 공장의 경영 성과를 평가하려면 생산량뿐 아니라 설비를 고려해야 합니다. A공장은 생산량이 적지만, 그 설비로 그 정도의 양을 생산한다는 것 자체가 놀라운 일일 수 있습니다. 반면에 B공장은 생산량이 많지만, 장비가 일급이라는 점을 고려할 때 기대에 못 미친다고 판단할 수도 있습니다. A공장의 관리를 맡게 된 유능한 경영자는 되도록 빨리 새 기계를 도입할 것이 틀림없지만, 그 일에는 시간이 필요합니다. 그럴 때 단지 생산량이 적다고 해서 경영자가 무능하다고 판정내릴 수는 없습니다.

(3) 이제 좀더 깊이 들어가 봅시다. A공장의 경영자는 조만간 새 기계를 도입할 것입니다. 그리스도께서는 결국 베이츠 양을 아주 '호감 주는'(nice) 사람으로 만드실 것입니다. 그러나 여기까지만 이야기하고 말면, 베이츠 양을 딕의 평상시 수준으로 끌어올리는 것이 그리스도의 유일한 목적인 것처럼 들릴 수 있습니다. 사실 지금껏 우리는 마치 딕에게는 아무 문제가 없다는 식으로 말해 왔습니다. 기독교는 불쾌감을 주는 사람들에게나 필요할 뿐 호감을 주는 사람들에게는 필요 없는 것처럼, 상냥한 사람이 되는 것이야말로 하나님이 요구하시는 전부인 것처럼 말이지요. 그러나 이것은 치명적인 오해입니다. 진실을 말하자면, 하나님이 보시기에 딕 퍼킨은 베이츠 양과 조금도 다를 바 없이 '구원'이

필요한 사람입니다. 사람이 호감을 주느냐, 그렇지 못하냐는 어떤 의미에서(이 점에 대해서는 잠시 후에 설명하지요) 문젯거리가 못 됩니다.

딕의 차분한 성격과 친절한 성향을 하나님도 우리와 똑같은 눈으로 보신다고 생각해서는 안 됩니다. 그것은 하나님 자신이 만드신 자연적 원인의 결과일 뿐입니다. 그저 기질적인 것이므로, 소화 상태만 달라져도 사라지고 맙니다. 딕의 호감 주는 성품은 하나님이 딕에게 주신 선물이지, 딕이 하나님께 드리는 선물은 아닙니다. 마찬가지로 베이츠 양이 마음도 좁고 신경질적인 것은, 하나님이 허락하신 자연적 원인이 수세기에 걸쳐 죄로 썩은 세상 속에 작용하면서 생긴 결과입니다. 때가 되면 하나님이 바로잡으실 것입니다.

그러나 이렇게 바로잡는 것은 하나님 앞에 결정적으로 중요한 일이 아닙니다. 바로잡는 일은 어렵지 않습니다. 하나님의 관심은 여기에 있지 않습니다. 그가 지켜보시고 기다리시며 얻으려 하시는 것은 그분조차 쉽게 얻을 수 없는 것입니다. 그 본질상 하나님 편에서 능력을 발휘하는 것만으로는 만들어 낼 수 없기 때문입니다. 하나님은 베이츠 양에게도, 딕 퍼킨에게도 이것을 기다리며 찾으십니다. 그들은 기꺼이 이것을 드릴 수도 있고 드리지 않을 수도 있습니다. 과연 그들은 하나님을 향해 돌아섬으로써 자신이 창조된 유일한 목적을 성취시킬까요, 아니면 그렇게 하지 않을까요? 그들의 자유 의지는 나침반의 바늘처럼 흔들리고 있습니다. 그러나 그 바늘은 방향을 선택할 수 있는 바늘입니다. 바늘은 참된 북쪽을 **가리킬 수도** 있습니다. 그러나 꼭 그럴 필요는 없습니다. 빙그르르 돌고 있는 그 바늘은 과연 하나님을 가리키며 멈춰 설까요?

그렇게 되도록 하나님이 도우실 수는 있습니다. 그러나 강제하실 수는 없습니다. 말하자면 직접 손을 대서 바른 방향으로 돌려 놓으실 수는 없다는 것입니다. 그것은 바늘의 자유 의지를 빼앗는 일이기 때문입니다. 바늘은 과연 북쪽을 가리키려 할까요? 여기에 모든 문제가 달려 있습니다. 베이츠 양과 딕은 과연 자신들의 천성을 하나님께 바치려 할까요? 그 순간에 그들이 바치거나 바치지 않는 그 천성이 불쾌감을 주는 것이냐 호감을 주는 것이냐는 부차적인 부분입니다. 하나님께는 그것이 별 문제가 안 됩니다.

제 말을 오해하지는 마십시오. 하나님도 불쾌감을 일으키는 천성을 한탄스럽고 나쁜 것으로 여기십니다. 또 호감을 주는 천성을 좋은 것—빵이나 햇빛이나 물처럼—으로 여기시지요. 그러나 이런 좋은 것들은 모두 하나님이 주셔서 생긴 것입니다. 딕의 건강한 신경과 좋은 소화기관은 하나님이 만드신 것으로서, 하나님께는 그 외에도 좋은 것들이 많이 있습니다. 우리가 아는 한 하나님이 좋은 것들을 만드시는 데에는 어떤 비용도 들지 않습니다. 그러나 거역하는 의지들을 회심시키는 일에는 십자가라는 비용이 필요합니다. 왜냐하면 그 의지들은 전부—불쾌한 사람의 의지뿐 아니라 호감 주는 사람의 의지도—하나님의 요구를 거절할 수 있기 때문입니다. 그 경우에 딕의 호감 주는 성품은 자연의 일부에 불과하므로, 언젠가는 사라지게 되어 있습니다. 자연이란 사라지게 마련입니다. 자연적 원인들이 딕 안에 모여 보기 좋은 심리적 양상을 만들어 내는 것은, 자연적 원인들이 해질녘에 모여 보기 좋은 색의 양상을 만들어내는 것과 조금도 다를 바가 없습니다. 그 원인들은 머지 않아 다시 흩어질 것이고(자연의 작용이란 것이 본디 그렇듯이), 그러면 이 두 양상 역시 사라질 것입니다. 지금 딕에게는 이런 일시적 양상을 영원한 영혼의 아름다움으로 변화시킬 수 있는(더 정확히 말하자면 하나님께서 그렇게 변화시키시도록 허용할 수 있는) 기회가 있습니다. 다만 그가 그 기회를 잡지 않고 있을 뿐입니다.

여기에 역설이 있습니다. 딕이 하나님께로 돌아서지 않는 한, 호감 주는 성품을 자기 것으로 여기는 한, 그 성품은 결코 그의 것이 될 수 없습니다. 이런 성품이 자기 것이 아니라 하나님의 선물임을 깨달아 그분께 다시 바칠 때에야 비로소 그 성품은 그의 것이 되기 시작합니다. 그제야 딕은 자신을 새롭게 하시는 하나님의 창조에 동참하게 되기 때문입니다. 우리는 하나님께 기꺼이 드린 것만을 가질 수 있습니다. 움켜쥐면 잃게 되어 있습니다.

그러므로 우리는 그리스도인이면서도 여전히 불쾌감을 주는 사람들을 만나더라도 놀라지 말아야 합니다. 곰곰이 생각해 보면, 호감을 주는 사람들보다 불쾌감을 주는 사람들이 더 많이 그리스도를 찾는 데에는 이유가 있습니다. 그리스도께서는 이 땅에 사실 때 바로 이 점 때문에 사람들의 반대를 받으셨습니다. 그들이 보기에 그리스도는 '지극히 혐오스러운 사람들'만 끌어모으시는 것 같았습니다. 지금도 사람들은 같은 이유로 그를 반대하고 있으며 앞으로도 반대할 것입니다.

도대체 그의 주변에는 왜 이런 사람들이 몰리는 것일까요? 그리스도께서는 "가난한 자는 복이 있다"고 하셨고, "부자가 하나님 나라에 들어가기가 참으로 어렵다"고 하셨습니다.[47] 이것은 우선 경제적으로 부유한 사람들과 가난한 사람들을 가리켜 하신 말씀입니다. 그러나 다른 종류의 부와 가난에도 이 말씀이 적용되지 않을까요? 돈이 많을 때의 위험 가운데 하나는 돈이 주는 행복에 만족한 나머지 하나님의 필요성을 깨닫지 못하는 것입니다. 수표에 사인만 하면 만사가 해결되는 것처럼 보일 때에는 자신이 매순간 전적으로 하나님께 의존해야 할 존재임을 잊기가 쉽습니다.

재능을 타고난 경우에도 이와 비슷한 위험이 따릅니다. 만약 여러분이 담력도 있고 머리도 좋고 몸도 건강하고 인기도 많고

---

47) 누가복음 6장 20절, 18장 24-25절.

교육도 잘 받았다면, 현재 자기의 됨됨이에 만족하기 쉬울 것입니다. 여러분은 "왜 굳이 내 인생에 하나님을 끌어들여야 하지?" 하고 반문할 수도 있습니다. 웬만한 선행 정도는 혼자 힘으로도 너끈히 해낼 수 있습니다. 성 문제나 알코올 중독이나 신경과민 증세나 못된 성질 때문에 늘 실수를 저지르는 가련한 인생들과는 부류가 다릅니다. 모두들 여러분을 호감 가는 녀석이라고 하고, 여러분도 내심 그렇게 생각합니다(우리끼리 얘기지만). 이럴 때 이 모든 호감의 요소들을 자신의 공으로 돌리게 되기가 아주 쉽지요. 그래서 더 나은 종류의 덕성(德性)이 필요하다는 생각을 전혀 못하게 되기가 쉽습니다. 이처럼 천성적인 덕성을 많이 가지고 태어난 사람들은, 그 덕성에 실망하고 자기 만족이 산산히 부서지는 날이 오기 전까지는 그리스도의 필요성을 전혀 느끼지 못합니다. 다시 말해서 이런 의미의 '부자들'은 하나님 나라에 들어가기가 어려운 것입니다.

불쾌감을 주는 사람들—옹졸하고 저급하며 비겁하고 쌀쌀하고 성격이 비뚤어진 외톨박이들이나, 열정이 지나치고 성(性)에 약하며 정서가 불안정한 사람들—의 경우는 아주 다릅니다. 조금이라도 좋은 사람이 되어 보려고 하다 보면, 남들보다 두 배는 빨리 도움의 필요성을 느끼게 마련입니다. 그들에게는 그리스도밖에 없습니다. 십자가를 지고 그를 따르거나, 아니면 절망에 빠져 사는 수밖에 없습니다. 그들은 길 잃은 양입니다. 그는 특별히 이런 양들을 찾으려고 이 땅에 오셨습니다.[48] 이들은 '가난한' 사람들(두렵지만 참된 의미에서)입니다. 그리스도께서는 그들을 축복하셨습니다. 그들이야말로 그가 기꺼이 어울리시는 '혐오스러운 무리'입니다. 물론 바리새인들은 예나 지금이나 이렇게 말하겠지요. "저런 인간들이 그리스도인이라니, 기독교에 뭐 볼 게 있겠어?"

여기에는 우리 모두가 들어야 할 경고 내지는 격려의 소리가 들어 있습니다. 만약 여러분이 사람들에게 호감을 주는 유형이라면—좋은 일을 쉽게 하는 사람이라면—조심하십시오! 많이 받은 자들에게는 많이 요구하실 것입니다. 하나님께서 자연을 통해 여러분에게 주신 선물을 자기 장점으로 착각한다면, 그래서 자기가 호감을 주는 사람이라는 데 만족해 버린다면, 여러분은 여전히 반역자의 자리에 있는 것입니다. 이 모든 선물은 여러분을 더 무섭게 타락시키고 더 심하게 부패시킬 것이며, 여러분의 나쁜 본보기를 통해 더 큰 재앙이 닥치게 만들 것입니다. 악마는 한때 천사장이었습니다. 여러분의 타고난 재능이 침팬지의 재능보다 뛰어난 것 이상으로, 그의 재능은 여러분의 재능보다 뛰어났습니다.

그러나 여러분이 '가난한' 피조물이라면—저속한 질투와 몰상식한 다툼투성이었던 집에서 비참하게 자라 거기에 물든 사람이라면, 자기 뜻과 상관 없이 혐오스러운 성도착증에 사로잡혀 있는 사

---

48) 마태복음 9장 9-13절, 18장 12-14절.

람이라면, 밤낮이 열등감에 시달린 나머지 제일 친한 친구한테조차 딱딱거리는 사람이라면—절망하지 마십시오. 그리스도께서는 이 모든 것을 알고 계십니다. 여러분은 그가 축복하신 가난한 사람 중 한 명입니다. 그는 여러분이 형편없는 기계를 돌리려고 애쓰고 있다는 것을 알고 계십니다. 그러니 계속 노력하십시오. 여러분이 할 수 있는 일들을 하십시오. 그는 언젠가(다음 세상에서일 수도 있고, 그보다 훨씬 더 빠를 수도 있습니다) 그 형편없는 기계를 폐기처분하고 새 기계를 주실 것입니다. 그때 여러분은 여러분 자신뿐 아니라 우리 모두를 놀라게 만들 것입니다. 그 고된 학업을 받는 과정에서 새 기계 돌리는 법을 이미 터득했기 때문입니다(나중 된 자가 먼저 되고 먼저 된 자가 나중 되는 것이지요).[49]

'호감 주는 성품'—건전하고 원만한 성격—은 아주 좋은 것입니다. 우리는 되도록 많은 이들이 이런 성품을 갖춘 사람들로 자라날 수 있는 세상을 만들기 위해 의학적, 교육적, 경제적, 정치적 수단들을 총동원해서 노력해야 합니다. 모든 사람이 충분히 먹고 살 수 있는 세상을 만들기 위해 노력하듯이 말이지요. 그러나 모든 사람을 이렇게 만들 수 있다고 해서 그들의 영혼까지 구할 수 있는 것은 아니라는 사실을 알아야 합니다. 비참한 세상에 구원이 절실히 필요한 것 못지않게, 자신의 성품에 만족한 채 그

---

[49] 마태복음 19장 30절.

이상을 추구하지 않고 하나님께 등을 돌리고 사는 호인(好人)들의 세상에도 구원은 절실히 필요합니다.

구속(救贖)받은 사람은 지금 이 땅 위에서도 개선된 모습을 보일 뿐 아니라 종국에는 상상도 못할 정도로 개선된 모습을 갖추게 되지만, 그럼에도 불구하고 개선이 곧 구속은 아닙니다. 하나님은 이 피조물들을 아들로 삼기 위해 인간이 되셨습니다. 단순히 옛 사람을 좀더 낫게 개선시키기 위해서가 아니라 완전히 새로운 종류의 인간을 만들기 위해 이 땅에 오신 것입니다. 이것은 말에게 더 높이 뛰는 법을 가르치는 대신, 말을 아예 날개 달린 동물로 변신시키는 일과 같습니다. 일단 날개가 돋은 말은 전에는 한 번도 넘지 못하던 담장을 가뿐히 뛰어넘을 것이며, 보통 말들은 그의 상대조차 되지 못할 것입니다. 그러나 이제 막 날개가 돋기 시작한 터라 아직까지는 그렇게까지 할 수 없는 기간이 있을 수 있습니다. 그 단계에서는 어깨가 부어 오르는 바람에—그리고 아무도 그것이 장차 날개가 되리라는 것을 알아보지 못하는 바람에—모양새만 더 사나워 보일 수도 있습니다.

애기가 길어진 것 같군요. 여러분이 기독교에 반대할 논거를 찾고 싶다면(기독교가 참일지도 모른다는 의심이 들기 시작했을 때, 저 또한 얼마나 열심히 그런 논거들을 찾아 헤맸는지 모릅니다), 우둔하고 시원찮은 그리스도인 하나를 찾아내 "당신이 자랑해 마지않는 그 새 사람이 여기 있군요. 이렇게 되느니 난 차라리 옛 사람으로 남는 편을 택하겠소"라고 쉽게 말해 버리면 됩니다. 그러나 기독교가 다른 개연성 있는 근거 위에 서 있다는 사실이 일단 눈에 들어오기 시작한다면, 이런 태도는 문제를 회피하는 데 불과하다는 사실을 인정하게 될 것입니다.

다른 사람의 영혼에 대해—그들이 받는 유혹과 기회, 고투에 대해—여러분이 무엇을 알 수 있겠습니까? 여러분이 알고 있는 영혼은 전 창조 세계에 단 하나뿐입니다. 여러분의 손에 그 운명이 달려 있는 영혼도 단 하나뿐입니다. 만약 하나님이라는 분이 계시다면, 여러분 한 사람 한 사람은 어떤 의미에서 그 앞에 각각 홀로 서 있다고 할 수 있습니다. 옆집 사람에 대한 억측이나 책에서 읽은 내용을 내세워 그분을 피할 수는 없습니다. 우리가 '자연' 혹은 '현실 세계'라고 부르는 이 몽롱한 안개가 완전히 걷히고, 언제나 당신 옆에 계시던 그 '존재'가 마침내 손에 잡히는 모습으로 피할래야 피할 수 없이 바로 눈앞에 나타나시는 날, 그런 잡담과 소문들이 다 무슨 소용이 있겠습니까(아니, 그런 말들을 과연 기억이나 할 수 있을까요)?

11

새 사람

지난 장에서 저는 새 사람을 만드시는 그리스도의 사역을, 말을 날개 달린 동물로 변신시키는 일에 비유했습니다. 제가 이런 극단적인 비유를 사용한 것은, 새 사람이 되는 일은 단순한 개선이 아니라 '변형'(Transformation)임을 강조하기 위해서였습니다. 이와 가장 가까운 예를 자연 세계에서 찾는다면 특정한 광선에 노출된 곤충들의 경우를 들 수 있습니다. 어떤 이들은 진화가 이런 식으로 일어났다고 생각하기도 합니다. 바깥 우주에서 온 광선 때문에 생물들의 변이가 일어났다는 것이지요(물론 일단 변이가 생긴 후에는, 이른바 '자연 선택 및 도태' 현상이 일어납니다. 즉 유용한 부분만 남고 그렇지 못한 부분은 도태되는 것입니다).

'변형'이라는 기독교의 개념은 진화와 연결해서 설명할 때 현대인들에게 가장 잘 이해될 것 같습니다(물론 교육받은 사람 중에도 진화를 믿지 않는 이들이 있지만). 사람들은 인간이 낮은 단계의 생명체에서 진화했다고 들어 왔습니다. 그래서 종종 "다음 단계는 뭘까? 인간 다음에는 대체 뭐가 나타날까?"를 궁금해하곤 하지요. 상상력이 풍부한 작가들은 가끔 그 다음 단계—그들의 표현에 따르자면 '슈퍼맨'—를 그려 보기도 했습니다. 그러나 대개는 우리가 아는 인간보다 더 불쾌감을 주는 존재를 만들어 놓고, 다리나 팔을 한두 개쯤 더 붙여 보완하는 것이 고작이었습니다.

그러나 그 다음 단계가 이전 단계와는 꿈도 못 꿀 정도로 딴판이라고 가정해 봅시다. 아니, 실제로도 딴판일 것 같지 않습니까? 수천 세기 전, 거대한 몸집과 단단한 껍질로 무장한 동물이 진화했습니다. 그때 그 과정을 누군가 지켜보고 있었다면, 그 동물의 껍질이 점점 더 단단히 무장되는 쪽으로 진행되리라고 생각했을 것입니다. 그러나 그의 생각은 틀렸습니다. 지구의 미래에는 당시의 그로서는 예상치도 못했을 비장의 무기가 마련되어 있었습니다. 몸집도 작고 털도 없고 단단한 껍질도 없지만 두뇌는 더 좋은 동물이 곧 등장할 준비를 하고 있었던 것입니다. 그들은 그 좋은 두뇌로 전 지구를 지배할 것입니다. 선사시대의 거대한 동물들보다 더 큰 힘을 행사할 뿐 아니라 새로운 종류의 힘을 행사할 것입니다. 즉 그 다음 단계는 이전 단계와 단순히 달라지는 데서 그치는 것이 아니라, 새로운 종류의 차이를 보여 줄 것입니다. 이처럼 진화의 흐름은 그 관찰자가 예상한 쪽으로 흘러가는 대신, 일대 방향 전환을 일으킬 준비를 하고 있었습니다.

제가 보기에 '다음 단계'에 대한 대중적 추측들은 대부분 이와 같은 잘못을 범하고 있습니다. 사람들은 인간의 두뇌가 점점 더 발달하며 자연에 대한 지배력 또한 점점 더 커지는 것을 보고 있습니다(어쨌든 그들은 '보고 있다'고 생각합니다). 그리고 지금 흐름이 이런 방향으로 가고 있으니 만큼, 앞으로도 이런 방향으로 계속 흘러가리라고 상상하지요. 그러나 저는 '다음 단계'는 진정으로 새로운 것이리라는 생각을 하지 않을 수가 없습니다. 다음 단계는 여러분이 전혀 생각지 못한 방향으로 나아갈 것입니다. 그렇지 않다면 '새 단계'라고 부를 가치가 없겠지요.

저는 단순한 차이가 아니라 새로운 종류의 차이를 기대하고 있습니다. 단순한 변화가 아니라 변화를 낳는 새로운 방식을 기대하고 있습니다. 모순되게 들릴지는 몰라도, 진화의 다음 단계는 결코 진화의 한 단계에 그치지 않으리라고 기대합니다. 즉 변화를 일으키는 방식으로서의 진화 자체가 아예 다른 방식으로 대체될 것을 기대하는 것이지요. 그러므로 그 일이 일어났을 때 그 사실을 알아채는 사람이 거의 없다 해도 놀랄 일은 아니라고 생각합니다.

자, 이처럼 진화의 용어를 빌리는 것이 마음에 드신다면, 기독교의 관점은 바로 '다음 단계가 이미 나타났다는 것'이라고 말하겠습니다. 이것은 그야말로 새로운 단계입니다. 머리 좋은 인간이 더 머리 좋은 인간으로 바뀌는 식의 변화가 아닙니다. 전적으로 다른 방향으로 나아가는 변화, 하나님의 피조물이 하나님의 아들로 바뀌는 변화입니다. 그 최초의 사례는 2천년 전 팔레스타인에서 나타났습니다. 어떤 의미에서 이 변화는 전혀 '진화'라고 할 수가 없습니다. 이 변화는 사건들의 자연적 과정에서 생긴 것이 아니라, 자연 밖에서 자연 속으로 들어온 것이기 때문입니다. 이것은 예측할 수 있는 사실입니다. '진화'의 개념은 과거를 연구하다가 얻은 것입니다. 그러니 정말 새로운 것이 우리를 기다리고 있다면, 과거에 기초한 개념으로는 그것을 담아 내지 못하는 것이 당연합니다. 사실상 이 '새 단계'는 자연 밖에서 들어오는 것이라는 점 외에도 다른 몇 가지 점에서 이전의 모든 단계들과 구별됩니다.

(1) 새 단계는 성적 재생산을 통해 이루어지지 않습니다. 이 사실에 새삼 놀랄 필요가 있을까요? 성(性)이라는 것이 아직 등장하지 않았던 시기가 있었습니다. 그때에는 다른 방법을 통해 발전이 이루어졌지요. 그러니 만큼 성이 사라지는 시대, 아니면 성이 존속되기는 하지만 더 이상 발전의 주된 통로 역할을 하지는 않는 시대(이 일은 지금 실제로 일어나고 있습니다)가 올 것을 얼마든지 기대할 수 있습니다.

(2) 예전 단계에서 생명 유기체들은 새로운 단계로 나아가는 일에 선택권이 전혀 없거나 거의 없었습니다. 진보는 주로 그들

과 상관없이 일어나는 일이었지, 그들이 주도적으로 일으키는 일이 아니었습니다. 그러나 이 새 단계, 피조물이 아들로 바뀌는 이 단계는 스스로 선택하는 것입니다. 적어도 한 가지 의미에서는 그렇습니다. 즉 우리 스스로 이 단계를 택할 수 있다거나 상상해 낼 수 있다는 뜻에서 선택 가능하다는 것이 아니라, 새 단계가 주어졌을 때 거부할 수도 있다는 뜻에서 선택 가능하다는 것입니다. 우리가 원한다면 뒤로 물러설 수 있습니다. 고집을 피우면서 새 인류의 출현에 동참하지 않을 수 있습니다.

(3) 저는 그리스도를 새 사람의 '최초 사례'라고 했습니다. 그러나 그는 그 이상의 존재입니다. 그는 한 종(種)의 표본, 즉 **한** 새 사람이 아니라 **그** 새 사람입니다. 그는 모든 새 사람의 기원이며 중심이자 생명입니다. 그는 **조에**, 즉 새로운 생명(물론 우리가 볼 때 '새롭다'는 것입니다. 조에는 언제나 있었으니까요)을 가지고 자진해서 이 창조 세계로 들어오셨습니다. 그리고 유전을 통해서가 아니라 제가 명명한 바 '좋은 전염'을 통해 그 생명을 전달하십니다. 그 생명을 얻고자 하는 사람은 누구나 그와 개인적으로 접촉해야 합니다. 우리는 '그 안에' 있음으로써 '새로워집니다.'

(4) 이 단계의 진행 속도 또한 이전 단계들의 속도와 다릅니다. 지구상에서 인간이 발전해 온 과정과 비교해 볼 때, 기독교는 마치 번개처럼 급속히 퍼졌다고 할 만합니다. 우주의 역사에 비하면 2천년은 그야말로 아무것도 아니지요(우리 모두는 아직도 '초대

교인'임을 잊지 마십시오. 지금 우리 사이에 나타나고 있는 악하고 소모적인 분열 현상은 이를테면 소아병(小兒病)이라고 할 수 있습니다. 우리는 아직도 이가 나고 있는 중입니다. 물론 바깥 세상은 정반대로 생각합니다. 그들은 우리가 늙어서 죽어 가고 있다고 생각하지요. 전에도 세상은 이렇게 생각한 적이 아주 많았습니다. 외부의 박해와 내부의 부패 때문에 죽어 간다고도 생각했고, 이슬람교나 물리적 과학의 발흥 때문에 죽어 간다고도 생각했으며, 거대한 반기독교적 혁명 운동 때문에 죽어 간다고도 생각했습니다. 그러나 그때마다 세상은 실망을 면할 길이 없었습니다. 그들에게 가장 처음 실망을 준 것은 십자가 사건이었습니다. 십자가에 못박힌 사람이 다시 살아난 것입니다. 어떤 의미에서 그 일은 그 후에도 계속 일어났다고 할 수 있습니다. 그들로서는 정말 억울한 노릇이었겠지요. 그들은 그 사람이 시작한 일을 거듭 거듭 끝장내려 했습니다. 그런데 그때마다, 이제야말로 완전히 사장시켰다고 안도의 숨을 내쉬는 바로 그 순간마다, 그것이 여전히 살아 있을 뿐 아니라 새로운 장소에 등장했다는 느닷없는 소식을 들어야 했습니다. 그러니 그들이 우리를 미워하는 것도 무리는 아닙니다).

(5) 이 단계는 위험부담도 더 큽니다. 이전 단계에서는 뒤로 물러나 봤자, 최악의 경우 이 땅 위에서의 삶 몇 년을 잃는 것이 고작이었습니다. 사실은 그것도 잃지 않을 때가 많았지요. 그러나 이 단계에서 뒤로 물러난다면 무한한(가장 엄밀한 의미에서 무한한) 상(賞)을 잃고 말 것입니다. 마침내 결정적인 순간이 도래했습

니다. 하나님이 여러 세기에 걸쳐 자연을 인도하심으로써, 하나님의 손에 의해 자연 밖으로 벗어나(본인들에게 그 손길에 따를 의향만 있다면) '신'이 될 수 있는 피조물들을 낳는 지점에 이르게 하신 것입니다. 그렇다면 이 피조물들은 과연 하나님이 이렇게 하시도록 허락할까요?

어떤 점에서 이것은 출산의 고비와 비슷합니다. 자리에서 일어나 그리스도를 따르기 전까지, 우리는 자연의 일부로서 그 위대한 어머니의 자궁 안에 머물러 있었습니다. 임신의 기간은 길고 고통스럽고 불안했지만, 이제 드디어 절정에 이르렀습니다. 가장 위대한 순간이 온 것입니다. 준비는 끝났습니다. 의사도 왔습니다. 과연 출산은 '순조롭게' 진행될까요?

물론 이 출산은 한 가지 중요한 점에서 여느 출산과 구별됩니다. 여느 출산에서는 아기에게 별 선택권이 없지만, 이 경우에는 그렇지 않기 때문입니다. 저는 보통 아기들에게 선택권이 있다면 어떻게 할까 궁금할 때가 있습니다. 아마 어둡고 따뜻하고 안전한 자궁 속에 머무는 쪽을 더 좋아하지 않을까 싶습니다. 아기의 생각에는 자궁이야말로 가장 안전한 곳일 테니까요. 그러나 그 생각은 틀렸습니다. 자궁에 계속 머물면 아기는 죽습니다.

이렇게 볼 때 새 단계는 이미 도래했습니다. 이 단계에 벌써 들어선 사람들도 있고 지금 들어서고 있는 사람들도 있습니다. 이 새 사람들은 지구 위 여기저기에 이미 흩어져 있습니다. 어떤 이들은 알아보기가 힘들다는 것을 저도 인정합니다. 그러나 어떤 이들은 쉽게 알아볼 수 있습니다. 우리는 가끔 그들과 마주칩니다. 그들은 목소리와 얼굴 자체가 벌써 우리와 다릅니다. 더 힘 있고, 더 평온하며, 더 행복하고, 더 빛이 납니다. 우리 대부분이 포기하는 지점에서 그들은 새로 시작합니다.

이미 말했듯이, 우리는 그들을 알아볼 수 있습니다. 그러나 그들에게서 어떤 특징부터 확인해야 하는지를 알아야 합니다. 그들은 책에 일반적으로 나오는 '종교인'의 개념과는 거리가 멀기 때문입니다. 그들은 자신에게 관심을 끌어모으지 않습니다. 그래서 사실은 그들이 여러분에게 친절을 베풀고 있는데도, 마치 여러분이 그들에게 친절을 베푸는 것처럼 느껴질 때도 있습니다. 그들은 여러분을 그 누구보다 더 사랑하지만, 그 누구보다 덜 필요로 합니다(우리는 사람들이 우리를 필요로 하길 바라는 마음을 극복해야 합니다. 그럭저럭 괜찮은 사람들, 특히 여성들에게 이것은 가장 이기기 힘든 유혹입니다). 그들은 대개 시간이 많아 보입니다. 그 비결이 무엇일까 궁금할 정도입니다.

한번 새 사람을 알아보면, 그 다음에는 훨씬 더 쉽게 알아볼 수 있습니다. 저는 그들끼리는 피부색과 성별, 계층과 나이의 장벽뿐 아니라 신조의 장벽까지 넘어, 만나는 즉시 서로를 확실하게 알아볼 수 있지 않을까 하는 생각을 강하게 가지고 있습니다(하지만 정확한 사실이야 어떻게 알겠습니까?). 그렇게 볼 때, 거룩해진다는 것은 비밀결사에 가담하는 일과 비슷합니다. 점잖지 못하게 표현한다면, 그것은 그야말로 **재미나는** 일일 것입니다.

하지만 새 사람들이 평범한 의미에서 다 똑같을 것이라고 생각해서는 안 됩니다. 제4부에는 그런 오해를 불러일으킬 만한 부분들이 상당히 많습니다. 새 사람이 된다는 것은 우리가 '자기 자신'이라고 부르는 것을 잃어버린다는 의미입니다. 자기 자신에게서 벗어나 그리스도 안으로 들어간다는 의미입니다. 그의 뜻이 우리의 뜻이 되어야 하며, 그의 생각이 우리의 생각이 되어야 합니다. 성경의 표현대로 '그리스도의 마음을 품어야' 하는 것입니다.[50] 그렇다면, 그리스도는 한 분인데 그 한 분이 이처럼 우리 모두 '안에' 계시다면, 우리는 판박이처럼 전부 똑같아지는 게 아닐까요? 얼핏 듣기에는 꼭 그럴 것만 같습니다. 그러나 실상은 그렇지 않습니다.

이 점을 설명할 좋은 예를 찾기란 쉽지 않습니다. 창조자가 피조물 중 하나와 맺고 있는 관계와 똑같은 관계를 맺고 있는 것은 세상에 하나도 없기 때문입니다. 그러나 불완전하게나마 진리를 엿보게 해 줄 예를 두 가지 들어 보겠습니다. 평생토록 앞을 보지 못하고 산 사람들이 있다고 상상해 보십시오. 여러분은 그들을 찾아가 빛이 어떤 것인지 설명해 주려고 합니다. 여러분은 빛

---

50) 빌립보서 2장 5절.

이 있는 곳으로 나가면 같은 빛이 그들을 비추어 주며 그들 모두 그 빛을 반사함으로써 서로를 볼 수 있다고 말할 것입니다. 그럴 경우 그들은 자신들이 다 같은 빛을 받아 같은 식으로 반응할 테니(즉 모두가 똑같이 그 빛을 반사할 테니) 당연히 다 똑같아 보일 거라고 생각지 않겠습니까? 반면에 여러분과 저는 실제로 빛이 비칠 때 그들이 얼마나 다르게 보이는지를 알고 있습니다.

이번에는 소금에 대해 전혀 모르는 사람이 있다고 합시다. 여러분은 소금을 조금 주어, 소금 특유의 강하고 자극적인 맛을 느끼게 해 줍니다. 그리고 나서 "우리 나라에서는 모든 요리에 소금을 넣는답니다"라고 말해 줍니다. 그러면 그 사람이 "그렇다면 당신 나라 음식들은 맛이 다 똑같겠군요. 당신이 방금 맛보여 준 재료의 맛이 너무 강해서 다른 맛들을 다 죽여 버리겠어요"라고 대꾸하지 않겠습니까? 그러나 여러분과 저는 소금이 정반대의 효과를 낸다는 사실을 알고 있습니다. 계란과 양고기와 배추의 맛은 소금을 뿌릴 때 죽기는커녕 오히려 더 살아나지요(미리 경고했듯이, 이것은 썩 좋은 예는 못 됩니다. 음식에 소금을 너무 많이 넣으면 다른 맛이 죽을 수 있는 반면, 우리 안에 그리스도를 아무리 '넣는다' 해도 개개인의 인격의 향취가 죽는 법은 없기 때문입니다).

그리스도와 우리의 관계가 이와 비슷합니다. 우리가 '자기 자신'이라고 부르는 것에서 벗어나면 벗어날수록, 그분께 자신을 드리면 드릴수록, 그만큼 더 우리는 진정으로 자기다워집니다.

그리스도는 얼마나 크신 분인지, 저마다 다른 수십만억 명의 '작은 그리스도'로도 그분을 온전히 표현하기에는 턱없이 부족합니다. 그가 제각기 다른 이 사람들을 창안해 내셨고—작가가 소설의 인물들을 창안해 내듯이—여러분과 저도 거기에 속해 있습니다.

이런 의미에서 우리의 진정한 자아는 그리스도 안에서 우리를 기다리고 있다고 할 수 있습니다. 그리스도 없이 '나 자신'이 되려고 아무리 노력해 봐야 소용이 없습니다. 그를 거부하고 혼자 힘으로 살려고 하면 할수록, 유전과 성장배경과 환경과 자연적인 욕망의 지배만 더 받게 될 뿐입니다. 내가 그토록 의기양양하게 내세우는 '나 자신'은, 내가 시작하지도 않았고 막을 수도 없는 일련의 사건들이 집합하는 장소 이상이 되지 못합니다. '나의 바람'이라는 것 역시 내 신체기관이 배출했거나 다른 이의 생각이 주입됐거나 심지어 악마가 제시한 욕망 이상이 되지 못합니다.

본인은 기차에서 맞은편 자리에 앉아 있던 여자한테 사랑을 고백한 것이 아주 주체적이고 분별력 있는 결정이었노라고 우쭐거려도, 진짜 원인은 전날 밤 단잠을 잤고 그 여자를 만나기 조금 전에 계란과 술을 먹은 데 있을 수 있습니다. 본인은 주체적인 정치적 이상으로 여기는 것 역시 사실은 정치적 선전에 놀아난 결과일 수 있습니다. 자연 상태 그대로의 '나'는 내가 믿고 싶어 하는 것만큼 주체적인 개인이 못 됩니다. '나한테서' 우러나왔다고 내세우는 일들은 대부분 아주 쉬운 설명이 가능한 것들입니다. 우리가 처음으로 나만의 진정한 인격을 갖기 시작하는 때는 바로 그리스도를 향해 돌아서는 때, 돌아서서 그의 인격에 나 자신을 바칠 때입니다.

처음에 저는 하나님 안에 여러 인격이 있다고 말했습니다. 이제 더 깊이 들어가 보겠습니다. 진정한 인격은 오직 그 안에만 있습니다. 따라서 여러분의 자아를 그에게 바치기 전까지는 진정한 자아를 가질 수 없습니다. 천편일률성은 그리스도께 굴복한 사람들에게 나타나는 특징이 아니라, 가장 '자연적인' 사람들에게 가장 잘 나타나는 특징입니다. 세상의 모든 독재자들과 정복자들은 얼마나 지루하게 하나같이 똑같은지 모릅니다. 반면에 성도들은 얼마나 영예롭게 저마다 다른지 모릅니다.

진정으로 자아를 포기하는 일이 있어야 합니다. 이를테면 자신을 '무작정' 내던져 버려야 한다는 것입니다. 물론 그리스도께서는 진정한 인격을 주실 것입니다. 그러나 그것 때문에 그에게 나아가서는 안 됩니다. 자신의 인격에 계속 신경 쓰는 한 여러분은 결코 그에게 나아갈 수 없습니다. 여러분이 가장 먼저 해야 할 일은 자아를 통째로 잊어버리려고 노력하는 것입니다. 진정한 새 자아(그리스도의 것이면서 동시에 여러분의 것인 자아, 그의 것이 되었다는 바로 그 이유 때문에 여러분의 것이 된 자아)는 그 자체를 추구하는 한 얻을 수 없습니다. 그 자아는 그리스도를 찾을 때에만 얻을 수 있습니다. 이상한 말처럼 들립니까?

아시겠지만 이것은 많은 일상사에 적용되는 원리입니다. 인간관계에서도 자기가 상대방에게 어떤 인상을 주고 있는지 신경 쓰는 동안에는 좋은 인상을 줄 수 없습니다. 문학과 예술에서도 독창성에 신경 쓰는 사람은 독창적이 되지 못하지요. 반면에 단순히 진실만을 말하려고 노력하다 보면(전에 이런 말을 한 사람들이 얼마나 많았는가에 전혀 개의치 않은 채), 십중팔구 자기도 모르는 사이에 독창적이 되게 마련입니다. 이것은 삶의 꼭대기부터 밑바닥까지 관통하고 있는 원리입니다.

자신을 포기하십시오. 그러면 진정한 자아를 발견할 것입니다. 자기 생명을 버리십시오. 그러면 생명을 얻을 것입니다. 죽음을 받아들이십시오. 매일의 야망과 이루고 싶은 바람들의 죽음을, 그리고 언젠가 찾아올 몸의 죽음을 받아들이십시오. 온몸과 온 마음으로 받아들이십시오. 그러면 영원한 생명을 발견할 것입니다. 아무것도 남겨 두지 마십시오. 주지 않은 것은 진정한 여러분의 것이 되지 못할 것입니다. 여러분 안에서 죽지 않은 것은 죽음을 떨치고 일어서지 못할 것입니다. 자기 자신을 찾으면 결국 미움과 외로움과 절망과 분노와 파멸과 쇠퇴만을 보게 됩니다. 그러나 그리스도를 찾으면 그를 만날 것이며, 그와 함께 모든 것을 얻을 것입니다.

옮긴이 **장경철**

서울대학교 사회학과와 장로회 신학대학원을 졸업하고, 미국 프린스턴 신학대학원에서 조직신학으로 박사학위를 취득했다. 현 서울여자대학교 인문학부 교수로 재직중. 저서로는 《인생의 무의미를 논하기 전에: 기독교 신앙의 기본진리》, 《금방 까먹을 것은 읽지도 마라》, 《하나님 공부하기》, 《책읽기의 즐거운 혁명》, 《축복을 유통하는 삶》 등이 있고, 번역서로는 《기독교 조직신학 개론》, 《하나님 상상하기》, 《조나단 에드워즈의 철학적 신학》 등이 있다.

옮긴이 **이종태**

한국외국어대학교 영어과를 졸업하고 장신대 신학대학원에서 신학을 공부했다. 미국 버클리 GTU(Graduate Theological Union)에서 기독교 영성학으로 철학박사(Ph. D.) 학위를 받았다. 《순전한 기독교》, 《고통의 문제》, 《시편 사색》, 《네 가지 사랑》, 《인간 폐지》(이상 홍성사), 《다윗: 현실에 뿌리박은 영성》, 《가르침과 배움의 영성》(이상 IVP), 《메시지 예언서》(복있는사람) 등 다수의 책을 번역했다.

옮긴이의 말

클라이브 스테이플즈 루이스(Clive Staples Lewis)는 1898년 11월 29일 북아일랜드의 수도 벨파스트에서 출생했으며, 1963년 11월 22일 케네디 대통령이 암살당하던 날 세상을 떠났습니다. 가까운 친구들에게 잭(Jack)이라는 이름으로 불렸던 루이스는 20세기에 가장 영향력 있는 기독교 작가 가운데 한 명이었습니다. 그는 옥스퍼드 대학에서 고전학과 영문학을 공부했으며, 1925년에서 1954년까지 옥스퍼드 모들린 대학의 평의원으로 재직했고, 1954년 이후에는 케임브리지 대학에서 중세와 르네상스 문학 담당 교수로 재직했습니다. 그는 문학비평, 소설, 기독교 변증서 등 40여 권의 저서를 남겼습니다.

루이스의 오랜 친구였던 오웬 바필드(Owen Barfield)는 루이스 안에 세 명의 다른 루이스가 존재한다고 했습니다. 첫번째는 영문학자이며 비평가로서 명성을 날린 루이스, 두번째는 〈나니아 나라 이야기〉와 같은 작품을 쓴 아동문학가로서의 루이스, 세번째는 널리 알려진 기독교 작가로서의 루이스입니다. 물론 이 세 명의 루이스가 서로 분리되는 것은 아니지만, 우리가 《순전한 기독교》에서 만나는 사람은 세번째 루이스입니다. 저자의 머리말에도 나오듯이 이 책은 본래 방송 강연으로 발표된 것을 한 권의 책으로 묶은 것입니다. 원서 제목 'Mere Christianity'는 여러 교파간의 차이에도 불구하고 기독교 신앙인들이 공통적으로 믿고 고백하는 내용을 다루고자 한 저자의 의도를 반영하고 있습니다.

루이스는 '회의자를 위한 사도'로 알려져 있을 만큼 기독교 신앙의 합리성과 매력을 힘있게 변호한 사람이었습니다. 그는 이 책에서 신앙의 핵심적 내용을 지적으로 설득력 있게 변증하는 한편, 신앙의 매력과 찬란함을 힘차게 증거하고 있습니다. 그래서 많은 지성인들이 루이스의 저술을 통해 기독교 신앙을 새롭게 갖게 되기도 하고 살아 있는 신앙을 회복하기도 했습니다.

지난 세기에 그 어떤 작가도 루이스만큼 일반 대중에게 큰 영향을 끼치지는 못했습니다. 아마 이런 영향력은 루이스 자신이 뒤늦게 무신론에서 기독교 신앙으로 개종하는 체험을 한 데서 나왔을 것입니다. 루이스는 기독교 가정에서 성장했지만, 학교 기숙사에서 생활하면서 하나님에 대한 믿음을 거부하게 되었습니다. 그러나 31세가 되던 1929년, 지적으로 정직한 자세를 취할 때 하나님을 믿고 신뢰할 수밖에 없다는 결론과 함께 신앙을 회복합니다. 그의 회심 사건은 자서전인 《예기치 못한 기쁨》(Surprised by Joy)에 이렇게 기록되어 있습니다.

모들린 기숙사에 있을 때였다. 밤마다 하던 일을 멈추고 잠시라도 쉴라치면 내 편에서는 그렇게도 부딪히기를 원치 않았던 그분이 무정하게도 끊임없이 내게로 다가왔다. 당신은 모들린의 어느 방에 혼자 앉아 있는 내 모습을 그려 볼 수 있을 것이다. 끔찍이도 두려워하고 피하던 바로 그분이 드디어 나를 찾아오셨다. 1929년 마지막 학기에 나는 드디어 항복하고 말았다. 결국 하나님은 하나님이시라는 사실을 인정하고, 무릎을 꿇고 기도했다. 그날 밤의 사건은 그때까지 영국에서 볼 수 없었던, 가장 맥빠지고 마지못해 하는 회심이었을 것이다. 그때 나는 그 사건이 그렇게 휘황찬란하고 분명한 것이었음에도 불구하고 그렇게 보지 못했던 것이다. 하나님은 얼마나 겸손하신지 그러한 꼴의 회심자라도 마다하지 않고 받으셨다. 성경에 나온 탕자는 그래도 제 발로 집을 찾아오지 않았던가. 하지만 조금의 틈이라도 주어지면 탈출 기회를 엿보는, 혐오에 가득 찬 눈을 번득이며 엎치락뒤치락 발버둥치며 질질 끌려서 오는 이 탕자에게 하늘의 높은 문을 활짝 여시고 나선 분의 이 사랑을 그 누가 마땅히 찬양하지 않을 수 있을까?

그 후 루이스는 기독교 신앙의 합리성과 매력과 찬란함을 변증하는 책을 여러 권 썼습니다. 홍성사에서 출간된 《스크루테이프의 편지》(The Screwtape Letters)에서는 신앙인들이 빠지기 쉬운 유혹을 기발한 착상으로 경고해 주었고, 《고통의 문제》(The Problem of Pain)에서는 하나님의 선하심과 세상의 고통이라는 신정론(神正論)의 물음에 대한 응답을 시도했습니다.

루이스는 일평생 독신으로 살다가 58세가 되던 1956년에 조이 데이빗먼 그레샴이라는 여자와 결혼했습니다. 루이스의 결혼 이야기는 '섀도우랜드'(Shadowlands)라는 영화에 잘 그려져 있습니다. 그런데 이 영화 제목 '섀도우랜드'는 루이스의 사상을 잘 대변해 주는 단어입니다. 루이스에 따르면 우리가 살고 있는 이 세상은 그림자가 드리워져 있는 땅으로서, 아직 완전한 빛이 비취는 세상이 아닙니다. 그렇다고 완전한 흑암 가운데 있는 땅도 아닙니다. 물론 세상에는 어둠, 악, 불의가 횡행합니다. 하지만 우리는 그것이 어둠이며 악이며 불의라는 것을 알고 있습니다. 만약 세상이 빛이 없는 어둠뿐이라면 우리는 그것이 어둠이라는 사실을 어떻게 알게 되었을까요? 어둠을 어둠으로 인식하기 위해서는 비록 희미할지언정 빛이 있어야 합니다. 만약 선과 의가 없다면 우리는 이 세상이 악하고 불의하다는 것을 알 수 없습니다. 희미하지만 그림자가 드리운 이 땅에서 우리는 선과 의, 아름다움의 흔적을 볼 수 있습니다.

루이스는 우리의 삶에 빛을 주시고, 선함과 아름다움을 공급해 주시는 분이 바로 하나님이라고 말합니다. 하나님은 우리의 삶에서 끊임없이 자신의 존재를 드러내시고 우리의 문을 쿵쿵 두드리시며 우리를 찾아오시는 분입니다. 우리 안에는 하나님을 사모하는 마음이 있고, 우리는 그 사실을 간과할 수 없습니다. 루이스는 '영광의 무게'(The Weight of Glory)라는 유명한 설교에서 이렇게 말합니다.

> 숨기고 싶지만 숨길 수 없고, 말하고 싶지만 말할 수도 없는 우리 안의 이 비밀스러운 갈망. 우리가 이 비밀을 터놓지 못하는 이유는 그것이 우리가 결코 한 번도 경험해보지 못했던 것에 대한 갈망이기 때문이요, 그렇다고 또 이 비밀을 숨기지도 못하는 까닭은 그것이 우리의 경험 속에 끊임없이 은연중에 암시되어 있기 때문입니다. 연인들이 사랑하는 사람의 이름이 귀에 들리면 어쩔 수 없이 티를 내게 되는 것처럼, 우리도 우리 안의 이 갈망에 대해 어쩔 수 없이 티를 내게 됩니다.

루이스는 《순전한 기독교》에서 우리 영혼이 사모하는 그분에 대하여, 그분이 하시는 일에 대하여, 그리고 그 결과 우리 삶에 벌어질 일에 대하여 서술하고 있습니다. 제1부에서는 인간의 삶에서 마주치는 도덕적 기준이 어떻게 하나님을 향한 신앙의 인도자가 될 수 있는지를 설명해 주고 있으며, 제2부에서는 범신론과 이원론의 오해를 넘어서서 기독교가 선언하는 하나님이 어떻게 우리에게 침공하시며 동시에 찾아오시는 분인지를 증거하고 있습니다. 제3부는 기독교 윤리에 해당하는 내용으로서, 하나님을 믿는 신앙이 우리 삶의 다양한 영역에서 어떻게 생명력 있는 모습으로 나타나는가를 지성적이며 감동적으로 서술해 주고 있습니다. 그리고 제4부에서는 삼위일체이신 하나님께서 우리의 존재 한복판에 얼마나 놀라운 일들을 하시는 분인지를 제시해 주고 있습니다. 루이스의 글을 읽노라면 기독교 신앙은 단지 머리 속에 있는 개념이 아니라 하나님의 은총적 방문이며 구체적인 열매를 맺는 방향으로 나아가는 생명의 흐름임을 다시금 느끼고 인정하게 됩니다.

옮긴이들은 신학대학원의 현대신학이라는 과목에서 강사와 학생으로서 만났습니다. 우리 두 사람은 각자가 루이스의 작품을 통해서 경험했던 희열에 대해 깊은 공감과 이해를 나누었으며, 또한 루이스의 작품들이 제대로 소개되지 못한 것에 대해서 안타까움을 느꼈고, 이 부분에 적으나마 함께 공헌할 수 있기를 소원했습니다. 그리하여 여러 차례의 만남을 통하여 루이스의 여러 책들에 대해서 함께 의견을 나누었으며, 이번에《순전한 기독교》를 옮기게 되었습니다. 옮긴이들의 원고를 좀더 유려하게 다듬기 위해 함께 의논하고 수고한 홍성사 편집부와 정애주 사장님께 진심으로 감사드립니다.

2001년 4월
장경철, 이종태

순전한 기독교

Mere Christianity

<u>지은이</u> C. S. 루이스
<u>옮긴이</u> 장경철, 이종태
<u>펴낸곳</u> 주식회사 홍성사
<u>펴낸이</u> 정애주
국효숙 김의연 박혜란 송민규 오민택 임영주 차길환

2001. 6. 15. 양장 1쇄 발행   2018. 9. 17. 양장 59쇄 발행
2005. 9. 30. 보급판 1쇄 발행   2018. 8. 14. 보급판 43쇄 발행
2018. 12. 17. 무선 1쇄 발행   2025. 12. 15. 무선 27쇄 발행

<u>등록번호</u> 제1-499호 1977. 8. 1.
<u>주소</u> (04084) 서울시 마포구 양화진4길 3
<u>전화</u> 02) 333-5161   <u>팩스</u> 02) 333-5165
<u>홈페이지</u> hongsungsa.com   <u>이메일</u> hsbooks@hongsungsa.com
<u>페이스북</u> facebook.com/hongsungsa
<u>양화진책방</u> 02) 333-5161

Mere Christianity by C. S. Lewis
ⓒ Copyright C. S. Lewis Pte Ltd., 1942.
All rights reserved.
This Korean edition was published by Hong Sung Sa Ltd. in 2001
under license from the C. S. Lewis Company Ltd.
through KCC(Korea Copyright Center Inc.).

ⓒ 홍성사, 2001

이 책의 한국어판 저작권은 (주)한국저작권센터(KCC)를 통한 저작권자와의 독점 계약으로 (주)홍성사에 있습니다.
저작권법에 의해 한국 내에서 보호받는 저작물이므로 무단 전재와 무단 복제를 금합니다.

• 잘못된 책은 바꿔 드립니다. • 책값은 뒤표지에 있습니다.

ISBN 978-89-365-1326-9 (03230)